SPECTACULUM · MODERNE THEATERSTÜCKE

Antonin Artaud
Die Cenci

*Tragödie in vier Akten
und zehn Bildern*

Deutsch von
Bernd Mattheus

nach Shelley und Stendhal

Die Cenci

Personen: Cenci · Beatrice, *Cencis Tochter* · Lucrezia, *Cencis zweite Frau* · Giacomo, *einer von Cencis älteren Söhnen* · Bernardo, *Cencis jüngster Sohn* · Camillo, *ein Kardinal* · Orsino, *ein Prälat* · Fürst Colonna · Andrea, *ein Diener* · eine Zofe · zwei Mörder, *stumm* · Zwerge · Wachsoldaten · Tischgäste

Erster Akt

Erste Szene

Eine tiefe und spiralförmige Galerie. Camillo und Cenci treten plaudernd ein.

CAMILLO   Pah ... Was ist schon ein Mord. Was ist für den, der über das Leben der Seelen verfügt, schon der Verlust eines Körpers? Allerdings gibt es den Schein: ja, die öffentliche Moral, die Sitten, eine ganze gesellschaftliche Fassade, an der der Papst im wesentlichen festhält. Das ist der Grund für seine Härte Euch gegenüber ... und für seine Forderungen; – und ich mußte im Konklave meinen ganzen Einfluß geltend machen, um ihn dahin zu bringen, daß er Euch die Sache erläßt.
Schenkt ihm Euer Land jenseits des Pincio, und er wird über Eure Sünden hinwegsehen.

CENCI   Verflucht nochmal! Ein Drittel meiner Besitzungen!

CAMILLO   Meint Ihr, dies sei viel?

CENCI   Wenn das Leben eines Menschen mit drei Maß Erde nebst den Weinbergen, die darauf sind, veranschlagt wird, so ist das viel.

CAMILLO   Worüber beklagt Ihr Euch?

CENCI   Über meine Feigheit.

CAMILLO   Zweifellos würdet Ihr es lieber sehen, daß Euer Verbrechen bekannt gegeben würde?

CENCI   Und dann? Die Offenkundigkeit meines Verbrechens bedeutet nicht, daß ich es büßen werde!

CAMILLO   Und was würdet Ihr tun?

CENCI   Krieg. Ich sehe mich sehr gut mit dem Papsttum Krieg führen. Dieser Papst ist zu sehr ein Freund der Reichtümer. Und heutzutage ist es für einen Mächtigen der Erde zu leicht, seine Verbrechen mit seinem Geld zuzudecken. Zu mir, Unterdrückte, gegen die, die zu rotzig sind. Hinter den bewehrten Mauern meines Schlosses von Petrella fühle ich mich imstande, dem Zorn des Papsttums zu trotzen.

CAMILLO Verflucht noch mal! wie weit Ihr geht, einer einfachen Gewissensfrage wegen!

CENCI Was uns, Euch und mich, trennt, ist, daß ich das Gewissen nicht mit den Lappalien belaste, mit denen Ihr es belastet.

CAMILLO Ruhig! Graf Cenci, ruhig! Ihr werdet nicht ein ganzes Land aufwiegeln wegen einem Verbrechen, von dem man Euch gesagt hat, daß es schon gebüßt ist.

CENCI In der Tat, das hält mich auf. Der Krieg würde mich von einem bestimmten Plan abbringen!

CAMILLO Zweifellos irgendeine neue Schande, in der Euer Geist zu schwelgen geruht.

CENCI Vielleicht. Aber das ist meine Sache. Die Kirche hat keinerlei Berechtigung, in mein geheimes Inneres einzudringen.

CAMILLO Graf Cenci, wir sind der Kämpfe überdrüssig. Die Welt ist matt: sie wünscht Frieden. Die Geste des Papstes ist eine Geste des Waffenstillstandes, die zur Versöhnung veranlaßt.

CENCI Ich werde diese Generalamnestie mit einer Orgie feiern, zu der ihr alle eingeladen sein werdet; adelige und priesterliche Oberhäupter, eine große Orgie wie in wonnevollen Zeiten, wo die Laster des alten Grafen Cenci euch zeigen werden, was Frieden heißt.

CAMILLO Genug, Graf Cenci, genug! Ihr laßt mich noch meine Beredsamkeit bereuen. – Ihr seid nicht mehr so jung, daß Ihr noch Zeit habt, Eure Vergangenheit zu bereuen.

CENCI Quatsch, dieser Pfaffenkram! für mich ist keine Zukunft und keine Vergangenheit und folglich keinerlei Reue mehr möglich. Ich widme mich bloß noch der Aufgabe, meine Verbrechen gut auszuklügeln. Ein schönes finsteres Meisterwerk, das ist die einzige Erbschaft, die es noch wert ist, hinterlassen zu werden.

CAMILLO Ich würde Euch für kindisch halten, Graf Cenci, wenn man mich nicht dafür bezahlte, an Eure Aufrichtigkeit zu glauben.

CENCI Hier endlich das Wort eines Mannes, der mich verstehen kann. Ich wäre in der Tat ein Kind, wenn man nicht glauben könnte, daß ich ein wahrhaftes Monstrum bin; denn du weißt, daß ich alle Verbrechen, die ich mir ausdenke, verwirklichen kann.

CAMILLO Was mich ängstigt, ist nicht der Tod eines Menschen, denn die gesellschaftliche Heuchelei ist sich schließlich einig, dieses so wertvolle Menschenleben immer dann im Überfluß zu opfern, wenn sie sich unter dem Vorwand von Staatsstreich, von Revolte, von Krieg hinter ihrem üblichen Komplizen, dem Schicksal, verkriecht.

CENCI Du verstehst mich ganz gut. Denn sieh mal, ich, der alte Graf Cenci, noch immer kräftig in seinem dürren Gerippe, mir passiert es mehr als einmal, daß ich mich im Traum mit dem Schicksal identifiziere. *Das* ist die Erklärung für meine Laster und diese natürliche Neigung zum Haß, bei der mich meine Verwandten am meisten stören. Ich halte mich für eine Naturgewalt, und ich bin eine. Für mich gibt es weder Leben noch Tod, weder Gott noch Inzest, weder Reue noch Verbrechen. Ich gehorche meinem Gesetz, das mich nicht in Taumel versetzt; und um so schlimmer für den, der erfaßt wird und in den Abgrund versinkt, der ich geworden bin.

Ich suche und tue das Böse aus Bestimmung und aus Prinzip.

Ich könnte den Kräften nicht widerstehen, die darauf brennen, sich in mir zu entfesseln.

CAMILLO Wenn ich an Gott glaubte, so würde ich sagen, daß hier ein Beweis der alten christlichen Hagiographie vorliegt: Luzifer spricht nicht besser als du.

Hier hört man Andreas Stimme hinter der Kulisse.

ANDREA Herr, da ist jemand aus Salamanca, der behauptet, er habe dir wichtige und günstige Nachrichten mitzuteilen.

CENCI Das ist gut. Er möge in meinem kleinen Geheimzimmer warten.

CAMILLO Leb' wohl. Ich werde dennoch zum Herrn beten, damit deine ruchlosen und frevelhaften Worte seinen Geist nicht dazu zwingen, dich zu rasch aufzugeben.

Abgang Camillo.

CENCI Ein Drittel meiner Besitzungen! Und was davon übrig bleibt, damit meine Brut sich schöne Tage macht. O Gott! Salamanca ist noch nicht weit genug; außer vom Tod weiß man von keinem Zustand, bei dem es erfahrungsgemäß den Seelen widerstrebt, sich zu zeigen, wenn sie ihn einmal erreicht haben. – Ich hoffe indes sehr, mich dieser beiden da entledigt zu haben. Die Totenkerzen sind alles, was ich ihnen noch bezahlen kann.

Der Unterschied zwischen den Freveltaten des Lebens und jenen des Theaters besteht darin, daß man im Leben mehr tut und weniger redet und daß man im Theater viel redet, um eine ganz geringe Sache zu tun. Nun, ich werde das Gleichgewicht wieder herstellen, und ich werde es zum Nachteil des Lebens wieder herstellen. Ich werde in meine vielköpfige Familie eine Lichtung schlagen.

Jetzt beginnt er, mit den Fingern zu zählen.

Zwei Söhne dort unten, eine Frau hier. Was meine Tochter angeht, so beseitige ich auch sie, aber mit anderen Mitteln! Das Böse läuft schließlich nicht ohne Wollust. Ich werde die Seele quälen, indem ich vom Körper

profitiere; und wenn das vollbracht ist, soweit ein lebendiger Mensch das tun kann, möge man kommen und meine Gaukelei und meinen Theaterspleen zur Anklage bringen, falls man es vermag. Ich meine: falls man es wagt.
Jetzt hält er seine rechte Hand und zeigt seinen kleinen herabhängenden Finger.
Bleibt noch diese schwebende Sache: Bernardo. Ich lasse ihnen meinen kleinen Sohn Bernardo, damit er sie beweinen kann.
Er atmet tief aus.
Luft, ich vertraue dir meine Gedanken an.
Er geht in der Galerie auf und ab.
Und du, Echo meiner Schritte, eil in die Luft. Ihr seid so still wie meine Gedanken. Selbst die Mauern würden euch nicht hören.
Er zieht sein Schwert und schlägt kräftig auf einen Gong.
Andrea, der Diener, erscheint.

ANDREA Gnädiger Herr.

CENCI Geh und sage Beatrice, meiner Tochter, daß ich sie unter vier Augen sehen will. Heute abend um Mitternacht. Verschwinde.

Vorhang

Zweite Szene

Orsino – Beatrice
Rechts die Galerie des Palazzo Cenci. In der Mitte ein vom Mond beschienener Garten.

BEATRICE Ihr erinnert Euch des Ortes, an dem wir unser erstes Gespräch hatten? Eben wird der Platz mit diesen Zypressen sichtbar. Derselbe Mond wie heute abend ergoß sich über den Hängen des Pincio.

ORSINO Ich erinnere mich: Ihr sagtet damals, daß Ihr mich liebtet.

BEATRICE Ihr seid Priester, sprecht mir nicht von Liebe.

ORSINO Was zählen meine Gelübde, wo ich Euch doch wiedergewinne; es gibt keine Kirche, die gegen mein eigenes Herz ankäme.

BEATRICE Weder die Kirche noch Euer Herz trennen uns, Orsino, sondern das Schicksal.

ORSINO Welches Schicksal?

BEATRICE Mein Vater. – Das ist mein Verhängnis.

ORSINO Euer Vater?

BEATRICE Seinetwegen bin ich nicht mehr der menschlichen Liebe fähig.

Meine Liebe taugt nur noch für den Tod.

ORSINO Laßt ab von diesem sibyllischen Ton. Welche Hindernisse es auch immer geben mag, ich traue mir zu, sie zu überwinden, vorausgesetzt, ich fühle mich von Euch unterstützt.

BEATRICE Von mir unterstützt! Rechnet nicht damit, rechnet nicht mehr damit, Orsino. Es gibt hier etwas mehr als einen Mann, der in diesen unglücklichen Mauern einhergeht und mich, mich zwingt, zu bleiben. Und obwohl sie mir hart erscheint, hat meine Knechtschaft doch teure Namen. Vor Orsino gibt es Bernardo, gibt es meine leidende Mutter.

Die Liebe besitzt für mich nicht mehr die Tugenden des Leidens. Die Pflicht ist meine einzige Liebe.

ORSINO Es weht hier heute ein seltsamer mystizistischer Wind.

Beichtet; ein ganz besonderes Sakrament ist nötig, um diese Narrheiten auszutreiben.

BEATRICE Es gibt kein Sakrament, um die Grausamkeit zu bekämpfen, die auf mir lastet.

Man muß handeln.

Heute Nacht gibt mein Vater ein prächtiges Fest, Orsino; er hat aus Salamanca gute Nachrichten von meinen Brüdern erhalten, die sich dort unten befinden; mit dieser äußerlichen Liebesbezeugung überspielt er seinen geheimen Haß. Das ist eine freche Heuchelei, denn er würde lieber ihren Tod feiern, den ich ihn auf Knien habe erflehen hören ... Großer Gott, daß ein solcher Vater der meine sein kann!

Umfangreiche Vorbereitungen sind getroffen worden, und alle meine Verwandten, die Cenci, werden da sein mit dem ganzen hohen Adel von Rom. Er ließ uns sagen, meiner Mutter und mir, daß wir uns mit unserem schönsten Feststaat zu schmücken hätten. Arme Frau! sie erwartet davon irgendeine erfreuliche Erleichterung von ihren düsteren Gedanken; ich nichts.

Beim Abendessen kommen wir auf mein Herz zurück, bis dahin: lebt wohl.

Beatrice geht.

ORSINO Beim Abendessen! so lange warte ich nicht. Ich brauche dein Herz, Beatrice, und wäre schön verrückt, wenn ich es entwischen ließe.

Er geht.

Vorhang

Dritte Szene

Cenci, Camillo, Beatrice, Lucrezia, Tischgäste, darunter Fürst Colonna;
Puppen in ziemlich großer Zahl.
Die Szene erinnert fast an die Hochzeit zu Kana, aber sehr viel barbari-
scher. Purpurfarbene Vorhänge fliegen im Wind, klatschen in schweren
Falten gegen die Mauern zurück. Und plötzlich kommt, unter einem
hochgehobenen Vorhang, die Szene einer rasenden Orgie, wie naturge-
treu gemalt, zum Ausbruch. Die Glocken Roms läuten mit allen Kräften,
aber ganz leise, im Einklang mit dem fieberhaften Rhythmus des Fest-
essens.
Die Stimmen schwellen an, nehmen die tiefe oder sehr hohe und gleich-
sam wie geläuterte Klangfarbe der Glocken an.
Ab und zu breitet sich ein voller Ton aus und zerplatzt, wie von einem
Hindernis aufgehalten, das ihn scharfkantig zurückprallen läßt.

CENCI *steht auf, schon etwas beschwipst:* Meine lieben Freunde, die Einsamkeit
ist ein schlechter Ratgeber. Zu lange habe ich fern von euch gelebt. Mehr
als einer, ich weiß es, wähnte mich tot; und ich möchte sogar sagen: hat
sich über meinen Tod gefreut, jedoch ohne es zu wagen, mich durch
meine eigene Nachkommenschaft zu ersetzen. Ich selbst habe mich
manchmal dabei ertappt, darin der allgemeinen Boshaftigkeit folgend,
den Mythos zu betrachten, der ich geworden war.
Ich bin heute heruntergekommen, um euch zu sagen, daß der Cenci-My-
thos ein Ende genommen hat und daß ich bereit bin, meine Legende zu
verwirklichen.
Faßt·diese Knochen an und sagt mir, ob sie dazu gemacht sind, von An-
dacht und Stille zu leben.

CAMILLO Ist es windig? Ein merkwürdiger kalter Luftzug streicht mir plötzlich
über den Rücken!

EIN TISCHGAST Diese Vorrede verheißt nichts Gutes.

EIN ANDERER TISCHGAST *mit etwas erstickter Stimme:* Wenn ich mich recht entsinne, Graf
Cenci, so hast du uns versammelt, um mit uns ein Ereignis zu feiern, das
dich betrifft.

CENCI Ich habe euch versammelt, um eine Legende zu bekräftigen, nicht, um sie
zu zerstören. Und vorher frage ich euch: bin ich der Mann der Verbrechen, die mir angelastet werden? Antworte du, Fürst Colonna.
Fürst Colonna steht auf.

COLONNA Wenn man dich sieht, denn ich glaube dich zu verstehen, möchte ich sagen, daß alle hier, so wie wir sind, eines Mordes fähig wären.

CENCI Gerade das solltest du sagen: keiner von uns hat eine Mördervisage.

Hier betrachtet jeder Tischgast heimlich seinen Nachbarn.

CAMILLO Ich folge dir, aber wie durch die Finsternis. – Was du sagst, ist nicht sehr katholisch; aber meine Gewöhnung an die Sprache der Kirche erlaubt es mir, den Sinn deiner Worte zu erahnen.

Dennoch hätte ich große Mühe, vorherzusagen, welche neue Schandtat hieraus hervorgehen wird.

EIN TISCHGAST Wir glaubten, daß ein frommer Anlaß dich bewogen hätte, uns zu versammeln.

CENCI Welch frommerer Anlaß als der, der mein Vaterherz erfreut und mir zeigt, daß Gott mich nur zu gut erhört hat.

EIN TISCHGAST Erhört! Worin?

BEATRICE *sehr unruhig auf ihrem Platz, macht Anstalten, aufzustehen:* Mein Gott! ich glaube zu begreifen, was er hinzufügen will.

LUCREZIA *ihr die Hand auf die Schulter legend:* Aber nein, beruhigt Euch, liebes Kind.

CENCI Ich habe zwei Söhne, die mein Vaterherz unablässig gequält haben. Im Hinblick auf sie bin ich erhört worden.

BEATRICE *bestimmt und ahnungsvoll:* Meinen Brüdern ist irgendein entsetzliches Unglück widerfahren.

LUCREZIA Aber nein, er würde nicht mit diesem Zynismus reden!

BEATRICE Ich habe Angst.

CENCI Hier, Beatrice, lest diese Briefe an Eure Mutter. Und danach möge man behaupten, daß der Himmel mir nicht beisteht.

Beatrice zögert.

Hier, nimm und sieh dir an, was ich für deine Brüder getan habe.

Der herausfordernde Blick des alten Grafen Cenci schweift langsam im Saal umher.

Nun, was ist. Ihr weigert Euch, zu verstehen: meine ungehorsamen und rebellischen Söhne sind tot.

Tot, verduftet, erledigt, versteht Ihr?

Und man komme ruhig, wenn man will, um von väterlicher Sorge zu reden: zwei Körper weniger, die mir Sorge bereiten.

Lucrezia, die ihrerseits aufgestanden war, sinkt mit einem Schlag in die Arme von Beatrice.

BEATRICE Das ist nicht wahr. Öffnet die Augen, liebe Mutter.

Der Himmel hätte sich schon geteilt, wenn das keine Lüge wäre. Man bietet nicht ungestraft der Gerechtigkeit Gottes die Stirn.

CENCI Gottes Blitz mag mich treffen, wenn ich falsch spreche.

Du wirst sehen, daß diese Gerechtigkeit, die du heraufbeschwörst, mir beisteht.

Er schwingt die Briefe über seinem Kopf.

Der eine ist von den Trümmern einer Kirche erschlagen worden, deren Gewölbe auf ihn gestürzt ist.

Der andere ist durch die Hand eines Eifersüchtigen ums Leben gekommen; während der Nebenbuhler von beiden mit ihrer Schönen schlief.

Und nun kommt und sagt mir, daß die Vorsehung mir nicht beisteht.

EIN TISCHGAST Fackeln, Fackeln, Fackeln: Fackeln, um meinen Weg zu beleuchten; ich gehe!

CENCI Wartet.

EIN ANDERER TISCHGAST Ja, bleibe. Die Posse ist vielleicht ein bißchen stark, aber es ist bloß eine Posse.

CENCI *einen Becher Wein hebend:* Dieser Wein ist keine Posse.

Der Priester trinkt seinen Gott bei der Messe. Wer kann mich folglich daran hindern, zu glauben, daß ich das Blut meiner Söhne trinke?

DERSELBE TISCHGAST Du wärest verrückt, wenn du nicht komisch wärest. Gehen wir also.

CAMILLO Cenci, du bist nicht ganz recht bei Verstand. Ich möchte noch immer annehmen, daß du träumst. Laß mich ihnen sagen, daß dir nicht ganz wohl ist.

EIN TISCHGAST Ja, ich träume, daß ich begriffen habe.

Getöse. Die Tischgäste eilen zum Ausgang.

CENCI Ich trinke auf den Untergang meiner Familie. Wenn es einen Gott gibt, so mag der wirksame Fluch eines Vaters sie alle der Herrschaft Gottes entreißen.

Hier Totenstille. Das Getöse hört plötzlich auf. Jedermann steht starr an seinem Platz.

Hier, Andrea, laß den Becher kreisen.

Andrea beginnt zitternd durch die Reihen der Tischgäste zu gehen.

Ein Tischgast schlägt mit dem Handrücken den Becher weg, als dieser bei ihm ankommt.

DER TISCHGAST *mit wütender Stimme:* Mörder! Es findet sich also niemand, der ihn seine schändlichen Worte widerrufen heißt.

CENCI Auf eure Plätze, oder nicht einer kommt hier lebend heraus.

Die Tischgäste strömen verwirrt von allen Seiten zurück. Sie stampfen bestürzt mit den Füßen und rücken vorwärts, als ob sie in die Schlacht zögen, aber eine Schlacht gegen Schemen. Sie brechen zum Sturm auf die Schemen auf, die Arme erhoben, als ob sie eine Lanze oder einen Schild in der Hand hätten.

BEATRICE *ihnen den Ausgang versperrend:* Gnade, geht nicht, edle Gäste. Ihr seid Väter. Laßt uns nicht mit diesem wilden Tier zurück, oder ich werde keinen grauen Kopf mehr sehen können, ohne die Vaterschaft zu schmähen.

CENCI *sich an die Tischgäste wendend, die alle in einer Ecke zusammengepfercht sind:* Sie spricht wahr, ihr seid alle Väter. Deshalb rate ich euch, an die Eurigen zu denken, bevor ihr den Mund auftut über das, was hier gerade geschieht.

Beatrice macht eilend einen Rundgang über die Bühne und stellt sich vor ihren Vater.

BEATRICE Du, nimm dich in acht.

Cenci hebt die Hand, als ob er sie schlagen wollte.

Nimm dich in acht, daß Gott nicht seinen Söhnen Waffen verschafft, wenn er von einem bösen Vater verflucht wird.

Hier holt die ganze Menge, als hätte sie einen Schlag in den Magen erhalten, Atem und stößt dann einen lauten Schrei aus; dann stürzt sie verwirrt zu all den Ausgängen.

Beatrice nimmt ihre kreisförmige Bewegung wieder auf und bietet jetzt der Menge die Stirn.

Feiglinge! Ihr habt noch nicht zwischen ihm und uns gewählt?

CENCI Geht. Tut euch zusammen, um mich niederzuwerfen. Eure vereinten Kräfte werden nicht ausreichen.

Alle Mann raus jetzt, ich will mit dieser hier allein sein.

Er zeigt auf Beatrice.

Die Tischgäste ziehen sich plötzlich in einem wahren Durcheinander zurück, einzig Colonna und Camillo versuchen, ein wenig zu trotzen und gehen in würdevoller Haltung hinaus.

Beatrice, die sich Lucrezias annahm, scheint die letzten Worte Cencis nicht vernommen zu haben. Sie macht Anstalten, hinter den anderen hinauszugehen.

Lucrezia, die wieder zu sich gekommen ist, schluchzt.

LUCREZIA Mein Gott! Was hat er noch gesagt?

CENCI *zu Lucrezia:* Zieht Ihr Euch in Euer Zimmer zurück.

Zu Beatrice, sich ihr nähernd.

Nicht so schnell, du. Du wirst nicht eher gehen, bevor du mich nicht vollständig angehört hast.

Lucrezia stellt sich so hin, als wollte sie Cenci den Weg versperren.

Beatrice gibt ihr mit dem Kopf ein Zeichen, nichts zu unternehmen; Lucrezia hat begriffen; sie zieht sich, nach einem letzten Blick auf Beatrice, behutsam zurück.

Beatrice und der alte Cenci verharren Auge in Auge. Sie messen sich lange mit Blicken.

Cenci geht zum Tisch und schenkt sich ein weiteres Glas Wein ein.

Mehrere Fackeln erlöschen plötzlich. Man vernimmt den dumpf gewordenen Ton der Glocken.

Eine unheimliche Ruhe breitet sich auf der Bühne aus.

Ein violaähnlicher Ton vibriert sehr leicht und sehr laut.
Beatrice setzt sich auf einen Stuhl und wartet.
Cenci kommt sehr behutsam zu ihr. Seine Haltung hat sich vollständig ge-
ändert, sie drückt jetzt eine Art von heftiger, heiterer Gemütsbewegung
aus. Beatrice sieht ihn an und es scheint so, daß sich auch ihr Mißtrauen
zerstreut hat.

CENCI   *in einem demütigen und sehr ergriffenen Ton:* Beatrice.

BEATRICE   Mein Vater.

Sie wird das folgende in einem ergriffenen und ernsten Ton sagen.
Zieh dich zurück von mir, ruchloser Mann. Ich werde nie vergessen, daß
du mein Vater warst, aber verschwinde. Um diesen Preis könnte ich dir
vielleicht verzeihen.

CENCI   *streicht sich mit der Hand über die Stirn:* Dein Vater hat Durst, Beatrice.
Gibst du deinem Vater nichts zu trinken?

Beatrice geht zum Tisch und bringt einen gewaltigen, mit Wein gefüllten
Becher.
Cenci nimmt den Becher und versucht, Beatrice mit der Hand über die
Haare zu fahren.
Beatrice, die den Kopf vorstreckte, zieht ihn plötzlich heftig zurück.

CENCI   *leise und zähneknirschend:* Ah! Natter, ich kenne einen Zauber, der dich
sanft und zahm machen wird.

Angesichts der letzten Worte Cencis fühlt sich Beatrice von einer maßlo-
sen Verwirrung ergriffen. Endlich stürzt sie nach draußen, als ob sie voll-
ends begriffen hätte.
Andrea, der die Regungen seines Herrn verfolgt, macht eine Geste, Bea-
trice den Weg zu versperren.
Laß.
Pause.
Laß; der Zauber tut seine Wirkung. Von jetzt an kann sie mir nicht mehr
entkommen.

Vorhang

Zweiter Akt

Erste Szene

Ein Zimmer im Palazzo Cenci.
In der Mitte des Zimmers ein großes Bett.
Der Tag neigt sich seinem Ende zu.
Bernardo – Lucrezia – Beatrice.

LUCREZIA *Bernardo einschläfernd:* Weine nicht.
Ich bin nicht deine Mutter, aber ich liebe dich mehr als deine Mutter. –
Ich habe gelitten. – Für eine Frau, die den Namen Frau verdient, Bernardo, ist jeder große geistige Schmerz wie ein neues Gebären.
Beatrice stürzt verwirrt auf die Bühne.

BEATRICE Ist er hier vorbeigekommen? Habt Ihr ihn gesehen, Mutter?
Sie spitzt die Ohren.
Da ist er. Ich höre seine Schritte auf der Treppe. – Ist das nicht seine Hand an der Tür? – Seit gestern spüre ich ihn überall.
Ich kann nicht mehr, Lucrezia. Hilf uns, Mutter, hilf uns. Ich bin des Kämpfens endlich müde.
Lucrezia nimmt Beatrices Kopf zwischen ihre Hände. Stille. Draußen kreischen Vögel. Da gibt es, sehr laut, so etwas wie das Geräusch von Schritten.
Oh! Diese Schritte, von denen die Mauern widerhallen. Seine Schritte. –
Ich sehe ihn, als ob er da wäre: sein grauenvolles Gesicht heitert sich auf.
Ich muß ihn hassen und vermag es nicht. Sein lebendiges Bild ist in mir, gleichsam wie ein Verbrechen, das ich mit mir herumtrage.

LUCREZIA Ruhig, ruhig, liebes Mädchen. Ein Verbrechen existiert nur, wenn es geschehen ist.
Beatrice ringt ihre Hände, und plötzlich steigt ein Schluchzer von ihr auf, der allmählich immer stärker wird.

BEATRICE Ich sterbe lieber, als ihm nachzugeben.

LUCREZIA Ihm nachgeben?

BEATRICE Ja. Kennst du einen Vater, der die Kühnheit besitzen kann, eine solche Ungeheuerlichkeit in sich reifen zu lassen und zu bewahren, ohne daß ihn der Mut verläßt?

LUCREZIA Was hat er denn wagen können?

BEATRICE Gibt es etwas, das er nicht wagen könnte?
Alles, was ich ertragen habe, ist nichts neben dem, was er vorbereitet, mir anzutun. Er hat mich mit verpesteten Speisen beköstigt. Er hat mich Tag

für Tag dem langsamen Martyrium meiner Brüder beiwohnen lassen, und du weißt, daß ich nicht protestiert habe. Aber jetzt . . . jetzt . . .

Sie ringt ihre Hände und schluchzt von neuem.

Die Tür geht auf. Beatrice springt auf und stellt sich kerzengerade hin: die Zofe erscheint.

Beatrice setzt sich beruhigt wieder hin.

Gott sei Dank, es ist nicht mein Vater.

DIE ZOFE Monsignore Orsino fragt Euch, zu welcher Stunde er Euch völlig ungestört sehen könnte.

LUCREZIA Heute abend, in der Kirche.

Die Zofe geht hinaus, und plötzlich vermehren sich die anfänglichen Schritte mit Nachdruck. Beatrice, die Ohren spitzend, steht neuerlich auf. Cenci betritt den Raum.

BEATRICE Ah!

Cenci, der auf Bernardo zuging, bemerkt plötzlich Beatrice.

CENCI Ah!

Dann, gleichsam als wolle er einen wichtigen Entschluß fassen, stößt er ein weiteres Ah! aus.

Ah!

In einer Ecke zittert Beatrice wie eine Hündin und macht Anstalten, hinauszueilen, jedoch ohne sich dazu zu entschließen.

CENCI *auf sie zugehend:* Ihr könnt bleiben, Beatrice. Letzte Nacht hattet Ihr den Mut, mir ins Gesicht zu schauen.

Beatrice, immer mehr zitternd, beginnt, an der Wand entlangzugleiten.

CENCI *sie am Arm ziehend:* Nun! Was erwartet Ihr?

LUCREZIA *dazwischentretend:* Gnade!

CENCI Ihr habt mich zu gut durchschaut, als daß ich mich meiner Gedanken noch schämen könnte.

LUCREZIA Gnade, mein lieber Mann, sie fällt ihn Ohnmacht. Quält sie nicht.

Bernardo, der aufgestanden ist, kommt seinerseits hinter Lucrezia zum Stehen.

CENCI Auf deinen Platz, Alte.

Zu Bernardo.

Und du auch, dein Anblick erinnert mich an gewisse schmutzige Liebschaften, die meine schönsten Jahre verdorben haben. Geht, ich verabscheue weibische Kreaturen. Er mache sich aus dem Staub. Sein Milchgesicht verursacht mir Übelkeit.

Lucrezia gibt Bernardo ein Zeichen, sich zurückzuziehen.

Dieser geht auf die Tür zu und eilt plötzlich zu Beatrice, packt sie an der Hand und versucht, sie mitzuziehen.

Halt. Nein. Ich weiß immer, wo ich den von euch beiden, der mich interessiert, wiederfinde.

Beatrice und Bernardo begeben sich weg.
Cenci, nachdem er einen Augenblick im Zimmer umhergegangen ist,
streckt sich bequem auf dem Bett aus.

LUCREZIA Ihr leidet?

CENCI Ja, die Familie, hier sitzt die Wunde.

LUCREZIA *in einem zutiefst mitleidigen Ton:* Ach! jedes neue Wort von Euch ist wie ein Schlag ins Gesicht für uns.

CENCI *auf dem Bettrand sitzend:* Na und?
Die Familie ist es, die alles verdorben hat.

LUCREZIA Na und? Einzig die Familie erlaubt es dir, das Ausmaß deiner Grausamkeit zu zeigen. Was wärest du ohne die Familie?

CENCI Zwischen Kreaturen, die bloß auf die Welt gekommen sind, um einander den Platz streitig zu machen, und die darauf brennen, sich gegenseitig zu zerfleischen, sind keine menschlichen Beziehungen möglich.

LUCREZIA Mein Gott!

CENCI Zum Teufel mit deinem Gott.

LUCREZIA Aber bei solchen Worten gibt es keine Gesellschaft mehr.

CENCI Die Familie, die ich beherrsche und die ich geschaffen habe, ist meine einzige Gesellschaft.

LUCREZIA Das ist Tyrannei.

CENCI Die Tyrannei ist die einzige Waffe, die mir bleibt, um gegen den Krieg zu kämpfen, den Ihr ausheckt.

LUCREZIA Nur in deinem Kopf gibt es Krieg, Cenci.

CENCI Es gibt jenen, den Ihr mir bereitet und den ich Euch reichlich heimzahlen kann.
Wage nicht zu behaupten, daß nicht du meiner Tochter einsuggeriert hast, das Bankett von letzter Nacht in eine Mörderversammlung zu verwandeln.

LUCREZIA Gott mag mich dahinraffen, wenn ich die Gedanken gehabt habe, deren Ihr mich beschuldigt.

CENCI Wenn Euch der Mord nicht genügt, gebraucht Ihr die verbrecherische Verleumdung. Da mein scharfsinniger Geist Euch in Verlegenheit bringt, habt Ihr versucht, mich als Irren einsperren zu lassen.
Du, meine Tochter Beatrice und meine Söhne, die mir die Vorsehung, die du heraufbeschwörst, gerade noch vom Halse geschafft hat, ihr alle hattet an der schmutzigen Verschwörung teil.

LUCREZIA Ich ersticke.

CENCI Schreibt die Schuld für die Luft, die Ihr einatmet, nur Euch selbst zu.

LUCREZIA Erlaube mir, daß ich einen Raum aufsuche, wo ich in Ruhe zittern kann.

CENCI Du kannst dich in der Tat aufs Zittern vorbereiten, aber nicht so, wie du dir das vorstellst.

Du, Beatrice und diese Mißgeburt, die du beschützt, als ob du sie zutage gefördert hättest – bereitet euch darauf vor, euer Bündel zu schnüren.

LUCREZIA *mit einem resignierten Seufzer:* Wohin?

CENCI Nach Petrella.

Zu meinen Besitzungen gehört ein verschwiegenes Schloß, das nie etwas von den Geheimnissen, die es hütet, nach außen dringen ließ. Ihr könnt dort in Ruhe ein Komplott schmieden.

LUCREZIA An deiner Stelle würde ich mir Zeit zum Verschnaufen nehmen, bevor ich fortfahren würde, uns zu beschuldigen.

CENCI Verschnaufen, in dieser verpesteten Atmosphäre!

LUCREZIA Einzig Eure frevelhafte Einbildung hat die Atmosphäre geschaffen, unter der Ihr leidet.

CENCI Wenn ich leide, so kommt es mir allein zu, mich zu erlösen. Vorläufig bringe ich euch hinter Schloß und Riegel.
In dem großen Zimmer wird es dunkel. Cenci nähert sich langsam wieder einem noch erhellten Teil.
Einige Schritte nach der Seite hin machend, wo Lucrezia hinausgegangen ist: Und du, Nacht, die du alles größer machst, tritt dort ein *Er schlägt sich mitten auf die Brust.* mit den unermeßlichen Formen sämtlicher Verbrechen, die man sich vorstellen kann.
Du kannst mich nicht aus mir vertreiben.
Die Tat, die ich mit mir herumtrage, ist größer als du.

Vorhang

Zweite Szene

Camillo – Giacomo.
Ein unbestimmter Ort. Heide, Gang, Treppe, Galerie, oder was man will. Alles von Finsternis erfüllt.

CAMILLO Wahrlich, du bist ein ganzer Cenci. Aber wenn ich dir einen Rat geben darf, so besteht er darin, den Papst nicht mit den Klagen eines verwirrten Bleistiftquälers zu ermüden.

GIACOMO Was soll das heißen, Signor Camillo?

CAMILLO Das soll heißen, daß du alle Fehler der Familie Cenci hast, ohne deren Rigorosität zu besitzen. Wenn dein Vater dich beraubt hat, so mußt du dich mit ihm arrangieren, ohne deshalb mit deinen schäbigen Zänkereien den Papst zu Hilfe zu rufen.

GIACOMO Dann muß ich mich also schlagen, Krieg? Ich muß meinen Vater am Schlafittchen nehmen.

CAMILLO Ja, wenn du es dir zutraust, was ich bezweifle. Von allen Cenci bist du der einzige, den der Gedanke an einen Mord zum Zittern bringen kann.

GIACOMO Aber was du von mir verlangst, ist nicht, mit meinem Vater Krieg zu führen, sondern mit der Autorität.

CAMILLO Wie gewagt die Formulierung auch sein mag, sie vermag mich nicht zu erschrecken. – Ich habe Zeiten gekannt, wo die Söhne ihren alten Vater in Knechtschaft hielten, aber dieser Teufel von Cenci – das sind jene Väter, deren radikaler Despotismus die Söhne dazu treibt, sich aufzulehnen.

GIACOMO Für einen Priester Jesu Christi sprichst du eine recht merkwürdige Sprache. Ich weiß nicht, ob die Anarchie so sehr zu empfehlen ist. Dein Papst ist wie der Langschläfer der Fabel: er empört sich im Traum, und seine Priester treiben uns dazu an, uns gegenseitig zu töten. Nimm dich in acht, daß das, was du zu tun mir rätst, nicht eine Art Krieg gegen deine eigene Autorität wird.
Zwischen jedem ihrer Worte sind ihre Füße in Bewegung, so als ob sie weiterhin laufen würden, aber sie kommen viel weniger voran, als dies normalerweise der Fall wäre.

CAMILLO Eine Widerstandsbewegung, die ich überschauen kann, ist nicht dazu angetan, mich in Verlegenheit zu bringen.

GIACOMO Hat nicht auf deinen Rat hin, Natter, der Papst meinem Vater einsuggeriert, unsere Enterbung zu betreiben?

CAMILLO Unsere frühe kirchliche Monarchie, ebenso wie die andere, hat stets das Feudalsystem gehaßt.

GIACOMO Na und?

CAMILLO Verstehst du nicht, daß das Vermögen des alten Cenci, seine Schätze, seine Schlösser, seine Güter, über den Kopf der Familie hinweg, dem Papsttum anheimfallen muß?

GIACOMO Du hast einen Zynismus, der die Gläubigen empören muß, falls es in der katholischen Christenheit noch solche gibt.

CAMILLO Alles, was ich sage, habe ich niemals gefürchtet, mitten im Konklave herauszuschreien. Papst wird man durch Zynismus.
Pause. Man hört sie wieder gehen. Doch ihre Körper verrücken sich kaum.

GIACOMO Wenn ich bloß das Elend gegen mich hätte, würde ich mich nicht scheuen, meine Heimat zu verlassen. Ein Land, in dem die Alten den Ton angeben, widert mich schließlich an.
Es gibt kein Vermögen, das man nicht zurückgewinnen könnte, wenn man von seinen Angehörigen unterstützt wird.
Ich kann nicht mehr mit meinen Angehörigen rechnen. Ihre Liebe ist es, die mein Vater treffen wollte, indem er mich um meinen Besitz brachte.

CAMILLO Wie das?

GIACOMO Der Schafskopf ist für dumm verkauft worden. Das bin ich in den Augen meiner Frau, die nicht gewillt ist, mir zu verzeihen. Und ihre Söhne zappeln um sie herum, wie stille Vorwürfe.

CAMILLO Jetzt verstehe ich vollends.

GIACOMO Ja, Verachtung, die Haß gebiert, das ist die Erbschaft, die Cenci mir hinterlassen hat.

CAMILLO Hör zu. Ich will nicht, daß jemand etwas von dem ahnt, was ich dir nahezulegen habe.

GIACOMO Ah! sag schnell.

Hier hört man einen hastigen Schritt. Camillo tritt in den Hintergrund und verschwindet.

Orsino tritt ein.

CAMILLO *flüsternd:* Na, hier ist ja jemand, der dich besser aufklären kann.

ORSINO Was habt Ihr mit diesem verrufenen Priester zu tuscheln?

GIACOMO Ich? Nichts. Ihr werdet schwerlich die Patsche übersehen, in der ich sitze. Dieser Priester glaubt, daß Ihr ein Mittel besitzt, das es mir erlaubt, aus ihr herauszukommen.

ORSINO Du, deine Brüder, deine Schwester, dein Vater – ihr gebt nicht eher Ruhe, bis alles verwüstet ist.

Beiseite gesprochen. Ich will dieser verfluchten Rasse die Mittel zur Selbstzerfleischung verschaffen.

Du weißt, daß ich Beatrice heiraten sollte. Ihr alter Vater verhält sich dergestalt, daß er die Hoffnungen vernichtet, die ich in dieser Richtung hegte.

Über diese ganze Rasse streicht eine eigenartige Fatalität.

Die Söhne scheiden dahin, der Vater geht irre, die Tochter versinkt in einem unerträglichen Mystizismus.

Ihr wart letzte Nacht nicht in Rom, aber Ihr müßt von dem Skandal Wind bekommen haben, der in diesem Palazzo zum Ausbruch gekommen ist, der Euch für immer verschlossen ist.

GIACOMO Welcher Skandal?

ORSINO Alle Türen verschlossen; die Tischgäste glaubten, ihr letztes Stündlein habe geschlagen. Ich habe all das übrigens nur durch die Schwatzhaftigkeit des Dienerpacks erfahren. Die eigentlichen Tischgäste schweigen wie ein Grab.

GIACOMO So sehr?

ORSINO Wo kommt Ihr her? Man möchte meinen, daß Ihr vergessen habt, welches verrufene Blut in Euren Adern fließt. Jedenfalls konnte der alte Cenci seinen Tischgästen Schweigen gebieten.

GIACOMO Heutzutage wäre ein solches Schweigen nicht mehr zu bewahren. Wir befinden uns trotz alledem im 16. Jahrhundert. Und die Welt hat Fortschritte gemacht.

ORSINO Und was Eure Schwester und Lucrezia angeht, so brauche ich Euch nicht den Schrecken zu schildern, von dem sie überwältigt werden.

GIACOMO Na, das trifft sich ja ausgezeichnet, denn auch ich werde unterdrückt.

ORSINO Etwas sagt mir, Signor Cenci, daß diese Unterdrückung nicht fortdauern kann.

Ich habe den Papst aufgesucht, um zu versuchen, ihn für die Leiden dieser terrorisierten Familie zu interessieren.

Seine Heiligkeit hat mir ins Gesicht gelacht.

»Soll ich mich gegen die natürliche Autorität eines Vaters erheben«, hat er gesagt, »soll ich so das Prinzip meiner eigenen Autorität schwächen?« – »Nein, niemals«, hat er hinzugefügt.

Ihr müßt auf Euch selbst zählen.

Wenn die Gerechtigkeit stirbt, ist es richtig, daß die Unterdrückten sich jenseits aller Legalität zusammenschließen.

GIACOMO Mein Zorn ist überreif, wie ich spüre. Und außerdem habe ich nichts mehr zu verlieren.

ORSINO Die Welt schwankt am Rand eines Abgrunds. Es ist der Augenblick, alles zu versuchen.

Ich verlasse Euch, Signor Giacomo. Bedenke, was ich dir eben gesagt habe. Und erinnere dich, daß die Interessen deiner Familie, ebenso wie meine eigenen, von jetzt ab vereinigt sind.

Vorhang

Dritter Akt

Erste Szene

Beatrice – Lucrezia.

BEATRICE *verwirrt auf die Bühne stürzend:* Eine Rüstung und eine feste Burg! . . .
Eine Armee . . . ein geheimer Harnisch . . .
Damit er sich mir nicht mehr nähern kann . . .

LUCREZIA Wer?

BEATRICE Mein Vater!

LUCREZIA Was hat er getan? . . . Ich fürchte zu begreifen!

BEATRICE Ihr müßt Euch dazu durchringen, zu begreifen, daß das Schlimmste sich erfüllt hat.

LUCREZIA Das Schlimmste? Was konnte er Schlimmes all dem hinzufügen, was er uns ertragen ließ?

BEATRICE Cenci, mein Vater, hat mich geschändet.
Sie bricht in Schluchzer aus.
Lucrezia schreitet über die Bühne, sich viermal bekreuzigend.

LUCREZIA Mein Gott! Mein Gott! Mein Gott! Mein Gott!

BEATRICE *mitten in den Schluchzern:* Alles ist befallen. Alles. Der Körper ist schmutzig, aber es ist die Seele, die befleckt ist. Es gibt kein Stückchen mehr von mir, zu dem ich meine Zuflucht nehmen kann.
Lucrezia steht bei ihr.

LUCREZIA Erzähle mir alles, was geschehen ist.
Beatrice schluchzt viermal seufzend.

BEATRICE Mein einziges Verbrechen besteht darin, daß ich auf die Welt gekommen bin.
Wenn ich meinen Tod wählen kann, so habe ich doch nicht meine Geburt gewählt.
Da zeigt sich die Fatalität.
Sie umfaßt Lucrezias Beine mit ihren Händen, so wie Maria-Magdalena am Fuße des Kreuzes.
Sag mir, Mutter, du, die du es weißt, ob alle Familien so sind, denn dann könnte ich mir die Sünde vergeben, daß ich auf die Welt gekommen bin.

LUCREZIA *sich flink zurückziehend:* Sei still, du läßt mich sonst die Gerechtigkeit erkennen, die solche Schandtaten ermöglicht.

BEATRICE Ich weiß jetzt, was die Geisteskranken zu erleiden haben. Der Wahnsinn, das ist wie der Tod.
Ich bin tot, und meiner Seele, die darauf erpicht ist, zu leben, gelingt es nicht, sich zu erlösen.

LUCREZIA *bei ihr niederkniend:* Ich flehe dich an, Beatrice, halte aus: ich werde versuchen, dich zu trösten.
Aber komm wieder zu dir, ich verliere die Fassung, wenn du dummes Zeug redest.
Wenn du dich nicht fangen kannst, muß ich annehmen, daß wir alle besessen sind.

BEATRICE Ihr Mütter könnt euch bloß beklagen. Währenddessen sich hier, unter unseren Füßen, die Kräfte einer Welt zusammenballen, die sich darauf vorbereitet, alles dahinzuraffen.

LUCREZIA *den Kopf in ihren Händen verbergend:* Mein Gott! ich fürchte wirklich, daß das Schlimmste noch nicht geschehen ist.

BEATRICE *mitten in ihren Schluchzern:* Es hat in dieser unbändigen Welt entsetzliche Dinge gegeben, erstaunliche Verbindungen, seltsame Verwirrungen von Gut und Böse. Aber nie ein Gedanke daran . . .

Pause

Als ich klein war, gab es einen Traum, der jede Nacht wiederkehrte.
Ich bin nackt in einem großen Zimmer und ein Tier, wie es dies in Träumen gibt, hört nicht auf zu atmen.
Mir wird bewußt, daß mein Körper glänzt. – Ich will fliehen, doch ich muß meine blendende Nacktheit verhüllen.
Dann geht eine Tür auf.
Ich habe Hunger und Durst, und plötzlich entdecke ich, daß ich nicht allein bin.
Nein!
Mit dem Tier, das neben mir atmet, scheinen andere Dinge zu atmen; und bald sehe ich, wie zu meinen Füßen ein ganzer Haufen ekliger Dinge wimmelt.
Und dieser Haufen ist auch hungrig.
Ich fange an, verzweifelt umherzulaufen, um zu versuchen, das Licht wiederzufinden; denn ich spüre, daß einzig das Licht mir ermöglichen wird, mich zu sättigen.
Aber das Tier, das sich an meine Fersen geheftet hat, verfolgt mich von Keller zu Keller. Und da ich es auf mir spüre, stelle ich fest, daß mein Hunger nicht einmal hartnäckig ist.
Und jedes Mal, wenn ich spüre, daß meine Kräfte im Begriff sind, mich zu verlassen, wache ich mit einem Schlag auf.
Lucrezia, die du so gut die Stelle meiner Mutter vertreten hast, sag mir, daß du mich verstehen kannst, denn heute kann ich dir sagen, daß mein Traum äußerst verwischt ist.

LUCREZIA Es bedurfte deines Traumes nicht, um mir klarzumachen, daß man seinem Los nicht entkommt.

BEATRICE Könnte ich doch glauben, daß ich geträumt habe, daß mein Kindheitstraum mich wieder ergriffen hat und eine Tür, an die man klopft, aufgeht und man mir wieder sagt, daß es Zeit ist, aufzuwachen.

Es klopft sehr leise an die Tür. Diese geht fast sofort auf und gewährt Orsino nebst Giacomo, der sich hinter ihm verbirgt, Eintritt.
Orsino, ist es denn ein Familiengesetz, daß sich die Väter, um ihre Töchter in Besitz zu nehmen, ihrer Söhne entledigen müssen?

ORSINO Was meint sie?

BEATRICE Ich meine, daß Cenci, mein Vater, seinen Schandtaten die Krone aufgesetzt hat.

ORSINO Es ist normal ... Doch das kann nicht sein.

BEATRICE Unterlaßt es, Euch zu fragen, ob das sein kann oder nicht. Das gibt es. Das ist gewesen. – Und jetzt ratet mir dergestalt, daß es dies künftig nicht mehr gibt.

LUCREZIA   Orsino, ich flehe dich an, schreite ein, wenn du etwas vermagst, ich habe
Angst.

ORSINO   Es gibt Richter. Verfaßt eine Klage. Liefert Euren Vater der weltlichen
Macht aus.

BEATRICE   Wo ist der Richter, der mir meine Seele wiedergeben kann?
In meinen Adern fließt ein Blut, Orsino, das sich nicht dort befinden
sollte.
Ich kann jetzt nur noch an die Gerechtigkeit glauben, die ich wählen
werde.

ORSINO   Welche?

BEATRICE   Ich weiß nicht . . . aber etwas muß geschehen!
Eine ungeheuerliche Tat, die die leiseste Spur dieser Schandtat tilgt! Ich
habe ans Sterben gedacht, aber ich fürchte, daß selbst der Tod keine Zuflucht vor dem Verbrechen bietet, das noch nicht gebüßt ist.

ORSINO   Sterben? Haltet Euch nicht an Vorstellungen schadlos; Eure Gerechtigkeit taugt für die Wahnsinnigen.

BEATRICE   Nun gut, schlagt etwas vor. Redet! Es gibt kein furchtbares Mittel, zu
dem ich mich nicht bereit erklären könnte. Aber die Hauptsache ist, unverzüglich zu handeln.

ORSINO   Ich bin für eine wirksame Gerechtigkeit, die erreicht, was sie sich vorgenommen hat. Ich fürchte wahrlich nicht die Gewalt, aber ich möchte,
daß sie etwas nützt. Ich verabscheue Glanztaten, die man unablässig wiederholen muß.
Ihr wollt gerächt werden, stelle ich mir vor? Ihr wollt vor allem Cenci
daran hindern, wieder anzufangen?

BEATRICE   Ja.

ORSINO   Nun, dann wiegelt nicht die öffentliche Meinung auf. Handelt. Aber
handelt heimlich. Das ist der Moment der geheimen Mörder.

BEATRICE   Geheim! Warum? Ich gehe auf den Marktplatz und sage, daß mein Vater
mich entehrt hat.
*Hier läßt Orsino Giacomo sichtbar werden, der einen Schritt nach vorne
macht.*

ORSINO   Ich bringe Euch einen weiteren Unterdrückten.
Ratet ihm, in der Stadt herauszuschreien, daß Cenci, sein Vater, ihn be-
raubt hat.
Meine eigene Gerechtigkeit ist vorsichtig und sie versteht die Mittel zu
wählen, die ihr das Scheitern ersparen.
Er zieht sie alle in eine Ecke.
Nehmt Giacomo mit euch. Haltet zusammen. Weiht Bernardo ein.
Vereinigt euch gegen eine entgleiste Autorität. Stellt wieder eine Familie
her. Die verwandtschaftlichen Bande machen die besten Verschworenen.

Mit Bernardo sind das vier. Bleibt mit dem Geheimnis der Tat zu viert. Für die Tat selbst habe ich zwei Stumme . . .

BEATRICE !!!!!!!!!!

LUCREZIA !!!!!!!!!!

ORSINO Ja, zwei idiotische und beschränkte Halunken, die sich aus einem Menschenleben soviel machen wie aus einem Fetzen Papier.
An dieser Brut fehlt es heutzutage kaum, aber diese haben gegenüber den gewöhnlichen Mördern den Vorzug, daß sie nicht reden.

BEATRICE Vorsicht schließt Schnelligkeit nicht aus, Orsino. Morgen früh wird es zu spät sein.

LUCREZIA Kennst du dieses entsetzliche unbewohnte Gefängnis, das man Schloß von Petrella nennt?
Dort will er uns einsperren lassen.

BEATRICE Dazu darf es nicht kommen.

ORSINO Wird es Tag sein, wenn ihr dort eintrefft?

LUCREZIA Die Sonne wird gerade untergegangen sein.

BEATRICE Aber ich erinnere mich, daß die Straße zwei Meilen vor dem Schloß über eine Art Abgrund führt – unten braust unablässig ein finsterer Sturzbach in den Höhlen auf –, und über den Abgrund ist eine Brücke geschlagen.
Hier hört man Geräusche von Schritten.

LUCREZIA Mein Gott! Cenci kommt unvermutet zurück!

BEATRICE Die Schritte, die näherkommen, dürfen niemals die Brücke überschreiten, von der ich eben sprach.
Alles zieht sich zurück.

GIACOMO *abgehend:* Familie, Gold, Gerechtigkeit – ich setze alles auf eine Karte.

Vorhang

Zweite Szene

Finsternis. Die Szene fängt ohne Spielunterbrechung wieder an. Ein furchtbares Gewitter zieht auf. Mehrere Donnerschläge erschallen in sehr kurzer Aufeinanderfolge.
Unverzüglich sieht man Orsino auftreten, gefolgt von seinen beiden Mördern. Sie kämpfen mit einem rasenden Sturm.
Orsino postiert seine Mörder.

ORSINO Ihr habt verstanden. *Wir* sind das Unwetter. Deshalb scheut euch nicht, zu schreien.

GIACOMO Glaubst du, daß sie das verstehen können; verlange von ihnen, ihren

Mann zu töten. Verlange nicht von ihnen, daß sie ihre Stimme mit dem tobenden Unwetter in Übereinstimmung bringen.
Hier hört man drei Donnerschläge.
Mehrere Männer in Rüstungen erscheinen, verrücken sich mit äußerster Langsamkeit, so wie die kleinen Figuren von der großen Uhr der Straßburger Kathedrale.
Donnerschlag auf Donnerschlag.

ORSINO Bleib ruhig. Alles geht gut. Jeder kennt die Rolle, die er spielen muß.

GIACOMO Ich fürchte, daß sie durch zu gutes Spiel nichts Rechtes mehr vollbringen können.
Das heftige Getrappel beginnt wieder. Lucrezia, Bernardo, Beatrice erscheinen, in derselben statuenhaften Gangart, und sehr weit hinten, den Zug beschließend, nähert sich seinerseits Graf Cenci.
Das Unwetter wütet immer mehr und man hört, mit dem Wind vermischt, Stimmen, die Cencis Namen aussprechen, zuvor in einem langgezogenen und spitzen Ton, dann wie das Pendel einer Uhr:
Cenci, Cenci, Cenci, Cenci.
Mitunter verbinden sich alle Namen in einem Punkt des Himmels, gleichsam wie zahllose Vögel, deren Flug konvergiert.
Dann ziehen die verstärkten Stimmen wie ein äußerst niedriger Flug vorüber.

CENCI *den Stimmen die Stirn bietend, schreit in das Unwetter:* Heh; was ist los?
Unverzüglich sieht man die Umrisse der Mörder, die wie Kreisel aufkreuzen und in einem Blitz aufeinanderstoßen. Gleichzeitig hört man zwei gewaltige Pistolenschüsse.
Es wird Nacht, die Blitze hören auf. Alles verschwindet.

GIACOMO Nun, verfehlt?

ORSINO VERFEHLT!

Vorhang

Vierter Akt

Erste Szene

Cenci – Lucrezia.
Cenci tritt ein, Lucrezia vor sich her stoßend.

CENCI Wo versteckt sie sich, sag? Wo versteckt sie sich?
Begierde, Raserei, Liebe, ich weiß nicht . . . aber ich brenne.
Ich habe Hunger nach ihr . . . Hol sie mir.

LUCREZIA Genug . . . genug . . . genug. Luft. Eine Pause. Ich will leben. Wir sind
nicht auf die Welt gekommen, um gequält zu werden.

CENCI Und ich, kannst du mir sagen, warum ich auf die Welt gekommen bin?

LUCREZIA Ich weiß nicht, warum du auf die Welt gekommen bist, aber ich weiß,
daß alle deine Schandtaten aus deinem Leben eine heikle Angelegenheit
machen, Cenci, eine sehr heikle und gefährdete Angelegenheit.

CENCI Hol sie mir lieber.
Lucrezia geht hinaus.
Cenci taumelt plötzlich und greift sich an die Stirn.

CENCI *gequält lachend:* Ich und bereuen! Warum? Die Reue liegt in Gottes
Hand. An ihm ist es, meine Tat zu bereuen. Warum hat er mich zum Va-
ter eines Geschöpfes gemacht, das mich ganz dazu auffordert, es zu be-
gehren?
Jene, die meine Verbrechen anklagen, mögen zuvor das Verhängnis an-
klagen.
Frei? – wer kann es denn noch wagen, uns von Freiheit zu reden, wenn
der Himmel drauf und dran ist, uns auf den Kopf zu fallen?
Er zieht sich zurück.
Deshalb öffne ich die Schleusen, um nicht unterzugehen.
Es gibt in mir eine Art Dämon, der dazu ausersehen ist, die Beleidigun-
gen der ganzen Welt zu rächen.
Künftig gibt es kein Schicksal mehr, das mich daran hindert, das auszu-
führen, was ich herbeigesehnt habe.
Cenci verschwindet.
Beatrice nebst den Mördern tritt ein.
Eine ziemlich lange Pause verstreicht.
Man meint das Geräusch von Schritten zu hören.
Beatrice stößt die beiden Mörder in eine Ecke zurück.
Lucrezia erscheint.

BEATRICE Meinst du, daß er schläft?

LUCREZIA Ich habe ein Betäubungsmittel in sein Getränk getan. Dennoch hörte ich
ihn vor einem Augenblick noch brüllen.
Beatrice läßt die Mörder in den Vordergrund kommen.
BEATRICE Ich hoffe, daß ihr diesmal rascher sein werdet als letzte Nacht.
Die beiden Mörder lachen.
*Beatrice zieht die Hände der Mörder unter ihren Mänteln hervor. Ihre
Fäuste schließen sich. Ihre Arme werden steif. Sie umkreist sie, indem sie
sich der Stoffbahnen ihrer Mäntel als langer Binden bedient, und wickelt
sie wie Mumien ein, die Fäuste draußen.*
Da!
*Sie fährt ihnen mit der Hand über das Gesicht, um ihr Grinsen zu unter-
binden.*
Nach einem letzten Blick auf die Mörder.
Ah! die Waffen!
*Sie geht zu Lucrezia, die ihr zwei Dolche überreicht, und legt sie den
Mördern in die Hände.*
Sich wieder an die Mörder wendend.
Geht.
Sie begleitet sie und kehrt zu Lucrezia zurück.
Auf der Bühne breitet sich eine Totenstille aus.
*Beatrice preßt ihre Hände gegen ihr Herz; man möchte sagen, daß sie in
Ohnmacht fallen wird, Lucrezia stützt sie.*
Erneut verstreicht eine Pause.
Mein Gott! Mein Gott! Schnell, ich weiß nicht, ob ich es ertragen
kann . . .
Ein Seufzen hebt an, gleichsam wie eine im Schlaf redende Stimme.
LUCREZIA Man möchte meinen, daß er redet.
Beatrice schüttelt den Kopf.
*Man vernimmt ein bestürztes Laufen. Die beiden Mörder erscheinen, der
eine zieht den anderen hinter sich her, der ihn zurückzieht und versucht,
ihm Widerstand zu leisten.*
Alle beiden zittern an allen Gliedern.
BEATRICE Nun?
*Der eine der beiden Mörder gibt zu verstehen, daß ihn der Mut verlassen
hat. Der andere, daß er trotzdem zu handeln versucht hat, daß er aber
verleitet worden ist.*
Feiglinge! Die Feiglinge! sie haben es nicht gewagt, zuzuschlagen.
Sie eilt in den Hintergrund der Bühne und kehrt zurück.
Wo sind eure Waffen?
Beatrice verschwindet im Laufschritt.
Pause.

Der eine der beiden Mörder berührt den Arm des anderen, ihn auf Lucrezia aufmerksam machend. Lucrezia wendet sich ihnen zu und fixiert sie.
Im selben Augenblick kehrt Beatrice zurück.
Die Waffen sind weg, und das Fenster steht weit offen.
Zu den Mördern.
Ihr behauptet, den Tod zu bringen, und habt Angst vor einem Greis, der träumt und mit seinen Gewissensbissen diskutiert.
Geht, geht hinauf und zerbrecht ihm den Schädel, oder ich bringe ihn um, egal womit, und beschuldige euch seines Todes.
Die bezwungenen Mörder machen sich wieder auf.
Eine Zeit verstreicht.
Man hört einen lauten Schrei.
Die Mörder kommen diesmal blutverschmiert zurück.
Beatrice verschwindet im Laufschritt und kehrt mit einem Geldbeutel und einer Art goldglänzendem Meßgewand zurück und wirft es ihnen lose zu.
Geht! Ihr habt es verdient.
Die Mörder gehen – sich schubsend – hinaus.
Man sieht, wie aus dem Hintergrund Cenci schwankend wieder auftaucht, die Faust über seinem rechten Auge geballt, als ob er sich an etwas festhalten würde.
Gleichzeitig erschallen entsetzliche Fanfaren, deren Lärm anschwillt.

Vorhang

Zweite Szene

Ein Hintergrund, weißen Himmel darstellend, fällt vor der Dekoration herab und wird alsbald vom Licht getroffen.
Die Fanfare setzt wieder ein, außergewöhnlich nah und bedrohlich.

BEATRICE *sich die Ohren zuhaltend:* Genug! Genug! Der Lärm dieser Trompete erstickt mich.

LUCREZIA Sie klingt wie die letzte Trompete.

BEATRICE Sollte es schon . . . Aber nein, das ist nicht möglich. Alles schläft. Alles schläft. Es ist schon viel, wenn *ich* begreife, was eben geschehen ist. Es ist zu früh. Nichts konnte ruchbar werden.

BERNARDO Soldaten, überall, Soldaten, Beatrice. Ich habe Angst um dich, versteck dich schnell.
Er weint.

BEATRICE   Es ist zu früh, um sich zu fürchten, aber zu spät, um das Geschehene zu
           beweinen.
           Beatrice und Bernardo entfernen sich.
           Lucrezia, aus der Richtung der Fanfare kommend, hält bestürzt vor
           einem blendenden und furchtbaren Licht inne, das nach und nach die
           ganze Dekoration erfaßt.
           Der Vorhang geht ohne Spielunterbrechung hoch. Beatrice, Lucrezia,
           Bernardo treten in dem Augenblick in die Dekoration, wo Camillo, ge-
           folgt von Wachsoldaten und angeführt vom Schein eines Fackelwaldes,
           von der gegenüberliegenden Seite her eindringt.
LUCREZIA   Camillo!
CAMILLO   *macht mit der linken Hand eine abschneidende Geste:* Nicht Camillo,
           sondern Seiner Heiligkeit Legat.
           Ich muß unverzüglich mit Graf Cenci sprechen. Schläft er?
LUCREZIA   Ich glaube, er schläft!
BEATRICE   Er muß schlafen!
CAMILLO   Ich bin untröstlich darüber, euch zu beunruhigen, aber Graf Cenci muß
           sich für Anklagen von allergrößtem Gewicht verantworten; und zwar
           sofort: das ist mein Auftrag.
LUCREZIA   Niemand hier könnte es übernehmen, zu versuchen, ihn zu wecken.
BEATRICE   Wirklich niemand.
CAMILLO   Ich muß ihn also selbst wecken. Gehen wir, rasch, meine Zeit ist knapp.
           Bernardo ist auf Zehenspitzen zurückgekehrt und verbirgt sich hinter
           Beatrice.
LUCREZIA   Bernardo, geleitet den Legaten in das Zimmer Eures Vaters.
           Camillo, Bernardo, zwei Wachsoldaten gehen hinaus. Die anderen ver-
           teilen sich halbkreisförmig, gleichsam als ob sie die beiden Frauen umzin-
           geln wollten.
           Lucrezia stellt sich wie eine Schlafwandlerin in die Mitte des Kreises.
           Beatrice begibt sich in einer herausfordernden Haltung in ihre Nähe.
LUCREZIA   Mein Gott! eine Minute früher, und Cenci würde noch atmen.
           Wenn die Zeit doch rückwärts gehen könnte!
BEATRICE   Was mich angeht, ich habe nichts zu beweinen.
           Ich habe getan, was ich tun mußte.
           Mit dem, was danach kommt, habe ich nichts zu schaffen.
LUCREZIA   *verzweifelt die Ohren spitzend:* Es ist geschehen. Sie wenden den Leich-
           nam um.
           Sie ahnen schon etwas.
           Plötzlich kommt großer Tumult auf:
           Hilfe! Hilfe! Mord! Mörder ... die Mörder!
LUCREZIA   Alles ist verloren. Alles ist vollendet.

Der Tumult verstummt abrupt. Stille.

Nichts mehr. – Ich höre, wie sie rätseln.

Sie beginnen den Kreis zu ziehen, in dem sie uns einschließen werden.

Pause.

Camillo kehrt mit den Wachsoldaten zurück.

CAMILLO Durchsucht das ganze Schloß.

Man bewache die Türen.

Von jetzt an seid ihr alle Gefangene.

BEATRICE *zu ihm eilend:* Was gibt es?

BERNARDO Beatrice, ich fürchte mich . . . Ich weiß nicht, was ich sagen soll. Cenci, unser Vater, ist ermordet worden.

BEATRICE Wie! Ich habe ihn vor knapp einer Stunde gesehen. Er schlief. Die Last seiner Verbrechen schien ihn nicht zu stören.

BERNARDO Nein, Beatrice, nein, ermordet. Mit einem Nagel, den man ihm in den Kopf geschlagen hat.

Beatrice schüttelt den Kopf.

LUCREZIA Ermordet! Aber ich habe die Schlüssel zu seinem Zimmer bei mir. Keiner außer uns hat es betreten.

Sie schlägt die Hand vor den Mund. Begreifend, daß sie zuviel gesagt hat.

CAMILLO Ah! so ist das also?

Er geht zu Bernardo und tippt ihn an die Schulter.

Antworte du. Wenn du etwas weißt, so rede! Wen muß man in Verdacht haben?

BERNARDO Ich weiß nicht.

BEATRICE *dazwischentretend:* Ich und meine Mutter, Lucrezia, sind müde, wir bitten Euch um die Erlaubnis, uns zurückzuziehen.

Alle beide gehen auf die Tür zu. Camillo wendet sich ihnen wieder zu und bedeutet ihnen, stehenzubleiben.

CAMILLO Einen Augenblick. All dies ist merkwürdig.

Ihr geht nicht eher, bevor ihr mir nicht gesagt habt . . . Stimmt es, daß Euch Euer Vater eine solche Schmach erleiden ließ, daß . . .

BEATRICE Monsignore, ich gestehe niemandem das Recht zu, in das Geheimnis meiner Gedanken einzudringen.

CAMILLO Aber im Grunde, Beatrice, habt Ihr diesen Tod seit langem gewünscht . . .

BEATRICE Monsignore, ich bitte Euch: schweift nicht zu rasch vom Thema ab.

Sie zeigt ihre ganz weißen Hände.

Pause.

Sie weist mit dem Kopf auf den Ort hinter ihr, wo Cenci ums Leben gekommen ist.

Das Blut meines Vaters ist noch frisch.

CAMILLO   Es gibt hier ein Geheimnis, das ich ergründen muß.
Er gibt den Wachsoldaten ein Zeichen, die unverzüglich die beiden Frauen umzingeln.
Bernardo eilt in das Innere des Kreises, schmiegt sich an Beatrice an.
Camillo tritt zwischen die Soldaten und zieht Bernardo, indem er ihn am Kopf faßt, behutsam heraus.
Der Kreis der Soldaten schließt sich wieder.
BEATRICE   *die Arme ausstreckend:* Gnade! nehmt ihn mir nicht weg.
BERNARDO   *wirklich mit den Nerven fertig:* Nein, nein, nein! Wohin sie auch geht, ich werde ihr folgen.
Er wirft sich frenetisch auf die Soldaten und schlägt auf sie ein.
LUCREZIA   Mein Gott! aber das ist doch der leibhaftige Cenci. Bleib ruhig, Cenci.
BERNARDO   Tötet mich in Gottes Namen. Aber gebt mir meine Seele wieder.
Die Soldaten stoßen ihn zurück.
Meine Seele wird geopfert. *Meine Seele* wird geopfert . . . *Meine Seele* wird geopfert . . .
Und er brüllt verzweifelt diese Worte, während der Vorhang fällt.

Vorhang

Dritte Szene

Am Plafond des Theaters dreht sich ein Rad wie an einer Achse um sich selbst. Beatrice, an den Haaren aufgehängt und von einem Wachsoldaten vorangestoßen, der ihr die Arme auf dem Rücken zusammenzieht, läuft gemäß der Richtung des sich drehenden Rades.
Bei jedem zweiten oder dritten Schritt von ihr hebt ein Schrei an, begleitet vom Geräusch der Winde, des sich drehenden Rades oder vom Geräusch knarrender Balken, Geräusche, die aus einer anderen Ecke der Bühne kommen.
Das Gefängnis gibt das Geräusch einer Fabrik von sich, die voll im Gange ist.
Beatrice – Bernardo.

BERNARDO   Du hörst sie . . . Nicht eine Ecke in diesem verdammten Gefängnis, in dem man aufhört zu martern.
BEATRICE   Das Erstaunliche ist, daß Ihr von diesem Gefängnis, das Leben heißt, etwas anderes erwarten konntet als Martern.
Bernardo, wie trunken vor Verehrung, geht auf Beatrice zu. Auch ihm sind die Hände gebunden, aber seine Füße sind frei. Er geht ihr voraus

*und geht um sie herum, beim Reden einen vollständigen Kreis beschrei-
bend.*

BERNARDO Beatrice, ich weiß nicht, welches Los uns beiden beschieden ist, aber ich
kann dir sagen, daß meine Seele, seit ich dich leben sehe, eine Seele wie
die deine nie mehr vergessen kann.

Pause. Beatrice fährt mit der Kreisbewegung fort.

BEATRICE Leb' wohl. Weine, aber verzweifle nicht. Bleibe, ich beschwöre dich, um
der Liebe zu dir selbst willen der Liebe treu, die du mir gelobt hast.

Das Rad dreht sich. Das Gefängnis ächzt.

Ich vertraue dir wie ein altes Vermächtnis die Worte einer Musik an, die
von dem Übel des Existierens heilen.

Eine sehr angenehme und sehr ernste Musik hebt an.

Wie ein stolpernder Schläfer, verirrt
in den Finsternissen eines Traums
grausamer als der Tod,
zögert, bevor er die Lider wieder öffnet,
denn er weiß, daß Leben annehmen
auf das Aufwachen verzichten heißt.
So, mit einer Seele
gezeichnet von den Makeln, die das Leben mir
eingebracht hat,
stoße ich diese Seele wie eine Feuersbrunst
zu jenem Gott zurück, der mich erschaffen hat,
auf daß er davon geheilt wird, zu erschaffen.

Der Soldat ist stehengeblieben und weint.

Aus den Kellern des Gefängnisses wird Krawall vernehmbar.

BERNARDO Sie kommen.
Laß mich deine heißen Lippen küssen,
bevor das Feuer, das alles vernichtet,
ihre glatten Blütenblätter verzehrt;
bevor alles, was Beatrice war,
wie ein Sturmwind
vergeht.

*Beatrice umschlingt ihn mit den Armen, sieht ihn darauf an und küßt ihn,
dabei seinen Körper zurückbiegend.*

Auftritt Camillo nebst Lucrezia, Giacomo, Wachsoldaten.

CAMILLO *sich das Gesicht abwischend:* Es wird Zeit, daß diese Geschichte ein Ende
nimmt. Ich fühle mich krank vor Entsetzen.

Zu Beatrice.

Vorwärts, gestehe. Die Stummen haben ihr Schuldgeständnis unterzeichnet.

LUCREZIA Beatrice, wenn die Sünde begangen ist, wird es Zeit, an die Buße zu denken; und sich nicht aus sinnloser Halsstarrigkeit die Glieder zerreißen zu lassen.

GIACOMO Beatrice, die Triebfeder der Verschwörung befindet sich auf der Flucht; Orsino hat, als Köhler verkleidet, die Tore des Pincio passiert. Außerdem ist es genug der Foltern. Die Verschwörer müssen nur noch büßen.

BEATRICE Was büßen? Ich nehme das Verbrechen auf mich, aber ich bestreite die Schuld.

CAMILLO Hier ist das Urteil und der Vollstreckungsbefehl. Unterzeichne. Aber rechne mit keinerlei Pardon.

BEATRICE Die Grausamkeit des Papstes reicht an die des alten Cenci heran.
Laß dir indes von mir sagen, daß es nicht recht ist, daß sich die Väter gegen die Familien vereinen, die sie erschaffen haben.
Ich habe meine Verteidigung nicht dem Vater des Christentums dargelegt.

CAMILLO Und hast du deinem Vater auch gestattet, die seine darzulegen, als du ihn erwürgen kamst?

BERNARDO Sie hat getötet, um sich zu verteidigen.

LUCREZIA Gibt es denn ein Gesetz, das den Vätern gebietet, zu zerfleischen, was sie erschaffen haben, und den Söhnen, sich zerfleischen zu lassen?

CAMILLO Ich bin nicht hier, um ein Naturgesetz zu diskutieren, sondern um dem Papst die von Beatrice unterzeichneten Geständnisse zu bringen, über deren Verbrechen schon gerechtet ist.

BERNARDO Durch wen?

CAMILLO Durch den Papst.
Übrigens ließ er es nicht an Verteidigern fehlen.
Doch seid unbesorgt, wenn ihr auch die öffentliche Meinung auf Eurer Seite habt, so werdet Ihr die Autorität doch nicht erweichen.

BEATRICE Sie haben ihr Schuldgeständnis unterzeichnet.
Aber welcher himmlische Richter hat das meine unterzeichnen können, ohne über sein Tun zu erröten?

BERNARDO Es gibt einen Zeitpunkt, wo die stärkste Autorität zu der Einsicht kommt, daß man nachgeben muß.

LUCREZIA Beruhige dich. Das Urteil der Richter ist furchtbar für den, der der Freiheit beraubt ist.

CAMILLO Nicht die Autorität überwältigt dich, sondern eine Macht, mit der die Richter eine eigenartige Komplizenschaft pflegen.
Er läßt Beatrice das Urteil unterzeichnen.
Bindet sie los. – Verschafft allen Luft; sie mögen hinabgehen und sich auf das vorbereiten, was sie erwartet. *Zu Beatrice.* Beatrice, habe einen sanften Tod. Das ist alles, was ich dir wünschen darf.

Ich hoffe, daß der Richter oben weniger unerbittlich gegen dich sein wird, als der Papst hier unten es war.

BEATRICE Entferne dich von mir, Camillo. – Man spreche mir nie mehr von Gott.

BERNARDO Rasch, rasch, wendet das Blatt; auf daß man meinen könnte, all dies habe es nie gegeben.

Alles gruppiert sich zu einer Art Hinrichtungsmarsch, der in einem siebentaktigen Inkarhythmus erschallt.

BEATRICE Ich sterbe, aber ich fürchte mich nicht zu sagen, daß diese Welt stets unter dem Zeichen der Ungerechtigkeit gelebt hat.

Mit meinem Tod geht das Leben zugrunde.

Die Soldaten bemächtigen sich – gesenkten Kopfes – der Spitze des Zuges.

CAMILLO *zu Bernardo:* Was dich angeht, so läßt man dir das Leben. Du bist jung, bemühe dich, zu vergessen.

BERNARDO Leben, wenn die Flamme, die mich leben ließ, im Begriff ist, zu verlöschen.

BEATRICE Alles stirbt, weil die Welt brennt, schwankend zwischen Gut und Böse.

Pause.

Weder Gott noch Mensch, noch irgendeine der Kräfte, die das beherrschen, was man unser Schicksal nennt, haben zwischen Gut und Böse gewählt.

Pause.

Ich sterbe, und ich habe nicht gewählt.

Die Musik schwillt an. Eine Art von verzweifelter menschlicher Stimme vermischt sich jetzt mit ihrem besessenen Rhythmus.

So jung und schon sterben.

In die düstere Erde fallen,

wo man unablässig nach sich schreit.

Die Welt, die mir entgleitet, wird mich nicht überleben.

LUCREZIA Man vernichtet nicht das Korn in seiner Blüte. Man brennt nicht die kaum aufgebaute Stadt nieder.

BEATRICE Wenn ich sterbe, so geschieht das deshalb, weil sie die Jugend verurteilt haben.

LUCREZIA Die Jugend, die sie vernichtet haben, wird sie mit sich in den Tod reißen.

BEATRICE Obgleich ich schön bin, habe ich meine Schönheit nicht genossen.

LUCREZIA Wenn ich auch reich bin, habe ich nicht aus Gütern Nutzen gezogen, die ein betrügerisches Leben mir zu gewähren schienen.

Ich habe es mit einem Überfluß zu tun, der die Armut verhöhnt.

BEATRICE Mein Herz, das nie durch etwas erfreut wurde, bleibt stehen, bevor es schlagen konnte.

LUCREZIA Wurde dieses Leben denn für diese vorzeitige Katastrophe geschaffen? Ich kenne die Ungerechtigkeit zu leben, aber ach! ich wage es nicht, an die Gerechtigkeit zu sterben zu appellieren.

BEATRICE   Meine Augen – welchem entsetzlichen Schauspiel werdet ihr euch ster-
           bend öffnen.
           Wer kann mir versichern, daß ich dort nicht wieder auf meinen Vater
           stoße.
           Dieser Gedanke verbittert mir den Tod.
           Denn ich fürchte, daß der Tod mich bloß lehrt,
           daß ich ihm schließlich ähnlich bin.
           Der ganze Zug verschwindet im Takt der Musik, während sehr langsam
           der Vorhang fällt.

           Vorhang

Jörg Graser
Jailhouse Blues

Jailhouse Blues

Personen: Alec Motil, *Häftling* · Sam Brody, *Gefängniswärter* · Pfarrer · Mrs. Hampton, *Rechtsanwältin* · Mr. Delaware, *Sheriff* · Sandy Hopper, *Sängerin* · Eine Küchenhelferin

Ort: Desertstone, Texas

Zeit: Heutzutage

I.

Eine Gefängniszelle und ein durch ein Gitter abgetrennter Vorraum. Die Zelle enthält eine Pritsche, ein Waschbecken, eine Kloschüssel, einen Stuhl und einen Tisch. In dem Vorraum sind mehrere Stühle und ebenfalls ein Tisch.
Alec Motil ist zu nervös, um zu sitzen. Er bewegt sich in seiner Zelle mal hierhin, mal dorthin. Sam Brody, der Wärter, hockt am Tisch und spielt mehr schlecht als recht einen Blues auf seiner Mundharmonika. Schließlich kommt eine Küchenhilfe und bringt eine Blechbox. Brody nimmt sie ihr ab, sperrt die Klappe zur Durchreiche auf und schiebt sie hinein.

BRODY   Ihr Essen, Mr. Motil. Acht Eier mit Speck, drei kräftige T-bone-Steaks, drei Pfund Bratkartoffeln und eine Flasche Ketchup. Dazu das feine Cherry-Coke, fünf Dosen. Es ist alles, wie Sie es bestellt haben.
Motil reagiert nicht.
BRODY   Hm, ein Duft ist das. Wenn Sie sich nicht dranhalten, werd ich Ihnen alles wegessen.
MOTIL   Ich hab keinen Appetit.
BRODY   Es sind noch gute zwei Stunden. Sie haben schon nichts gefrühstückt. Wollen Sie unserem Herrgott mit hungrigem Magen gegenübertreten?
MOTIL   Wenn es einen Herrgott gäbe, wär ich nicht hier.
BRODY   Sagen Sie das nicht, Mr. Motil. Wir können nicht wissen, was Gott mit uns vorhat. Am Ende meint er es besonders gut mit Ihnen und will Sie erlösen von all der Mühsal und Qual, die dieses Erdenleben nun mal mit sich bringt. Genauso, wie Sie Ihr armes, geplagtes Opfer schließlich erlöst und geradewegs in den Himmel befördert haben. So wird eine gute Tat mit einer anderen guten Tat vergolten, und wir können uns zurücklehnen in Zufriedenheit und sagen: Gott ist gerecht.

MOTIL Sind Sie irisch?

BRODY Meine Großeltern sind wohl Iren gewesen, aber vor dem Regen, dem
Wind und den Priestern über den Ozean geflohen. Ich hingegen, mein
Herr, bin Texaner mit Leib und Seele.

MOTIL Die Söhne der Iren taugen wirklich nur zu Polizisten, Präsidenten und
Gefängniswärtern. Das sind die drei Berufe, in denen man pausenlos
Unsinn schwatzen kann, ohne eingesperrt zu werden.

BRODY Von wo stammen eigentlich Sie?

MOTIL Von überall. Ich bin zwar in der Nähe von Bowling Green in Kentucky
geboren, aber ich habe die ganze Welt bereist, einschließlich Japan. Und
noch nie habe ich einen Mitbewohner dieser Erde von seinem Dasein erlöst oder gar in den Himmel befördert. Ich bin so unschuldig wie Ihre
Mundharmonika.

BRODY Meine Mundharmonika?

MOTIL Sie kann auch nichts dafür, was hier mit ihr geschieht.

BRODY Es hat in dieser Zelle schon viele gegeben, die behauptet haben, sie hätten
nichts verbrochen, und so mancher hat dann doch noch gestanden, in
letzter Sekunde.

MOTIL Ich bestimmt nicht.

BRODY Warten wir es ab. Wir hatten mal einen, der hatte Wachteln als Henkersmahlzeit und als Nachspeise Plumpudding. Das war ein Halbmexikaner
mit drei Zentnern Lebendgewicht. Dem hat der Plumpudding so geschmeckt, daß er gleich noch einen haben wollte. Aber das war natürlich
untersagt. Eine Nachbestellung ist bei Henkersmahlzeiten nicht vorgesehen. Buchstäblich in letzter Minute hat der Sheriff ihm dann angeboten, daß er ihm persönlich einen Plumpudding organisiert, wenn er endlich seine Untat zugibt, und zwar in schriftlicher Form. So ist es dann
gekommen, und ich habe noch nie einen Menschen so weinen gesehen
beim Plumpuddingessen.

MOTIL Ich mag keinen Plumpudding.

BRODY Ich schon. Ihr Essen wird jetzt natürlich kalt. Die schönen T-bone-
Steaks.

MOTIL Bitte, bedienen Sie sich.

BRODY Aber nur, wenn Sie wirklich nicht wollen. Zum Wegschmeißen ist das jedenfalls zu schade. Das wäre eine glatte Sünde.
Brody holt die Blechbox aus der Durchreiche, stellt sie auf seinen Tisch
und nimmt Platz. Er kramt aus seiner Aktentasche eine zusammenge-
rollte Serviette, aus der er Messer, Gabel und Löffel auswickelt, und
macht sich ans Essen.

MOTIL Sie haben Ihr eigenes Besteck mitgebracht?

BRODY Häftlinge kriegen ja kein Messer. Das ist Vorschrift. Es ist zwar alles bereits kleingeschnitten, aber für mich gehört zu einer ordentlichen Mahlzeit auch ein richtiges Besteck. Da hab ich meine Prinzipien.

MOTIL Das ist wohl nicht das erste Mal, daß Sie sich eine Henkersmahlzeit einverleiben?

BRODY Keineswegs. Die wenigsten essen hier ihre letzte Speise. Sie haben einfach keinen Appetit. Und es sind köstliche Sachen dabei, wirklich vom Feinsten. Es würde mich ein Heidengeld kosten, wenn ich mir das in einem Restaurant zu Gemüte führen würde. Das kann ich mir gar nicht leisten.

Das ist ja auch der Hauptgrund, warum ich mich für den Todestrakt gemeldet hab. Wenn ich Ihnen das alles aufzählen würde, was ich hier schon aufgetischt bekommen hab, da würden Sie aus dem Staunen nicht mehr herauskommen. Manche bestellen sogar Hummer und solche Sachen. Wenn es zu Ende geht, da schrecken sie vor nichts zurück. Benjamin Brick zum Beispiel, ein Eisverkäufer aus Dodgetown, hat seine beiden Schwestern zersägt und bestellt sich eine Pekingente. Selber kein Chinese, nichts dergleichen, aber eine Pekingente muß es sein. Und dann hat er nur drei Bissen davon runtergekriegt.

Ich weiß ja nicht, ob die die aufgeblasen haben oder was da war, aber das war ein solches Riesentier, die hab ich bis zur Hinrichtung gerade mal zur Hälfte bewältigt. Ich hab mir den Rest aber in zwei Tüten packen lassen, für meine Frau und meinen Hund.

MOTIL Wer hat die größere Portion gekriegt?

BRODY Sie waren gleich groß. Ich will ja nicht, daß sich die beiden streiten.

MOTIL Sie sind ein Mann mit außerordentlichen Geistesgaben.

BRODY Das ist richtig. Der alte Sam Brody weiß, wie man das Leben meistert. Wir hatten mal eine Doppelhinrichtung, zwei Brüder, beide Raubmörder. Hat es zumindest geheißen, die haben das ja bestritten. Egal. Jedenfalls hab ich es hingekriegt, daß sie an zwei verschiedenen Tagen auf den elektrischen Stuhl gekommen sind.

MOTIL Unglaublich.

BRODY Doch. Wissen Sie, wie ich das gemacht hab? Ihnen kann ich das ja sagen, weil Sie werden das Geheimnis ohne Umschweife mit ins Grab nehmen. Ich hab nach der ersten Hinrichtung einen Kurzschluß produziert. Es hat einen Rehbraten gegeben mit einer sagenhaften Soße, und den Rest von dieser Soße hab ich schweren Herzens in die Lüftungsklappe der Klimaanlage geschüttet. Haben Sie das gewußt, daß die Todeskammer eine Klimaanlage hat?

MOTIL Nein.

BRODY Ich schon. Und kaum war die Soße in der Lüftungsklappe, zack, war alles finster. Bis das Zeug trocken war, hatten die die zweite Hinrichtung bereits verschoben. Auf diese Weise hab ich mich am nächsten Tag mit frischem Appetit wieder ans Werk machen können. Der zweite Bruder hatte nämlich eine französische Pastete bestellt, von der träum ich heut noch. Die Hälfte hat er zwar selbst gegessen, weil das war ein hartgesottener Bursche, aber immerhin.

MOTIL Das ist genial. Aber für Ihre Frau ist dann gar nichts mehr abgefallen.

BRODY Die braucht sowieso nicht soviel. Die macht Aerobic und wiegt nur fünfzig Kilo, wenns hochkommt.

MOTIL Oje.

BRODY Mir macht das nichts aus. Ich hab nichts gegen meine Frau. Es gibt Kollegen, die nehmen sich eine Jüngere irgendwann, aber das kostet eine Menge Geld. Ich weiß nicht, wie die das machen. Die verzichten dann eben auf dies und das. Dazu bin ich nicht bereit. Ich brauch alle acht Jahre ein neues Auto und einen neuen Fernseher, und ich hab einen großen Hund. Dafür nehm ich dann in Kauf, daß ich bei der Frau spar. Ich seh doch, wie es ist. Mit einer neuen Frau gibt es erst ein großes Juchee und dann kommt die Ernüchterung. Früher oder später ist der Ofen wieder aus, und der Geldbeutel ist leer. Die alte will ihr Geld, und die neue hat auch ihre Ansprüche. Für einen Gefängnisangestellten der unteren Kategorie bedeutet das: ein altes Auto, ein alter Fernseher und ein winziger Hund. Mehr ist nicht drin. Aber nicht mit mir.

MOTIL Und wenn Sie sich eine angeln, die selber Geld verdient?

BRODY Solche Frauen zanken. Sie lassen sich nicht unterbuttern. Außerdem will ich eine, die zu Hause ist. Mein Sofa steht ja auch nicht den lieben langen Tag in der Fabrik herum.

MOTIL Also haben Sie in puncto Frauen resigniert und beschränken sich auf Ihre gesetzliche Gattin?

BRODY Sagen wir mal, in dieser Hinsicht bin ich ein Kriegsversehrter.

MOTIL Und das Fell juckt Ihnen gar nicht mehr? Sie sind doch noch nicht im Rentenalter.

BRODY Ab und an leist ich mir ein Pornoheft. Sie brauchen sich aber keine solche Mühe geben.

MOTIL Wieso Mühe?

BRODY Glauben Sie, ich merk das nicht, wie Sie mich aushorchen? Sie wollen wissen, auf was ich anspring. Aber da sind Sie beileibe nicht der erste. Wenn Sie wüßten, was mir schon alles angeboten worden ist, an Frauen und Autos. Ganze Wolkenkratzer hat man mir bereits geben wollen für meinen Schlüsselbund. Da wird so ziemlich jeder spendabel, wenn es ihm an den Kragen geht. Aber mit dem Schlüsselbund ist es nicht getan. Da kommt man nicht weit.

MOTIL Ich kann Ihnen keine sonstigen Reichtümer anbieten. Ich habe selber nur immer kleine Autos besessen. Aber ich verfüge über Spezialkenntnisse, mit denen können Sie all das in die Tat umsetzen, was Sie in diesen Pornoheften sehen. Sie können von Frau zu Frau eilen, ohne Geld auf den Tisch des Hauses legen zu müssen.

BRODY   Wie soll das gehen?

MOTIL   Ich bin weit gereist und besitze in diesen Dingen internationale Erfahrungen. Ich kann Ihnen Wege und Schliche eröffnen, mit denen können Sie buchstäblich alle Frauen dieser Welt erobern, bis auf eine Ausnahme.

BRODY   Wieso gibt es da eine Ausnahme?

MOTIL   Die gibt es immer. Das ist, wenn Sie Ihr Herz verlieren, weil dann werden Sie zum Trottel, grinsen unaufhörlich und nicken zu allem, was Ihnen von der anderen Seite aufgebürdet wird, wie ein Idiot. Dann sind Sie für die Frau, wenn überhaupt, nur noch als Ehemann interessant, sprich als Zahlmeister und Märtyrer. Die Favoritenrolle nimmt dann ein anderer ein.

BRODY   So hab ich das noch gar nicht betrachtet.

MOTIL   Wer liebt, hat schon verloren. Ich kann Ihnen da ein Lied davon singen, weil mir das zuletzt selber widerfahren ist. Die Frau meines Herzens war zwar nicht so gemein, mich zu heiraten, aber sie hat sich in alle Winde zerstreut, und das ist summa summarum noch schlimmer.

BRODY   Es ist ja nicht so, daß ich mir überhaupt nichts mehr gönnen will in puncto Frauen. Ich will nur keine Scherereien und schon gar nicht finanzielle Belastungen.

MOTIL   Also ich versprech Ihnen, Sie würden es nicht bereuen. Mit Hilfe meiner Spezialkenntnisse könnten Sie bei den Frauen ähnlich absahnen wie bei den Henkersmahlzeiten. Alles ohne Ihren Geldbeutel zu strapazieren. Ich gebe Ihnen ein Beispiel: wenn Sie eine Frau in der U-Bahn ansprechen? Wie machen Sie das?

BRODY   Das geht schief. In der U-Bahn läßt sich keine Frau ansprechen.

MOTIL   Eben. Sie müssen dafür sorgen, daß Sie von ihr angesprochen werden.

BRODY   Wie wollen Sie denn das bewerkstelligen?

MOTIL   Mit Hilfe einer Säge. Sie transportieren einfach eine große Säge. Die Frau sagt: »Kommen Sie mir bloß nicht zu nahe mit diesem Ding.« Und schon ergeben sich umfangreiche Gespräche. Unter Garantie. Sie müssen natürlich höflich antworten und sich vielmals entschuldigen, und Sie dürfen auf keinen Fall aufdringlich sein und ihr das Kleid zerreißen. Mit guten Manieren hat man immer einen Stein im Brett.
Ich bin noch nie ohne Frau aus der U-Bahn gekommen, wenn ich mit einer Säge eingestiegen bin.

BRODY   Unfaßbar.

MOTIL   Das ist nur einer von meinen unzähligen Tricks, mit denen ich diese

Dinge regle. Ich kenn noch tausend andere, die alle hundertprozentig funktionieren. Ich bin in den Fragen der galanten Abenteuer das, was Sie im Todestrakt sind: ein kleiner Meister.

BRODY Allmählich werd ich neugierig.

MOTIL Wir müßten natürlich eine umfangreiche Schulung vornehmen. Das fängt mit der Kleidung an und betrifft von der Frisur bis zu den Sprechgewohnheiten die ganze Erscheinung. Wir müßten bei Ihnen praktisch bei A beginnen und über das I und das O alles durchbuchstabieren bis zum Z. Aber in spätestens einem Monat hab ich einen Don Juan aus Ihnen gemacht, gegen den bleibt von Bill Clinton nur noch ein winziger Zigarrenstummel übrig, zwei Zentimeter, allerhöchstens.

BRODY Machen Sie sich keine übertriebenen Hoffnungen. Es ist selbst für mich, der ich den Todestrakt in- und auswendig kenn, nahezu unmöglich, jemanden herauszuschmuggeln. Und wenn ich es trotzdem täte, würde man mich unweigerlich entlassen, was mich am Ende meine Pension kosten würde. Und die ist mir verglichen mit allen Henkersmahlzeiten und Frauen dieser Welt gewissermaßen heilig.

Der Pfarrer kommt herein. Er hat eine Aktentasche dabei und das müde Routinelächeln eines überarbeiteten Vertreters.

PFARRER Guten Tag, die Herrschaften. Schmeckts, Mr. Brody?

BRODY Danke, Hochwürden. Ausgezeichnet.

PFARRER Was haben Sie denn heute Schönes bekommen?

BRODY T-bone Steaks.

PFARRER Ausgezeichnet. Wie geht es Ihnen, Mr. Motil?

MOTIL Nicht sehr gut.

PFARRER Sind Sie bereit für die Letzte Ölung?

MOTIL Ich muß gestehen, daß ich gar kein Christ bin.

PFARRER Sie waren doch aber ab und an beim Gottesdienst in unserer schönen Gefängniskapelle. Ich kann mich an Ihr Gesicht erinnern.

MOTIL Eigentlich mehr wegen der Abwechslung, um mal herauszukommen aus der Zelle. Außerdem sing ich gern, obwohl ich es eigentlich nicht kann. Aber in der Menge fällt das nicht so auf.

PFARRER Haben Sie eine andere Religion?

MOTIL Nein. Ich habe eine Weile mit den Mormonen geliebäugelt, wegen der Vielweiberei. Aber im großen und ganzen war mir das zu streng. Die haben mich außerdem nicht genommen.

PFARRER Warum nicht?

MOTIL Keine Ahnung. Ich glaube, sie hatten Angst um ihre Frauen.

PFARRER Wir nehmen jeden. Wir können eine Schnelltaufe machen, eine Nottaufe. Ich erklär Ihnen die Grundzüge in einer Kurzfassung. Okay?

MOTIL Bitte.

PFARRER Also es gibt einen Gott. Die Asiaten haben einen Haufen Götter. Wir haben einen. Der ist dafür allmächtig. Okay?

MOTIL Okay.

PFARRER Er hat einen Sohn: Jesus. Der ist im Jahre null geboren. Ganz genau im Jahre null, keine Stunde vorher, keine Stunde nachher. Okay?

MOTIL Okay.

PFARRER Dieser Jesus war tot, und er ist wiederauferstanden. Das ist der Punkt. Er hat bewiesen, daß es funktioniert. Er hat es vorher schon mal bewiesen an einem anderen Toten: Lazarus. Und auch da hat es funktioniert. Okay? Jeder kann es. Jesus hat es vorgemacht.

MOTIL Das ist grandios.

PFARRER Richtig. Der andere Punkt sind die Zehn Gebote. Gott hat klar aufgezeigt, was man tun darf und was nicht. Er hat Regeln aufgestellt. Jeder sollte sich an diese Regeln halten. Um das zu unterstreichen, hat er sie Moses aus einem brennenden Dornbusch heraus überreicht. Um klarzumachen, daß es ihm Ernst ist damit.

BRODY Ich hab das anders gehört.

PFARRER Wie haben Sie es gehört?

BRODY Ich habe gehört, daß er ursprünglich nur ein Gebot hatte und damit zu den Ägyptern gegangen ist. Die wollten es aber nicht. Geh weg, haben sie gesagt, wir brauchen kein Gebot, wir kommen ohne so was gut aus. Daraufhin hat er es Moses angeboten. Und Moses hat gefragt: Was kostet das? Gott hat geantwortet: Gar nichts. Es ist umsonst. Darauf hat Moses gesagt: Dann nehm ich zehn.

PFARRER Das ist falsch. Das ist anarchistische Propaganda. Es waren von Anfang an zehn.

BRODY Sicher?

PFARRER Absolut. *Zu Motil.* Was ich Ihnen also anbieten kann, ist wie gesagt eine Schnelltaufe. Dann sind Sie Christ und können beichten. Wir halten uns dabei an die Zehn Gebote. Anschließend bekommen Sie von mir die Absolution. Damit sind Sie von Ihren Sünden reingewaschen, und der Weg zur Auferstehung steht Ihnen offen.

MOTIL Genial.

BRODY Die Hindus bieten auch eine Art Wiederauferstehung an. Die nennen das Wiedergeburt.

PFARRER Das ist richtig. Aber erstens nimmt man bei den Hindus seine Sünden mit und muß dann im nächsten Leben dafür büßen. Und zweitens fängt man als Säugling wieder an und, wenn man Pech hat, sogar als Ameise. Außerdem kann der Herr Motil gar kein Hindu werden, weil die bekehren ja gar nicht.

BRODY Der Herr Tatabati schon.

PFARRER   Das ist aber nicht korrekt.

MOTIL   Wer ist der Herr Tatabati?

PFARRER   Das ist der Hindupriester von Desertstone. Er macht aber die Buddhisten mit, weil es hier keinen buddhistischen Priester gibt, und sagt dann
einfach: Buddha war ein meditierender Hindu. Er bietet praktisch ein
Potpourri an, und ich bin sehr im Zweifel, ob das zulässig ist. Aber bitte,
heutzutage ist ja wohl alles erlaubt.

MOTIL   Was gäbe es denn noch für Möglichkeiten?

PFARRER   War Ihre Mutter jüdisch?

MOTIL   Nein.

PFARRER   Dann kommt das sowieso nicht in Frage. Es bleibt für Sie eigentlich nur
das Christentum.

BRODY   Da wird der Herr Abdullah aber anderer Meinung sein.

PFARRER   Ich weiß gar nicht, was Sie sich hier immer einzumischen haben. Den
Herrn Abdullah will ich ihm nun wirklich nicht zumuten. *Zu Motil.* Das
ist ein Muselmane, der Herr, von dem wir hier reden. Aber der Islam ist
extrem streng, das sag ich Ihnen gleich. Es ist alles ziemlich ähnlich, die
haben auch einen Gott, der allmächtig ist, nur sind die Vorschriften um
einiges härter. Die haben statt Jesus Mohammed.
Der ist seinerzeit in der Wüste gewesen und hat von vorbeiziehenden
Händlerkarawanen seine Informationen bekommen. Da waren Juden
dabei und Christen. Mohammed hat das zusammengewürfelt, das Jüdi-
sche und das Christliche, und es auf die Araber zugeschnitten. Araber
sind heißblütiger und zorniger, deshalb ist alles strenger. Also das würd
ich Ihnen wahrlich nicht empfehlen, den Herrn Abdullah.

BRODY   Ich für meinen Teil finde den Herrn Tatabati sehr sympathisch.

PFARRER   So? Finden Sie das?

BRODY   Doch. Das ist ein ausgesprochen höflicher Mann.

MOTIL   Der macht auch den Buddhismus, sagen Sie?

PFARRER   Richtig. Der Herr Tatabati macht die Buddhisten mit. Der ist sehr nett.
Wir essen oft zusammen in der Kantine. Aber für den Buddhismus ist es
jetzt eigentlich schon zu spät bei Ihnen. Die haben statt der Auferstehung die Erleuchtung. Wenn Sie erst mal erleuchtet sind, ist Ihnen alles
egal, Leben, Tod, das ist Ihnen dann alles eins. Ich kenn mich da in gro-
ben Zügen aus, weil wir uns in der Kantine oft über berufliche Dinge unterhalten.
Aber für die Erleuchtung müssten Sie erst mal meditieren, wer weiß wie
lange. Auf die Erleuchtung muß man sich vorbereiten, sonst ist man ihr
nicht gewachsen. Sie kommt dann erst gar nicht, und wenn doch, wird
man wahnsinnig. Der Herr Tatabati sagt, die Wahnsinnigen sind arme
Geister, vom göttlichen Feuer verbrannt. Das wollen wir ja nicht, so was.

Der Buddhismus, respektive die Erleuchtung, ist also schon rein von der Zeit her bei Ihnen gar nicht mehr drin.

Beim Hinduismus nehmen Sie wie gesagt die Sünden mit ins nächste Leben, und der Islam ist zu streng. Summa summarum ist für Sie das Christentum das einzig Wahre. Ich bin überhaupt nicht streng. Ich sage: Jesus hat dem Mörder verziehen, also verzeihe ich ihm auch.

Taufe, Beichte, Absolution, Auferstehung und das ewige Leben, das wäre die Reihenfolge. Wie lange haben Sie noch?

MOTIL   Knappe zwei Stunden. Oder eineinhalb.

PFARRER   Dann können wir das gerade noch schaffen.

MOTIL   Jesus ist im Jahre null geboren, sagen Sie. Das ist ja nun schon über zweitausend Jahre her. Wie oft hat es denn seitdem mit der Auferstehung noch funktioniert? Ich hab da nie was gelesen.

PFARRER   Das ist alles eine Frage des Glaubens. Wir sprechen hier über die Ewigkeit. Angesichts der Ewigkeit sind zweitausend Jahre gar nichts. Jesus sagt: Ich bin die Auferstehung und das Leben. Wer an mich glaubt, der wird leben, ob er gleich stürbe. Und wer da lebt und glaubt an mich, der wird nimmermehr sterben.

MOTIL   Das klingt gut.

PFARRER   Mein Angebot steht.

MOTIL   So, wie es aussieht, ist das meine einzige Chance. Ich bin einverstanden.
Der Pfarrer entnimmt seiner Aktentasche ein Fläschchen, schüttet sich daraus etwas Wasser über die Fingerspitzen und spritzt es durch das Gitter in Motils Richtung.

PFARRER   Ich taufe Dich im Namen des Vaters, des Sohnes und des Heiligen Geistes, amen. Willkommen in der Gemeinde Christi.

MOTIL   Danke.

PFARRER   Sie haben jetzt die Möglichkeit, zu beichten. Und Sie, Mr. Brody, möchte ich doch herzlich bitten, sich herauszuhalten. Bitte, Mr. Motil.

MOTIL   Mir fällt eigentlich nichts ein.

PFARRER   Denken Sie daran: in eineinhalb Stunden stehen Sie vor Gott, und dann kommt sowieso alles heraus.

MOTIL   Trotzdem. Ich wüßte nichts, wofür ich um Vergebung bitten sollte.

PFARRER   Immerhin haben Sie einen Mord begangen.

MOTIL   Keineswegs.

PFARRER   Sie halten sich für unschuldig?

MOTIL   Durch und durch.

PFARRER   Ich kenne Ihren Fall nicht und kann das nicht beurteilen. Aber es muß doch irgendwas geben, was Ihnen leid tut. Niemand ist perfekt.

MOTIL   Die Sache mit Sandy tut mir leid.

PFARRER   Eine Weibergeschichte?

MOTIL   Es war eine wunderbare Nacht. Ich hab gedacht, das ist sie jetzt, die ewige Liebe. Aber leider war es nach dem Frühstück schon vorbei.

PFARRER   Also ein one-night-stand. Wo ist das Problem?

MOTIL   Daß ich sie nie wiedergesehen hab.

BRODY   Machen Sie sich darüber keine Gedanken. Frauen sind hart im Nehmen. Es gibt zwei Sorten davon. Die einen nehmen einen Hunderter und gehen wieder. Die anderen bleiben und nehmen alles.

MOTIL   Ich hätte ihr ja alles gegeben. Ich hab ja sowieso nichts gehabt. Ich war praktisch pleite.

PFARRER   Dann wundert mich das nicht, daß sie sich gleich wieder aus dem Staub gemacht hat.

MOTIL   Ich hab ihr selbstverständlich nichts von meinen finanziellen Engpässen gesagt.

PFARRER   Frauen riechen so was. Wie alt ist sie?

MOTIL   So um die Dreißig, schätz ich.

PFARRER   Also schon vom Schicksal gestreift. Ist sie hübsch?

MOTIL   Stellen Sie sich eine finstere Nacht vor, ein Haus ohne Strom. Sie kommt herein, und das Licht geht an.

BRODY   Eine Sexbombe also. Solche Frauen verkaufen ihren Arsch nicht unter einem Jahresgehalt von zweihunderttausend Dollar.

PFARRER   Seien Sie froh, daß es nicht geklappt hat. Sie hätten sich die Seele aus dem Leib geschuftet, um das Geld heranzuschaffen, und hätten jede Menge Besuch gekriegt, vor allem, wenn Sie nicht zu Hause gewesen wären.

MOTIL   Sie sehen diese Dinge sehr nüchtern.

PFARRER   Ich höre eine Menge Beichten und weiß, was sich hinter den Kulissen abspielt. Wahrscheinlich hätte sie Ihnen ein paar heiße Ohren verpaßt, wenn Sie ihr gesagt hätten, daß Sie keinen müden Cent in der Tasche haben.

MOTIL   Glauben Sie das wirklich?

BRODY   Fragen Sie nie einen Pfarrer, woran er wirklich glaubt. Er wird Ihnen immer nur sagen, er glaubt an Gott. Sie kriegen ihn nicht zu fassen.

PFARRER   Mr. Brody. Ich bin ein durch und durch geduldiger Mensch . . .

BRODY   Ich auch.

PFARRER   Dann bitte ich Sie jetzt, die Geduld aufzubringen und sich nicht mehr einzumischen, bis wir hier fertig sind. Ihre bloße Anwesenheit widerspricht eigentlich schon dem Geist der Beichte.

BRODY   Meine Anwesenheit ist Vorschrift.

PFARRER   Ich weiß, ich weiß. Also, Mr. Motil, Sie haben sich in diese Sandy verknallt?

MOTIL   Es ist furchtbar. Wie ein Blitz, der nicht aufhört einzuschlagen.

PFARRER   Machen Sie sich darüber keine Gedanken, das geht vorbei. In Ihrem Fall sogar noch heute nachmittag. Das erspart Ihnen eine Menge Ärger. Es ist immer das gleiche. Drei Monate lang tobt der Blitz, drei Jahre lang brennt eine Glühbirne, und dann folgen dreißig Jahre Finsternis. Langeweile, Lügen, halbherzige Seitensprünge und schließlich die Kapitulation, weil das Geld für die Scheidung nicht reicht. Die Ehe, junger Mann, mündet stets in eine Art gegenseitiger Grabpflege.

MOTIL   Das sind Worte, wie ich sie von einem Geistlichen ganz und gar nicht erwartet hätte.

PFARRER   Ich möchte Ihnen nur den Abschied von dieser Welt erleichtern. Wir sind gehalten, gegenüber Todeskandidaten herauszustreichen, daß die Erde ein Jammertal ist. Bei Hochzeiten legen wir den Schwerpunkt natürlich anders.

MOTIL   Ich verstehe.

PFARRER   Vergessen Sie also diese Dame und wenden Sie sich dem Jenseits zu.

MOTIL   Ich glaube kaum, daß diese Angelegenheit im Jenseits ein Ende findet. Wenn irgendwas an mir unsterblich ist, dann ist es die Sehnsucht nach dem Klang dieser verrosteten Stimme.

PFARRER   Sie hat eine verrostete Stimme? Ist sie eine starke Raucherin?

MOTIL   Das auch. Sie ist Protestsängerin. Ich würde alles darum geben, noch einmal ihr unverschämtes Lächeln zu sehen. Und wenn es auch nur ist, um es ihr auszutreiben, falls sie keine stichhaltige Erklärung für ihre Abreise bietet.

PFARRER   Wie wollen Sie es ihr denn austreiben?

MOTIL   Durch einen Kuß, der ihr die Besinnung raubt. Ich habe eine Weile einen Lastwagen gefahren mit sechshundert PS. Wer sechshundert Pferdestärken meistert, wird wohl in der Lage sein, eine Frau entsprechend zu bändigen.

PFARRER   Wie lang haben Sie denn den Lastwagen gefahren?

MOTIL   Drei Wochen.

PFARRER   Das wird nicht reichen.

MOTIL   Eine Polizeistreife hat dann die Gültigkeit meines Führerscheins bezweifelt, den ich als Weltenbummler in Brasilien erworben habe. Er ist allerdings von einem Polizeibeamten in Sao Louis persönlich ausgefertigt und unterschrieben worden und als solcher behördlich einwandfrei. Sogar das Paßfoto ist echt, auch wenn es nur geklebt ist. In Brasilien sind geklebte Paßfotos genehmigt.

PFARRER   Das mag ja alles sein.

MOTIL   Ich hätte dieses Biest gefunden, wenn ich nicht verhaftet worden wäre. Aber ich hatte weder Geld noch Benzin und schon gar kein Auto. Deshalb hab ich eine Vermißtenanzeige aufgegeben. Ich bin grundsätzlich der Meinung, daß die Polizei vom Steuerzahler bezahlt wird und deshalb

etwas tun soll für ihr Geld. Auch wenn ich momentan keine Steuern ent-
richte und schon gar nicht in Texas, muß die Polizei in Notfällen ein-
springen. Und das war ein absoluter Notfall. Ich habe Ihnen ja bereits
gesagt, daß diese Frau in mein Leben eingeschlagen hat wie ein Blitz aus
heiterem Himmel und es vollständig in Brand gesetzt hat. Aber die Polizeibeamten in Desertstone sind unglaublich faul. Statt sich auf die Suche
zu machen, haben sie Alkohol getrunken und sich stundenlang mit mir
unterhalten. Dabei haben sie dauernd gegrinst und Witze gerissen, und
schließlich haben sie mich eingesperrt!

PFARRER Jetzt regen Sie sich nicht so auf.

MOTIL Ich hab gefragt, was das soll, warum sie mich in eine Zelle einschließen,
da hat dieser vollständig betrunkene Mann, ein Hundertzwanzigkilo-
mensch übrigens, zu mir gesagt: wir behalten dich ein bißchen hier, weil
du uns so gut gefällst, Blödmann. Stellen Sie sich das mal vor! Blödmann
hat der mich genannt!

PFARRER Kaum zu glauben.

MOTIL Eine ganze Woche lang haben die mich jeden Nachmittag in ihr Büro geholt und sich mit mir unterhalten. Mir haben anschließend immer die
Augen gebrannt, von dem vielen Rauch. Ich schätze mal, daß keiner von
denen an so einem Nachmittag weniger als siebzehn Dosen Bier ver-
braucht hat. Und wenn Schichtwechsel war, haben die, die heimgegan-
gen sind, sich vor einer Kiste mit Sand aufgestellt und hineingeschossen,
bis ihre Revolver leer waren. Das war alles gespenstisch, zumal keiner
dabei war, der irgendwie dünn gewesen wäre. Das waren durch die Bank
Zweizentnerbeamte!

PFARRER Wenn Sie sich so aufregen, sterben Sie uns noch vor der Hinrichtung.

MOTIL Nach dieser Woche ist dann ein Mann mit einem Schlips in meine Zelle
gekommen. Dieser Schlips ist mir unvergeßlich, weil Singvögel darauf
abgebildet waren und weil dieser Mann mir mitgeteilt hat, daß gegen
mich eine Mordanklage erhoben wird. Mir war das alles unfaßbar und
ich habe beteuert, daß ich mir keiner Schuld bewußt bin, aber das hat ihn
gar nicht interessiert! Da war ich nun zur Polizei gegangen, damit die
mir helfen, meine Angebetete zu suchen, und plötzlich war ich im Gefängnis eingesperrt, ohne Benzin und ohne Auto. Meine Chancen, Sandy
wiederzufinden, waren praktisch Null, und das hätte mich beinahe um
den Verstand gebracht!

PFARRER Sind Sie auf das hin mal untersucht worden?

MOTIL Auf was hin?

PFARRER Auf Ihren Verstand?

MOTIL Ich gehöre zu den wenigen Menschen, deren Intelligenzquotient
schwankt. Woran das liegt, ist nicht erwiesen, wahrscheinlich aber an

mir. Das Waisenhaus mußte sich entscheiden, ob sie mich auf die Sonderschule schicken oder gleich auf die Universität. Die haben sich dann für
die Sonderschule entschieden, vor allem wegen der Kosten. Dadurch bin
ich in Fragen der höheren Bildung ein Einzelgänger.

PFARRER Machen Sie sich nichts daraus. Ein Philosoph aus dem alten Europa hat
einmal gesagt: Um Gott zu finden, muß man den Verstand verlieren.

MOTIL Wie ist das gemeint?

PFARRER Es bedeutet, daß Sie auf dem Weg zu Gott eine Art Pole-Position inneha-
ben, mit einem verdammt großen Vorsprung sogar.

MOTIL Meinen Sie jetzt wegen der Hinrichtung?

PFARRER Das natürlich auch.

MOTIL Ich will das aber nicht. Gott hin oder her, ich habe nichts Schwerwiegen-
des angestellt. Man hat mir eine Pflichtverteidigerin zugewiesen, die
sollte das vor Gericht klarstellen. Aber diese Frau war faul und hat ständig nach Spirituosen gestunken. Sie hat mich immer »Schätzchen« genannt, als ob sie mich besonders gern hätte, aber wie der Prozeß war, hat
sie die meiste Zeit ihren Rausch ausgeschlafen. Im Gerichtssaal!

BRODY Sie dürfen das nicht persönlich nehmen. Ich kenn das. Der Richter kann
es sich nicht leisten, allzuviel Prozesse in den Sand zu setzen. Das würde
den Staat eine Menge Geld kosten. Deswegen werden als Pflichtverteidiger Alkoholiker bevorzugt. Das hat schon seine Richtigkeit. Das ist nicht
speziell gegen Sie gerichtet.

PFARRER Hatten Sie denn niemand, der Ihnen Geld leihen konnte, für einen richti-
gen Anwalt?

MOTIL Nein.

BRODY Tja, Kamerad, es trifft immer die Armen.

MOTIL Das scheint Sie beide nicht sonderlich aus der Fassung zu bringen, wenn
ein Unschuldiger verurteilt wird.

BRODY Also mich bringt es aus der Fassung, wenn die Dallas Cowboys gewinnen, weil das kommt verdammt selten vor.

PFARRER Solange die Cowboys keinen anderen Quarterback haben, als diese
Krücke Peletini, werden sie überhaupt nicht mehr gewinnen.

MOTIL Sie glauben mir nicht.

PFARRER Spielt denn das eine Rolle? Ich meine, auch wenn wir Ihnen glauben,
können wir doch nichts ändern. Das Gericht hat entschieden.
Verplempern Sie Ihre Zeit also nicht mit sinnlosen Beteuerungen. Beichten Sie lieber, was Ihnen auf der Seele liegt. Ich bin wie gesagt bereit, Ihnen für alles die Absolution zu erteilen. Ich bin da nicht kleinlich.

MOTIL Ich hab mir nichts zuschulden kommen lassen.

PFARRER Das gibts nicht. Womit haben Sie denn Ihr Geld verdient?

MOTIL Mein ursprüngliches Berufsziel war Lufthandelskaufmann, aber es hat in

Bowling Green kein Ausbildungszentrum dafür gegeben. Jedenfalls hab ich keins gesehen. Ich bin dann nach New York gegangen und habe ein Reinigungsunternehmen betrieben. Es war zugegebenermaßen nur eine kleine Firma, wir waren genaugenommen bloß zu dritt, mein Eimer, mein Schwamm und ich, aber wir hatten eine hervorragende Geschäftsadresse. Wir waren in der Fifth Avenue, an einer Ampel, und haben den Autos, die Rot hatten, die Scheiben geputzt. Wenn wir Geld dafür bekommen haben, dann war es meistens, damit wir aufhören zu putzen, weil der Fahrer nichts mehr gesehen hat. Dabei hätte er bloß den Scheibenwischer anzustellen brauchen. Wenn alle zusammenhalten, dann geht es gut, das ist mein Motto. Aber die Polizei hat uns vertrieben. Ich hab dann eine Filiale an der Wall Street aufgemacht und etwas Schmieröl in das Wasser gegeben, so daß sich Schlieren gebildet haben. Das hat den Umsatz beträchtlich gesteigert. Im Grunde wollten alle, daß ich aufhöre zu putzen. Ich bin sogar mehrmals verprügelt worden. Bis die Polizei dann eingeschritten ist, hatte ich aber genügend Geld für ein Flugticket nach Prag. Meine Vorfahren stammen ja aus Budweis, oder zumindest aus Pilsen, beides Orte, in denen bekanntlich das Bier erfunden worden ist.

Als Amerikaner wird man in Prag ja automatisch als Dollarmillionär betrachtet, besonders, wenn man kein Tschechisch spricht. Das erleichtert die Hotelsuche ungemein. Man wird überall freudig aufgenommen und zuvorkommend behandelt. Man muß nur rechtzeitig wieder abreisen und am besten gleich die Stadt wechseln, sonst kann es zu Unannehmlichkeiten kommen. Ich hatte zur Sicherheit mehrere Pässe mitgenommen, die sich durch voreilige Verlustmeldungen bei mir angesammelt hatten.

PFARRER   Ich glaube, ich kann mir ein Bild von Ihren beruflichen Aktivitäten machen. Haben Sie die Hotels nur um die Rechnung geprellt, oder haben Sie dort auch geklaut?

MOTIL   Gelegentlich habe ich mich dazu gezwungen gesehen. Ich hätte es als eine Beleidigung für das Land meiner Vorfahren mit seiner hervorragenden alten Kultur und Musik angesehen, wenn ich in schlechter Bekleidung gereist wäre. Das hätte auch ein weitverbreitetes Vorurteil über den Amerikaner verfestigt. Es war sozusagen eine Verbeugung vor Europa und eine Verbeugung vor Amerika, daß ich mich in Schale geschmissen habe, eine Verbeugung nach allen Seiten. Wenn alle sich freuen, dann geht es gut, das ist mein Motto.

PFARRER   Bei den Bestohlenen war die Freude sicher weniger groß. In den zehn Geboten ist deshalb ein Passus enthalten, der das Stehlen ausdrücklich untersagt.

MOTIL Der Geldmensch hat heute eine Gepäckversicherung. Er ist überhaupt gegen alle Unbill versichert und macht noch aus jedem Diebstahl, der ihm zugefügt wird, ein glänzendes Geschäft. Die Reichen dieser Erde sind generell überversichert und sind gar nicht abgeneigt, etwa zur Erneuerung ihrer Garderobe und sonstigen Umgebung gewisse Eigentumsübertragungen zu unterstützen. Die Mode schreitet unbarmherzig voran. Man sollte vielleicht die biblischen Gebote in dieser Hinsicht den modernen Verhältnissen anpassen. Zum Beispiel könnte man schreiben: Du sollst keine armen Teufel oder sonstige Persönlichkeiten ohne Gepäckversicherung bestehlen. Damit wäre ich einverstanden.

PFARRER Ich glaube kaum, daß diese Idee beim Papst Gehör finden wird. Haben Sie nie daran gedacht, durch redliche Arbeit Ihr Geld zu verdienen?

MOTIL Sehr oft. Das ist anfangs überhaupt meine Absicht gewesen. Redliche Arbeit, das ist der Königsweg zum Reichtum. Man braucht allerdings das Startkapital, um Leute anzuheuern, die diese Arbeit machen. Wenn man sie selber macht, schuftet man sich nur kaputt und kommt auf keinen grünen Zweig.

PFARRER Also auch noch arbeitsscheu.

MOTIL Ich bin von Natur aus der geborene Boß. Das einzige, was mir immer gefehlt hat, war das Startkapital ...

PFARRER Das Sie sich durch Gaunereien und Diebstahl verschaffen wollten ...

MOTIL Anfangs vielleicht. Aber dann bin ich doch absolut seriös geworden und habe mich als Heiratskandidat betätigt ...

PFARRER Sie meinen, als Heiratsschwindler ...

MOTIL Zumindest ist es nie zur Hochzeit gekommen. Immer, wenn ich eine kennengelernt hab, von der ich gedacht hab, bei der mach ich mein Glück, die nehm ich aus wie eine Weihnachtsgans, hat sich über kurz oder lang herausgestellt, daß sie ein Engel ist. Und Engel kann man doch nicht übers Ohr hauen, das geht doch nicht. Wer bringt das fertig? Ich, was meine Person betrifft, jedenfalls nicht.

Ja, ich war ein Heiratsschwindler, aber leider der erfolgloseste von ganz Prag, sowie Südböhmen und Nordböhmen mitsamt seinen Kleinstädten. Weil immer bin ich auf Engel getroffen.

PFARRER Ein Heiratsschwindler mit Gewissensbissen?

MOTIL Die Frauen waren arm.

PFARRER Ach so.

MOTIL Sie waren selber Heiratsschwindlerinnen.

BRODY Seien Sie froh, daß Sie diese Geschäftsidee bei den Tschechen ausprobiert haben. Amerikanische Frauen sind schlimmer als Heiratsschwindlerinnen. Sie heiraten wirklich.

MOTIL Ein einziges Mal hatte ich einen fetten Karpfen an der Angel, aber da war es mein Übereifer, durch den das Unglück seinen Lauf genommen hat. Das war in Venedig, einer Stadt, die bis zum Bauch im Wasser steht. Dort war ich einer Holländerin beim Taubenfüttern behilflich. Sie hatte sich von hundert Kilo auf achtzig heruntergehungert, mit eindeutigen Absichten. Insofern war alles geregelt, und dann hat sie sich auch noch als eingetragene Besitzerin einer Yacht entpuppt, die allein schon ihr Geld wert war.

Schon ganz am Anfang, vor dem Dom, mußte ich dringend aufs Klo, aber ich hab es mir verkniffen, um die romantische Stimmung nicht zu gefährden. Stundenlang hab ich es mir verkniffen.

BRODY   Ich ahne bereits, was passiert ist.

MOTIL   Es war schrecklich. Ich hab mich so geschämt. Ich hatte auch keine Hose zum Wechseln in Venedig und kein Geld, um mir eine zu kaufen. In meiner Not bin ich ins Wasser gesprungen, in der Hoffnung, daß sich meine Schande dort verflüchtigt, aber das hat alles nur noch schlimmer gemacht. Diese Stadt hat viele Kanäle, aber leider keine Kanalisation.

PFARRER   Der Himmel hat Sie bestraft. Ich finde das alles ungeheuerlich. Sie sind ein Dieb, ein Faulpelz, ein Heiratsschwindler, und wollen ernstlich behaupten, Sie hätten nichts zu beichten? Wie soll ich Sie von Ihren Sünden freisprechen, wenn Sie keinerlei Einsicht und Reue zeigen?

MOTIL   Aber ich hab doch nichts getan. Im Gegenteil.

PFARRER   Wieso im Gegenteil?

MOTIL   Daß mich nach all meinen Mißerfolgen als Heiratsschwindler schließlich selbst die Liebe ereilt hat, ist schon schlimm genug. Daß sich die Dame nach der ersten Nacht verkrümelt hat, hab ich bis heute nicht verkraftet. Daß ich aber nun im Gefängnis sitze und hingerichtet werden soll, das überleb ich nicht.

BRODY   Der Mann hat recht.

PFARRER   Sie hab ich nicht gefragt.

BRODY   Das ist ein armer Teufel, dem es an den Kragen geht, nicht mehr und nicht weniger. Schieben Sie ihm eine Oblate zwischen die Zähne, und der Fall hat sich.

PFARRER   Ihre Ratschläge in Ehren, Mr. Brody, aber auch ich habe meine Anweisungen. Und ohne Reue gibt es keine Absolution.

Mrs. Hampton stakst herein. Sie ist grell geschminkt, hat bestickte Cowboystiefel an, eine Westernbluse und einen Minirock, der so knapp ist, daß es zum Eklat kommen muß, wenn sie sich hinsetzt. Ihre Aktentasche ist aus Büffelleder.

MRS. HAMPTON   Howdy, Gentlemen. Sieh an, die Bethlehemralley. Wie weit sind Sie denn schon, Hochwürden?

PFARRER   Auf der Zielgeraden, Mrs. Hampton. Was machen Sie denn hier? Ich dachte, Sie sind wieder mal auf einer Entziehungskur?

MRS. HAMPTON Lassen Sie das Denken lieber bleiben, Hochwürden. Sonst kriegen Sie noch Schwierigkeiten mit Ihrem Boß.

PFARRER Wenn das Ihre Anwältin ist, Mr. Motil, dann wundert mich nichts mehr. Diese Dame kriegt jede Weihnachten vom Sargtischler einen Fresskorb und vom Bestattungsunternehmen eine Kiste Whisky.

MRS. HAMPTON Sie sind ein Gegner der Frauenemanzipation, Hochwürden, geben Sie es zu.

PFARRER Ich finde es nur traurig, wenn Frauen ausgerechnet die schlechten Eigenschaften der Männer übernehmen.

MRS. HAMPTON Die gute läßt sich auch gar nicht übertragen. Man kann sie zwar abschneiden, aber nirgends mehr drannähen, soviel ich weiß.

PFARRER Oh, oh, Mrs. Hampton. Ihnen länger zuzuhören ist allein schon ein Grund zur Beichte. Sie gestatten also, daß ich mich empfehle. Mr. Motil, Sie kommen klar?

Motil macht eine hilflose Bewegung mit den Armen.

PFARRER Ich schau dann noch mal rein zur Letzten Ölung. Irgendwie werden wir die Beichte schon hinkriegen. Jetzt lassen wir erst mal die Taufe ein bißchen wirken.

MRS. HAMPTON Beten Sie eins für mich mit, Hochwürden.

PFARRER Sie glauben, das hilft?

MRS. HAMPTON Man soll ja nichts unversucht lassen.

PFARRER Ich schick Ihnen die Rechnung.

Der Pfarrer geht. Brody, der Mrs. Hampton zunächst unverhohlen angestarrt hat, verzieht sich an seinen Tisch, kramt eine Zeitung aus seiner Aktentasche und liest.

MRS. HAMPTON Wie geht es Ihnen, Mr. Motil? Seien Sie froh, daß Sie in dieser kühlen Zelle sind. Es ist unerträglich heiß draußen. Nicht zum Aushalten.

MOTIL Ich werd nicht mehr lang in dieser Zelle sein.

MRS. HAMPTON Natürlich nicht. Entschuldigen Sie.

MOTIL Haben Sie gut geschlafen?

MRS. HAMPTON Oh ja. Danke. Und Sie?

MOTIL Schlecht.

MRS. HAMPTON Ich hoff, Sie werfen mir das nicht mehr vor, daß ich bei Ihrem Prozeß nicht in Topform war. Ich bin keine Maschine, Mr. Motil. Ich hab gute Tage und schlechte Tage. Niemand kann immer in Topform sein.

MOTIL Ich hab ja gar nichts gesagt.

MRS. HAMPTON Aber Ihre Frage, ob ich gut geschlafen hab, die zielt doch darauf ab. Glauben Sie, ich würde mich als Pflichtverteidigerin mit aussichtslosen Fällen herumplagen, wenn ich immer in Topform wäre? Die Honorare für Pflichtverteidiger sind so lausig, daß ich mir nicht mal eine Sekretärin leisten kann, geschweige denn eine Kaffeemaschine. Die meiste Zeit geht bei mir dadurch drauf, daß ich alles selber tippen muß, und ich brauch dazu doppelt so lang wie eine einarmige Sekretärin, weil ich gar nicht tippen kann. Gehen Sie gern zum Pferderennen?

MOTIL   Nein.

MRS. HAMPTON   Ich schon. Wenn es mir gelingt, meine Gläubiger abzuschütteln und ein paar Dollar vor der Taschenpfändung zu retten, geh ich zum Pferderennen. Aber Sie können sicher sein, das Pferd, auf das ich setze, verliert. Ist das meine Schuld? Kann ich da was dafür? Wenn ich das Geld für eine ordentliche Brille hätte, könnte ich diese Tiere auch besser unterscheiden. Aber das Honorar, das ich für Ihren Fall kriege, geht schon wieder drauf für Autoreparaturen. Auch der Straßenverkehr wäre für mich einfacher zu bewältigen mit einer ordentlichen Brille. Die U-Bahn ist ja wirklich keine Alternative, weil dort wird man pausenlos überfallen und vergewaltigt, abgesehen davon, daß es in Desertstone gar keine U-Bahn gibt. Es ist alles ein Teufelskreis.

Aber ich will Ihnen hier nichts vorjammern. Sie sind selber in keiner sehr günstigen Lage. Ich habe eine gute Nachricht für Sie und eine schlechte. Welche wollen Sie zuerst hören?

MOTIL   Die gute.

MRS. HAMPTON   Ich glaube, wir können jetzt Ihre Unschuld beweisen. Es sind neue Ermittlungsakten zu Ihrem Fall aufgetaucht. Ein Müllarbeiter hat sie gefunden, in Rockdale auf der Müllkippe. Sie sind ziemlich schmutzig, und es ist wirklich unangenehm, darin zu blättern, aber ich habe mir die Nase zugehalten und alle Fenster aufgemacht. Ich hab nur einen Teil davon lesen können, in der kurzen Zeit, aber soviel ist klar, es sind lauter widersprüchliche Zeugenaussagen.

MOTIL   Wieso widersprüchlich?

MRS. HAMPTON   Jeder behauptet etwas anderes. Und manche dieser Aussagen widersprechen sich selbst. So gibt es einen Zeugen, der gesagt hat, daß Sie ihm zweihundert Dollar schulden und seine Perücke gestohlen hätten. Dann wieder behauptet er, Sie schulden ihm tausend Dollar und haben seinen Pelzmantel geraubt.

MOTIL   Was soll ich mit einem Pelzmantel und einer Perücke?

MRS. HAMPTON   Schwer zu sagen. Aber es sind nicht alle Aussagen so wirr. Manche sind glasklar, aber sie stehen zu anderen glasklaren Aussagen im Widerspruch. Insgesamt ist es ein unentwirrbares Durcheinander. Es läßt sich alles damit beweisen und natürlich auch das Gegenteil.

MOTIL   Gibt es Zeugen, mit denen wir etwas anfangen können?

MRS. HAMPTON   Es gibt jede Menge Entlastungszeugen, aber auch solche, die furchtbare Anschuldigungen erheben, die weit über das hinausgehen, wofür Sie verurteilt worden sind. Eine Kellnerin aus Desertstone hat behauptet, Sie hätten ihr in der Putzkammer eines Hotels gestanden, daß Sie Marilyn Monroe auf dem Gewissen haben.

MOTIL Da war ich doch noch gar nicht auf der Welt.

MRS. HAMPTON Ich glaube auch, daß diese Frau lügt. Je mehr Zeitungsberichte über Ihren Fall erschienen sind, um so wilder werden die Aussagen. Zwei Zeugen behaupten, daß sie dem Mordopfer begegnet sind, noch Wochen nach der Tat. Einer will mit der Dame Eis gegessen haben. Der andere sagt, er habe sie auf einem Billardtisch klargemacht.

MOTIL Was heißt klargemacht?

MRS. HAMPTON Ich schätze, er meint damit, daß er ein Nümmerchen mit ihr geschoben hat, was weiß ich.

MOTIL Auf dem Billardtisch? So ein Schwein.

MRS. HAMPTON Da war sie doch schon lange tot.

MOTIL Um so schlimmer. Schrecken die Menschen denn vor nichts zurück in dieser Welt?

MRS. HAMPTON Es sieht so aus. Der Distriktrichter hat sich offenbar ein Potpourri zusammengestellt. Er hat sich die Zeugen rausgefischt, mit denen er eine saubere Indizienkette stricken konnte, und den Rest hat er weggeschmissen. Ich bin sicher, alle Geschworenen dieser Welt würden Sie jetzt für unschuldig erklären, nachdem dieser Aktenberg wiederaufgetaucht ist. Aber es ist zu spät. Das ist die schlechte Nachricht.

MOTIL Zu spät?

MRS. HAMPTON Alle Fristen sind schon lange abgelaufen. Ein neuer Prozeß ist gar nicht mehr möglich.

MOTIL Und ein Aufschub?

MRS. HAMPTON Was glauben Sie, was ich die letzten Tage gemacht habe? Ich habe den Distriktrichter angerufen, das Ministerium, die Regierung, alles umsonst. Dafür bekomme ich ständig neue Akten zugeschickt, und eine stinkt mehr als die andere. Die sind in diesem Müllberg vergraben gewesen, einige haben sich schon halb aufgelöst oder sind von Ratten angefressen worden und die meisten betreffen andere Fälle. Teilweise liegen die Prozesse schon Jahre zurück, und die Verurteilten sind bereits unter der Erde und vermodern, während die Wahrheit zwischen Coladosen und Windelresten verrottet und durch niemanden mehr festgestellt werden kann.

MOTIL Ich versteh das nicht.

Mrs. Hampton kramt aus ihrer Büffelledertasche ein paar zerknitterte Blätter, auf denen wohl mal Kaffee getrunken wurde und Butter und Marmelade verzehrt worden sind.

MRS. HAMPTON Eines kann ich Ihnen hoch und heilig versprechen: Ich laß das nicht auf sich beruhen. Und wenn es das letzte ist, was ich tue. Die ganze Welt soll wissen, daß hier ein Unschuldiger qualvoll hingerichtet worden ist.

MOTIL   Qualvoll?

MRS. HAMPTON   Manchmal funktioniert es nicht auf Anhieb. Der elektrische Stuhl hat
                seine Tücken. Aber machen Sie sich darüber jetzt keine Gedanken.
                Worum es geht, ist, daß wir die schreiende Ungerechtigkeit, die man Ih-
                nen zugefügt hat, anprangern. Ich habe bereits an die verschiedensten
                Zeitungen Faxe geschickt, einschließlich der Washington Post und der
                New York Times. Es wird eine Menge Trubel geben. Wenn Sie mir das
                hier bitte unterschreiben würden.
                Sie reicht ihm die fleckigen Blätter durch das Gitter.

MOTIL   Was ist das?

MRS. HAMPTON   Ich brauch Ihr Einverständnis, damit ich richtig loslegen kann. Ich
                werde dafür sorgen, daß bis in den letzten Winkel dieser verdammten
                Erde bekannt wird, daß hier ein guter Mensch mit einer sauberen Weste,
                ein getaufter Christ . . . Sie haben sich doch eben gerade taufen lassen?

MOTIL   Ja. Ich glaube, es war so was in der Art.

MRS. HAMPTON   Ausgezeichnet . . . daß hier ein Christenmensch, ein gottesfürchtiger
                Mann, dessen Unschuld erwiesen ist, auf barbarische Weise umgebracht
                worden ist. Seine letzten Worte, als der Henker ihn festschnallte, waren:
                Herr vergib ihnen, denn sie wissen nicht, was sie tun.

MOTIL   Hat das nicht schon mal jemand gesagt?

MRS. HAMPTON   Egal. Es geht darum, daß jeder sieht, daß Sie ohne Groll gestorben sind,
                wie ein wahrer Held. Ich werde dafür sorgen, daß Sie weltberühmt wer-
                den, wie Martin Luther King, wie Jesus, wie Monica Lewinski, um nur
                ein paar Beispiele zu nennen.

MOTIL   Hier steht was von Film- und Fernsehrechten . . .

MRS. HAMPTON   Natürlich. Der eigentliche Event ist die Verfilmung. Die Zeitungen brin-
                gen die Sache ins Rollen. Das Fernsehen hängt sich dann automatisch
                dran. Die blasen den Ballon auf, und der Knall, das ist der Film. Peng!
                Honey, wir werden da ein ganz großes Rad drehen.

MOTIL   Was bedeutet das hier? Merchandising-Rechte?

MRS. HAMPTON   Das sind Einzelheiten. Um die brauchen Sie sich nicht zu kümmern. Das
                ist ein Mustervertrag. Merchandising-Rechte sind immer dabei. Also bei
                Star-Wars zum Beispiel waren das diese Masken, von Dark Vader und
                dem anderen, wie hieß er doch gleich? Egal.

MOTIL   Kinderspielzeug?

MRS. HAMPTON   Richtig. Bei Jurassic Park waren das diese Gummitiere, diese Dinosau-
                rier, die es überall in den Kaufhäusern gegeben hat. In Ihrem Fall wird
                man wahrscheinlich eine kleine Figur auf einem elektrischen Stühlchen
                machen, die dann auf Knopfdruck zappelt. Irgendwas, was weiß ich. Ich
                bin optimistisch, Honey. Den Prozeß haben wir verloren, aber diese
                Schlacht werden wir gewinnen.

MOTIL Bitte lassen Sie mich allein.

MRS. HAMPTON Sie wollen nicht unterschreiben?

Motil gibt ihr die Papiere zurück und wendet sich ab.

MRS. HAMPTON Ihr Fall wird so oder so ausgeschlachtet. Die Presse ist bereits verständigt, das läuft alles bereits an. Aber wenn Sie diesen Vertrag nicht unterschreiben, dann haben wir keine Möglichkeit, das zu steuern. Die machen dann, was sie wollen. Ich mein, das machen die sowieso, aber . . . die zahlen dann keinen müden Cent!

Motil reagiert nicht. Mrs. Hamptons Blick fällt auf die Blechbox mit den Essensresten.

MRS. HAMPTON Hey, Sie haben T-bone Steaks gegessen.

Motil schweigt. Sie spielt mit dem Gitter. Ihre Bluse wogt und spannt.

MRS. HAMPTON Ich mag richtige Männer. Ich bin keine von diesen Emanzen, die ihrem Mann eine Schürze vor den Hosenlatz binden, wenn Sie verstehen, was ich meine.

Motil bleibt stumm. Brody äugt über den Rand seiner Zeitung.

MRS. HAMPTON Drei T-bone Steaks! Da kann ich ja von Glück sagen, daß dieses Gitter hier zwischen uns ist, wie?

Brody legt die Zeitung beiseite und rappelt sich auf.

BRODY Ich würde Ihnen schon helfen, Madam.

MRS. HAMPTON Sie?

BRODY Ich finde Emanzen auch eine Plage.

MRS. HAMPTON So? Finden Sie das?

BRODY Ein Mann braucht ein Ziel, und eine Frau braucht einen Mann. Das ist meine Meinung.

MRS. HAMPTON Die Rechnung geht nicht immer auf. Ich war dreimal verheiratet und hab dreimal Nieten gezogen. Meine Männer haben alle ihr Ziel gewechselt. Erst war es ein Teil von mir und dann war es die Bar um die Ecke.

BRODY Dieses Land braucht Frauen wie Sie, Madam. Wir sind hier in Texas. Glauben Sie, die Emanzen von der Ostküste wären mit den Indianern fertig geworden? Vor denen wäre kein Indianer davongelaufen. Es sind Frauen wie Sie, vor denen die Indianer Reißaus genommen haben.

MRS. HAMPTON Wie meinen Sie das jetzt?

BRODY Was hat Amerika groß gemacht? Es sind die Frauen der Südstaaten gewesen, die faul herumgelegen sind und ihre Männer zu großen Taten angestachelt haben, aus lauter Langeweile. Ohne die Geldgier ihrer Frauen wären die Texaner heute noch allesamt Cowboys und Rodeoreiter. Nichts hätte sie dazu getrieben, die Indianer auszumerzen und nach Öl zu bohren. Sie waren glücklich mit einem Pferd und ein paar Bohnen mit Speck.

MRS. HAMPTON Das ist dummes Zeug, was Sie da reden, lauter dummes Zeug.

MOTIL   Er hat die T-bone Steaks gegessen.

Mrs. Hampton mustert Brody von oben bis unten.

MRS. HAMPTON   Sie waren das? Genauso sehen Sie auch aus. Sprüche klopfen und T-bone Steaks essen, und wenn Sie eine Fliege verschlucken, haben Sie im Bauch mehr Hirn als im Kopf. Dreimal bin ich auf solche Kerle reingefallen.

BRODY   Drei Männer mehr für die Bar.

MRS. HAMPTON   Sie sollten sich schämen, einem Todgeweihten seine letzte Mahlzeit wegzuessen.

BRODY   Es ist eine Erleichterung für die Putzfrauen. Die Verdauung geht manchmal sehr rasch, wenn einer auf den elektrischen Stuhl geführt wird.

MRS. HAMPTON   Oh. Das ist aber sehr unappetitlich, was Sie da sagen.

BRODY   Was auf dem Stuhl passiert, ist noch unappetitlicher. Haben Sie so was schon mal gesehen?

MRS. HAMPTON   Ich habe nicht die Absicht, mir das anzuschauen.

BRODY   Sie sollten es tun, Madam. Das wird Sie verfolgen bis in Ihre Träume und Sie aufwecken, wenn Sie wieder mal einschlafen im Gerichtssaal.

MRS. HAMPTON   Waren Sie bei der Verhandlung dabei?

BRODY   Natürlich nicht. Ich hatte zu arbeiten.

MRS. HAMPTON   Wenn Sie dabeigewesen wären, wüßten Sie, daß er keine Chance hatte. Es war klar nach dem Auftritt von diesem sogenannten Psychologen, der behauptet hat, sein Geständnis sei glaubwürdiger gewesen als sein Widerruf.

MOTIL   Ich hab nie ein Geständnis abgelegt.

MRS. HAMPTON   Darüber gehen die Meinungen auseinander.

MOTIL   Das müßt ich doch wissen.

MRS. HAMPTON   Immerhin haben Sie das entsprechende Verhörprotokoll unterschrieben.

MOTIL   An diesem Tag bin ich geschlagene siebeneinhalb Stunden verhört worden. Die Herren Beamten haben sich abgewechselt in drei Schichten. Ich nicht. Das alles durchzulesen, das hätte noch mal vier oder fünf Stunden gedauert und hungrig war ich auch.

MRS. HAMPTON   Egal. Dieser Psychoklempner hat gesagt, das Geständnis ist echt. Wenn wir das Geld gehabt hätten, um unsererseits einen Gutachter ins Rennen zu schicken, hätte er eine Chance gehabt. Es sind immer die Dollars, Honey. Wenn er genug davon hätte, dann hätte er seine Großmutter umbringen können und ein paar Tanten dazu. Niemand hätte ihm deswegen ernsthaft einen Vorwurf gemacht. Es sei denn, diese Truppe war hoch versichert, aber auch das läßt sich regeln. Aber ohne die nötigen Dollars sollte man nicht mal einen Witz darüber reißen. Es ist die Verzweiflung, Honey, warum ich saufe. Als Pflichtverteidiger kriegst du immer die, die keine Chance haben. Der Richter muß sie verurteilen, so oder so, damit er ein paar Erfolge vorweisen kann in seiner Statistik. Nur so kann er die anderen laufen lassen. Es ist ein elendes Spiel. Die Karten sind gezinkt. Wenn ich vier Asse ziehe, dann zieht der Sheriff seinen Revolver. Zeig mir den Mann, der so was ohne eine gehörige Portion Whisky durchsteht, und ich heirate ihn auf der Stelle.

BRODY Ich weiß, wie diese Dinge laufen. Seit die Schwarzen lesen können, unterschreiben sie auch nicht mehr jedes Geständnis. Für die Richter wird es immer schwieriger. Sie arbeiten mit härteren Bandagen. Keiner will als Versager dastehen. Wenn Sie nicht so wären, wie Sie sind, Madam, dann würde der Richter Sie nicht als Pflichtverteidiger bestellen.

MRS. HAMPTON Danke, das haben Sie nett gesagt.

BRODY Nehmen Sie es nicht persönlich. Letzten Endes versuchen wir doch alle nur unsere Haut zu retten.

MOTIL Wie fühlen Sie sich eigentlich dabei, Mr. Brody, wenn Sie mit einem Schlüssel in der Tasche herumlaufen, für eine Zelle, in der ein Unschuldiger sitzt?

BRODY Ich fühle mich wie Gott.

MOTIL Ist das Ihr Ernst?

BRODY Gott ist es egal, ob jemand schuldig ist oder unschuldig. Er bringt alle um die Ecke. Die Schwachen zuerst und die Starken zuletzt.

MOTIL Dann haben Sie aber keine gute Meinung von ihm.

BRODY Oh, sagen Sie das nicht. Ich erlaube mir da kein Urteil. Ich sehe nur, wie die Dinge liegen. Die Kirche nennt das, glaube ich, Erlösung. Ist nicht jeder fein raus, der von diesem verstoßenen Planeten heimkehren darf ins Reich Gottes?

MOTIL Glauben Sie überhaupt an Gott?

BRODY Mag sein, daß das einer von seinen Scherzen ist, daß es ihn überhaupt nicht gibt. Ich erlaube mir da kein Urteil. Aber wenn es ihn gibt, steht er nicht auf der Seite der Dallas Cowboys. Wenn die so weiterspielen, steigen sie ab.

MRS. HAMPTON Also gut, Mr. Motil. Sie sind ein zäher Verhandlungspartner. Ich bin bereit, Ihren Anteil zu erhöhen.

MOTIL Welchen Anteil?

MRS. HAMPTON An der Auswertung Ihrer Persönlichkeitsrechte. Ich hatte das im ursprünglichen Vertragsentwurf mit fünfzig Prozent angesetzt. Fünfzig für Sie und fünfzig für mich. Ich bin bereit, Ihnen sechzig einzuräumen.

MOTIL Was soll ich damit?

MRS. HAMPTON Haben Sie keine Erben? Irgendwelche Neffen oder Nichten, die Sie lieben?

MOTIL Nein.

MRS. HAMPTON Sie könnten eine Stiftung einrichten, für Leprakranke, für Taubstumme, für Waisenkinder, was Sie wollen. Es sind Ihnen da keine Grenzen gesetzt. Sie können auch eine Kunstsammlung ins Leben rufen.

BRODY   Die Dallas Cowboys bräuchten dringend einen neuen Quarterback.

MOTIL   Um welche Summe handelt es sich denn?

MRS. HAMPTON   Das kann man noch nicht so genau sagen, aber das kann in die Millionen gehen. Es ist eine Frage der Vermarktung. Da spielt das natürlich auch wieder eine Rolle, für welche Stiftung Sie sich entscheiden. Also wenn Sie sich zum Beispiel für den Schutz von Robbenbabies einsetzen, Sie als unschuldig Verurteilter, das ist natürlich ein Hammer. Da läßt sich eine Menge draus machen. Das puscht die ganze Sache noch mal. Da haben wir quasi eine Kette von Unschuldigen, Mensch und Tier. Mir kommen schon die Tränen, wenn ich da nur dran denk. Haben Sie mal gehört, wie so ein Robbenbaby schreit, wenn es erschlagen wird?

MOTIL   Nein.

MRS. HAMPTON   Dem können Sie sich nicht entziehen. Sie schmeißen sich nie wieder in einen Pelzmantel. Zumindest in keinen aus Robbenfell. Arme, unschuldige Wesen, die niemand etwas zuleide getan haben, werden mit Knüppeln erschlagen, eine jämmerliche Prozedur, die sich eine Ewigkeit hinzieht, weil das Fell ja dabei nicht beschädigt werden darf. Zutiefst grausam. Ein Beispiel, wozu der Mensch fähig ist, aus reiner Profitgier.

BRODY   Das ist doch schon ein alter Hut. Ich hör lieber ein Robbenbaby, das Prügel bezieht, quietschen als Michael Jackson singen. Und wenn er dann noch sagt: »Ich liebe euch alle …« Das ist wahre Grausamkeit.

MRS. HAMPTON   Von einem Mann, der drei T-bone Steaks auf einen Sitz verschlingt, erwarte ich keine qualifizierten Bemerkungen.

BRODY   Rufen Sie eine Stiftung für Pflichtverteidiger ins Leben, Mr. Motil. Damit diese Leute pünktlich ihren Whisky bekommen und nicht in letzter Minute die Todeskandidaten mit den Problemen der Pelzindustrie behelligen.

MRS. HAMPTON   Dieser Mann hier wird in spätestens einer Stunde in der Hölle schmoren. Ich gebe ihm die Gelegenheit, noch rasch eine gute Tat einzuflechten, damit das Feuer unter seinem Arsch nicht ganz so heiß brennt, und Sie werden mich nicht daran hindern, Mr. Brody. Denn wenn das bekannt wird, daß Sie es sind, der die Henkersmahlzeiten futtert, dann wird man zu einschlägigen Sparmaßnahmen greifen. Dann gibt es da nur noch Fastfood, Mr. Brody. Dann können Sie wählen zwischen einem Sandwich und einer Papierserviette, und bekommen werden Sie in jedem Fall das gleiche.

BRODY   Da hülle ich mich lieber in vornehmes Schweigen.

MRS. HAMPTON   Also, Mr. Motil, lassen wir diese verdammten Robbenbabies mal beiseite. Das war nur ein Beispiel. Was ich Ihnen anbiete, ist ein Paket aus einer Imagepolitur und einem Haufen Geld. Das ist das Beste, was wir aus Ihrer unangenehmen Situation noch machen können. Wenn Sie die

	Dollars für ein gutes Werk einsetzen, dann versprech ich Ihnen, ganze Schulklassen werden an Ihrem Grab weinen oder zumindest darauf rumturnen.
Motil	Kann ich das Geld auch für eine Gemeinheit vorsehen?
Mrs. Hampton	Im Prinzip natürlich schon. Was schwebt Ihnen denn da vor?
Motil	Ich weiß nicht, es ist schwierig. Die Luft ist ja schon verpestet. Das Wasser wird immer schmutziger. Die Tiere und Pflanzen werden sowieso schon ausgerottet. Die Massenvernichtungsmittel werden auch immer besser. Die größten Gemeinheiten passieren dauernd schon, und es werden Milliarden und Billionen dafür ausgegeben. Fernsehserien, Pokemons, Rechtsanwälte, was immer man sich an widerlichen Dingen ausdenkt, es ist schon da.
Mrs. Hampton	Ich würde vorschlagen, Sie unterschreiben jetzt erst mal den Vertrag, und dann haben Sie noch ... Moment ... exakt fünfundfünfzig Minuten Zeit, um auszutüfteln, was Sie der Welt Schönes hinterlassen wollen.
	Ein großer, schwerer Mann stelzt herein, die Stiefelspitzen exakt geradeaus gerichtet, so wie die Cowboys gehen, damit sie sich nicht in den Sporen verheddern. Er hat ein kurzärmeliges Hemd an und eine abgegriffene Aktentasche dabei, die bei jedem Schritt ein wenig klirrt.
Delaware	Sie feiern eine Party ohne Musik?
Brody	Ich hab eine Mundharmonika, Sir.
Delaware	Lassen Sie sie stecken. Ich hab Sie schon mal spielen hören. Es genügt.
Brody	Wie Sie meinen, Sir.
Delaware	Mrs. Hampton.
Mrs. Hampton	Sheriff.
	Er mustert Motil.
Delaware	Sie sind Alec Motil?
Motil	Jawohl, Sir.
Delaware	Wie ich höre, hatten Sie eine gehörige Portion Pech, Alec. Ich hab Ihnen eine Flasche Whisky mitgebracht. Wissen Sie, was Doc Hollyday zu Marshal Earp gesagt hat, nachdem ihn eine Kugel erwischt hatte? Es war nach dieser Schlacht am OK-Corall. Sie haben davon gehört?
Motil	Nein, Sir.
	Delaware entnimmt seiner Aktentasche eine Whiskyflasche und Gläser.
Delaware	Es war das Ende von Doc Hollyday. Aber nicht, weil irgendeiner schneller war. Es gab keinen, der schneller war als er. Doc hatte einen Hustenanfall. Egal, es hat ihn erwischt, und er sagte zu Whyatt Earp: »Reit weiter, sonst kriegst du in Tombstone keinen Whisky mehr.«
Motil	Und ist Whyatt Earp geritten?
Delaware	Er ist geritten. Das ist Amerika. Es ist das wahre Amerika, das es heute nicht mehr gibt. Heute winselt doch jeder irgendeinem Quacksalber et-

was vor, wenn es ihm an den Kragen geht. Manche lassen sich sogar einfrieren und hoffen, daß ihnen jemand ihre morschen Knochen noch mal zusammenflickt in ferner Zukunft. Aber keiner stirbt mehr wie Doc Hollyday.

Delaware hat mittlerweile seine Gläser auf den Tisch gestellt und schenkt ein.

DELAWARE Ich hab nur drei Gläser dabei, ich hab nicht mit Ihnen gerechnet, Mrs. Hampton.

MOTIL Ich will sowieso keinen. Ich trinke Whisky nur zu besonderen Anlässen.

DELAWARE Das ist gut. Sie gefallen mir, Alec.

Er reicht Mrs. Hampton ein Glas, gibt Brody eins und nimmt sich das dritte.

DELAWARE Cheerio.

MRS. HAMPTON Cheerio. Auf Doc Hollyday.

BRODY Auf Marshal Earp und daß er rechtzeitig in Tombstone war, bevor der Saloon zugemacht hat.

Delaware, Mrs. Hampton und Brody trinken. Delaware schenkt gleich wieder nach.

DELAWARE Das Unglück hat begonnen, seit die Nordstaaten das Ruder übernommen haben. Früher brauchten wir hier überhaupt keine Regierung. Die Leute haben in jedem Nest ein bißchen Geld zusammengekratzt und den Sheriff davon bezahlt, und der hat für Ordnung gesorgt. Und es hat funktioniert. Heute haben wir jede Menge Gerichtssäle, Oberrichter, Unterrichter, Zwischenrichter, Staatsanwälte, Rechtsanwälte, und ich sage euch, es sind alles Parasiten. Cheerio.

Alle drei heben wieder ihre Whiskygläser.

MRS. HAMPTON Auf die Sheriffs.

BRODY Auf die Dallas Cowboys und ihren letzten Sieg, der nun auch schon wieder ein Jahr zurückliegt.

Die drei trinken. Delaware schenkt nach.

DELAWARE Das gleiche ist mit den Gefängnissen. Früher hatte ein Sheriff ein paar Zellen hinter seinem Büro, und wenn er Platz brauchte, hat er zwei, drei Pferdediebe aufgeknüpft und den Rest laufenlassen. Da wurde kein Tamtam gemacht. Heute gibt es so viele Gesetzbücher, daß man den Gerichtssaal spielend damit zupflastern kann, bis hinauf an die Decke, wo dieser dämliche Kristallüster hängt, für den wir eine eigene Putzfrau beschäftigen müssen. Und es gibt niemanden, der all diese Bücher gelesen hat. Das geht auch gar nicht, denn es kommen immer neue Gesetzbücher dazu, neue Fälle, neue Gesetze. Dieses Land wird noch ersticken an seinen Gesetzbüchern. Cheerio.

MRS. HAMPTON Auf das wahre Amerika, das es nicht mehr gibt.

BRODY   Auf Texas, das schon längst an den Gesetzbüchern und Kristallüstern er- stickt wäre ohne seinen Whisky.
Die drei trinken. Delaware will gleich wieder nachschenken, aber die Fla- sche ist leer. Er wendet sich abermals Motil zu.

DELAWARE   Wenn es nach mir ginge, junger Mann, würden Sie hier nicht mehr sitzen. Ich hätte Sie schon vor Monaten aufgeknüpft oder davongejagt. Alles andere kostet doch nur Geld. Aber mir sind die Hände gebunden. Ich bin der oberste Ordnungshüter dieses Distrikts und kann weniger aus- richten als früher ein Hilfssheriff. Wenn ich heute hergehe und einen Autodieb hänge, dann werd ich von seinen Frauen und Exfrauen auf Schadenersatz verklagt. Früher hätte man die gleich mit aufgehängt, heute streiten sich die Anwälte. Es gibt Zivilprozesse, Strafprozesse, und am Ende muß ich mich noch bei all diesen Witwen entschuldigen. Ich hätte diesem Land längst meinen Sheriffstern vor die Füße geschmissen, aber ich muß von irgendwas meinen Whisky bezahlen. Ich würde Ihnen gern noch einen anbieten, aber wie Sie sehen, ist die Flasche leer.

MOTIL   Das macht nichts, Sir.

DELAWARE   Hat Mrs. Hampton Ihnen die Fernsehrechte abgeknöpft? Machen Sie sich keine Hoffnungen, sie zieht diese Nummer mit all den armen Teu- feln ab, denen sie auf den elektrischen Stuhl hilft, aber es ist nie was dar- aus geworden. Diese Fernsehknilche gähnen, wenn sie diese Manu- skripte ungeöffnet in den Papierkorb schmeißen. Sie sind nur noch an Liveübertragungen von den Hinrichtungen interessiert und machen hin- ter den Kulissen mächtig Druck, daß wir den guten alten Strick wieder auspacken, weil das angeblich die besseren Bilder hergibt.

MRS. HAMPTON   In diesem Fall wird man mir das Manuskript aus der Hand reißen und die Sender werden sich gegenseitig überbieten, denn hier geht es um einen wahrhaft Unschuldigen!

DELAWARE   Das haben Sie jedesmal behauptet.

MRS. HAMPTON   Dieser Mann hat keiner Fliege etwas zuleide getan und wird in einer Dreiviertelstunde in der Hölle braten. Er hinterläßt unzählige Frauen und Kinder, weil er Katholik ist und nicht die Pille nimmt.

DELAWARE   Jetzt reden Sie schon so wirr wie im Gerichtssaal. Ich habe nichts gegen Frauen, die an der Flasche hängen. Calamity Jane hat doppelt soviel Whisky runtergespült wie Sie. Aber sie hat ihn vertragen.

MRS. HAMPTON   Sie meinen, ich vertrage keinen Whisky?

DELAWARE   Ich weiß nicht, wieviel Sie vorher schon hatten, aber diese paar Tropfen haben Ihnen den Rest gegeben.

MRS. HAMPTON   Sie meinen, ich vertrage keinen Whisky?

DELAWARE   Ich denke, wenn Sie sich nicht mit beiden Händen am Geländer festhal- ten, werden Sie die Treppe in der Halle verdammt schnell hinter sich bringen.

MRS. HAMPTON Euer Ehren! Ich werde jetzt diese gastliche Stätte verlassen und durch
die von Ihnen erwähnte Halle schweben. Schweben, euer Ehren! Ich
werde mich hinter mein Steuer klemmen und zum Drugstore in der vier-
undvierzigsten Straße fahren, ohne daß sich mein Auto an irgendeinem
Geländer festhalten muß. Und dann werde ich mit drei Flaschen wiederkommen, und wir werden feststellen, wer von uns beiden keinen Whisky
verträgt.

DELAWARE Wenn Sie es wieder bis hier rauf schaffen, nehme ich Ihre Herausforde-
rung an. Aber Sie haben keine Chance. Vor vielen Jahren hat meine Frau
zu mir gesagt: Entweder die Flasche oder ich. Seitdem trink ich nur noch
im Dienst. Es ist doppelt soviel wie vorher, und sie hat es bis heute noch
nicht gemerkt.

MRS. HAMPTON Ich bin gleich wieder zurück, Schätzchen.
Sie schwankt zum Ausgang.

DELAWARE Seien Sie ein Kavalier, Mr. Brody, und helfen Sie ihr die Treppen runter.
Eine Frau, die freiwillig Whisky holt, sollte man davor bewahren, daß sie
sich die Knochen bricht.

BRODY Ey, ey, Sir.
Brody folgt Mrs. Hampton nach draußen. Delaware wendet sich Motil zu.

DELAWARE Tut mir leid, daß die Dame Ihnen Ihre Portion weggetrunken hat. Aber
wenn sie rechtzeitig wiederauftaucht, kann sie Ihnen ja ein paar Schluck
abgeben.

MOTIL Danke, Sir. Aber genaugenommen mag ich keinen Whisky.

DELAWARE Wirklich? Was mögen Sie dann?

MOTIL Frauen in allen Farben und Größen.

DELAWARE Dafür ist zwischendurch immer Zeit. Deswegen muß ein Mann nicht
aufhören zu trinken. Ich sehe, Sie haben Ihre Henkersmahlzeit schon gehabt. Gibt es sonst noch etwas, was Sie benötigen? Haben Sie einen letzten Wunsch?

MOTIL Doch, den hätte ich. Aber er ist unerfüllbar.

DELAWARE Man kann über alles reden.

MOTIL Man hat mir heute ja schon eine ganze Menge angeboten, die Auferstehung und das ewige Leben, Geld in Hülle und Fülle, für gute Taten und
schlechte, zuletzt sogar Whisky ... aber das einzige, was ich wirklich
will, ist, daß ich dieses Lächeln noch mal wiedersehe.

DELAWARE Wer lächelt?

MOTIL Sandy Hopper. Ich weiß, es ist für einen Heiratsschwindler eine Katastrophe, sich dermaßen zu verlieben, weil man macht sich ja das ganze
Geschäft kaputt. Aber das weiß ich nicht erst seit heute, daß das Leben
die Hölle sein kann und der Himmel. Und den Unterschied macht oft
nur ein Lächeln.

DELAWARE Ich bin das gewöhnt, daß der letzte Wunsch eines Todeskandidaten abstrus ist, und es würde mich wundern, wenn es anders wäre bei einem, der nicht trinkt. Wo wohnt diese Dame?

MOTIL Nirgends. Sie ist mit einem Wohnwagen unterwegs.

DELAWARE Auweia, da müßten wir einen gewaltigen Fahndungsapparat von der Leine lassen.

MOTIL Ich hab ja gesagt, mein Wunsch ist unerfüllbar.

DELAWARE Wir werden sehen. Aber es gibt nun mal nichts umsonst.

Er holt aus seiner Aktentasche einen Stapel Papiere, die er Motil durch das Gitter reicht.

DELAWARE Wenn Sie mir das hier unterschreiben, werd ich sehen, was ich tun kann.

MOTIL Was ist das?

Er liest.

MOTIL Das ist ja ... ein Geständnis ...

DELAWARE Es sind vierzehn.

MOTIL Vierzehn Morde?

DELAWARE Wir haben eine Menge ungeklärter Fälle herumliegen, und es sieht nicht danach aus, daß sich da was tut. Das sind alles Morde, bei denen wir keine Spur haben.

MOTIL Aber der hier, das geht ja gar nicht. Elfter Februar! Da war ich ja noch gar nicht wieder in Amerika.

DELAWARE Lassen Sie ihn weg. Wann sind Sie zurück in den Staaten gewesen?

MOTIL Am zweiundzwanzigsten März. Da bin ich in New York gelandet.

Delaware nimmt die Papiere noch mal an sich, blättert und fischt zwei heraus.

DELAWARE Den lassen wir auch weg. Der war Anfang März. Aber die zwölf hier, damit wär mir schon ein gutes Stück geholfen.

Delaware gibt den Stapel wieder Motil.

MOTIL Ich beginne zu ahnen, warum es in diesem Land so viele Serientäter gibt.

DELAWARE Machen Sie sich über diese Dinge keine Gedanken. Für Sie macht es doch keinen Unterschied mehr, aber vielleicht kriegen Sie ja dieses Weibsstück noch mal zu Gesicht.

MOTIL Glauben Sie nicht, daß Ihre Leute noch den einen oder anderen von diesen Mördern fassen?

DELAWARE Sie haben doch selbst bereits Bekanntschaft mit unseren Beamten gemacht. Was glauben Sie?

MOTIL Na ja.

DELAWARE Eben. Wer geht denn heute noch zur Polizei? Auf der anderen Seite lässt sich viel mehr Geld verdienen. Meine Leute frisieren sich zwar wie Al Pacino oder Kevin Kostner, aber die guten Anzüge tragen die Gangster. Wer rechnen kann, macht irgendwas mit Computern. Wer sich einigermaßen zu benehmen weiß, wird ein Verkaufsexperte und schwatzt seinen Mitmenschen allen möglichen Krimskrams auf, den sie nicht brauchen können. Die Intelligentesten treiben irgendeine legale oder illegale Wirtschaftskriminalität. Mir bleiben die, die nicht bis drei zählen können und in der Tanzstunde den Mädels auf den Füßen herumtreten. Dort beziehen sie ein paar Ohrfeigen, und dann gehen sie zur Polizei, um es allen heimzuzahlen. Wenn die Menschen wüßten, was bei diesem Verein los ist, würden sie das Gesetz selbst in die Hand nehmen. Dann gäb es landauf, landab eine einzige wilde Schießerei, jeder gegen jeden. Denn soviel steht fest: es gibt niemanden in Texas, der nicht glaubt, daß er im Recht ist.

MOTIL   Wie wollen Sie dann Sandy finden, mit Ihrer Truppe?

DELAWARE   Wenn es wirklich drauf ankommt, gibt es immer noch das FBI. Die machen das mit Satellitenortung. Womit verdient die Lady ihr Geld?

MOTIL   Sie ist Protestsängerin.

DELAWARE   Dann ist das ganz einfach. Dann haben die Jungs von der CIA den Wohnwagen sowieso verwanzt.

MOTIL   Also wenn Sie das schaffen, daß Sie Sandy Hopper hierherbringen, dann gesteh ich Ihnen soviel Morde, wie Sie wollen.

II.

Motil hockt zusammengekauert auf seiner Pritsche. Brody übt auf seiner Mundharmonika. Mrs. Hampton sitzt halb am Tisch, halb liegt sie darauf und schläft. Vor ihr stehen drei Whiskyflaschen, von denen eine bereits zu einem Drittel angetrunken ist.
Delaware kommt herein.

DELAWARE   Das FBI hat diese Sandy Hopper erwischt. Sie bringen sie her.

MOTIL   Erwischt? Kommt sie denn nicht freiwillig?

DELAWARE   Natürlich. Ich hab Anweisung gegeben, daß sie sie lebend abliefern sollen.

MOTIL   Ich weiß bei Ihnen nie, wann Sie einen Witz machen und wann Sie es ernst meinen.

DELAWARE   Wenn es um Football geht, wird es ernst.

MOTIL   Sobald sie da ist, werd ich unterschreiben. Ich darf mir das aber noch mal durchlesen?

DELAWARE   Bitte.

MOTIL Mrs. Hampton hat die Protokolle. Sie wollte sie aus rechtsanwaltlicher Sicht überprüfen.
Delaware wendet sich dem Tisch zu.

DELAWARE Mrs. Hampton.

MRS. HAMPTON *im Halbschlaf:* Du kannst ihn von mir aus reinstecken, Honey, aber laß mich weiterschlafen. Ich bin hundemüde.

DELAWARE Was? Was hat sie da eben gesagt?

BRODY Daß Sie schon mal einschenken sollen, glaub ich.
Delaware schenkt die Gläser voll. Brody rüttelt Mrs. Hampton wach.

BRODY Mrs. Hampton.

MRS. HAMPTON Was ist los? Oh!

DELAWARE Haben Sie alles gelesen? Ihr Mandant hat eine Menge auf dem Kerbholz.

MRS. HAMPTON Wie? Ja. Das sieht übel aus. Ich erhebe Einspruch.

DELAWARE Wir sind hier nicht im Gerichtssaal, Mrs. Hampton. Wachen Sie bitte auf.
Er nimmt die Papiere an sich.

MRS. HAMPTON Moment. Ich bin noch nicht durch. Wieviel Delikte sind das denn?

DELAWARE Vierzehn. Oder besser gesagt, zwölf.

MRS. HAMPTON Da haben wir keine Chance, Mr. Motil.

MOTIL Ich dachte, wir haben sowieso keine mehr.

MRS. HAMPTON Ich meine mit unserer Story. Die Hinrichtung eines Unschuldigen, die Grausamkeit der Justiz und der tapfere Kampf der unbeugsamen Pflicht-verteidigerin, die sich bis zuletzt und darüber hinaus für ihren Mandan-ten aufopfert, bei Tag und bei Nacht, bei Sonne und bei Regen, bis sie mit ihrer Kraft am Ende ist, aber trotzdem weiterkämpft, um die Wahrheit, um die Ehre, um die Gerechtigkeit . . . das geht dann alles nicht mehr.

DELAWARE Sie wären damit sowieso nicht in Hollywood gelandet. Die Truppe dort will immer ein Happy End.

MRS. HAMPTON Deswegen ist die Hauptfigur ja die Pflichtverteidigerin. Sie überlebt das Ganze. Am Schluß schafft sie es sogar, daß der fette, korrupte Richter durch einen gutaussehenden, aufrechten Mann ersetzt wird, den sie am Ende heiratet.

DELAWARE Schminken Sie sich das ab. Dieser harmlos aussehende Bursche hier hat zwölf unschuldige Menschen auf dem Gewissen, die er teilweise auf be-stialische Weise zugerichtet hat.
Er reicht Motil die Papiere durch das Gitter.

MRS. HAMPTON So schnell geb ich nicht auf. Walt Disney hat auch nicht aufgegeben, und er hat Mickey Mouse großgemacht.
Delaware nimmt sein Glas.

DELAWARE Auf Amerika und seine unbeugsamen Pflichtverteidiger.

BRODY Auf die Erde, die Venus und den Mars und all die anderen prächtigen Sterne auf unserer Fahne.

MRS. HAMPTON   Auf den Hut von Uncle Sam und meine Unterwäsche.
                Die drei trinken. Delaware schenkt nach.
DELAWARE   Was hat der Hut von Uncle Sam mit Ihrer Unterwäsche zu tun, Mrs.
                Hampton?
                Mrs. Hampton knöpft ihre Bluse auf. Auf ihren Büstenhalter sind die
                Stars and Stripes aufgedruckt, die Nationalflagge der USA. Sie lacht.
MRS. HAMPTON   Das ist noch ein Überbleibsel von meinem zweiten Mann. Der hat mal in
                einem Wahlkampf als Uncle Sam Plakate herumgetragen. Und hinterher
                wußten wir nicht, wohin mit diesem riesigen Hut.
BRODY   Für wen hat er denn geworben?
MRS. HAMPTON   Für beide. Erst für den einen, aber weil er soviel getrunken hat und die
                Leute angepöbelt, haben seine Auftraggeber ihn dafür bezahlt, daß er das
                Plakat des Gegners draufklebt. Die anderen haben das lange nicht ge-
                merkt, und so hat er von beiden Lagern kassiert. Heimgebracht hat er
                trotzdem keinen Cent, weil alles für den Whisky draufgegangen ist. Von
                diesem verdammten Wahlkampf ist mir nur dieser Büstenhalter geblie-
                ben.
                Sie knöpft ihre Bluse wieder zu.
DELAWARE   Lassen Sie das ruhig noch ein bißchen offen. Ich bin ein ausgeprägter
                Patriot.
MRS. HAMPTON   Lieber nicht. Die Patrioten wollen immer John Wayne spielen und hinter
                der Fahne herreiten. Dafür ist es zu früh.
DELAWARE   Sie sind eine bemerkenswerte Frau, Mrs. Hampton.
MRS. HAMPTON   Wie lange sind Sie schon verheiratet?
DELAWARE   Ziemlich lange.
MRS. HAMPTON   Immer mit der gleichen?
DELAWARE   Wenn mich meine Erinnerung nicht trügt, dann ist das so.
MRS. HAMPTON   Also ein Geizhals.
DELAWARE   Als Sheriff muß man gewisse Rücksichten nehmen.
MRS. HAMPTON   Früher hab ich Leute bewundert, die es so lange geschafft haben. Heute
                weiß ich, es ist ein Trick. Eine Ehe, die länger als fünf Jahre hält, dient nur
                noch dazu, die Heiratswünsche der Geliebten im Keim zu ersticken.
DELAWARE   Die Ehe ist eine schwierige Sache. Ich hab einen Wohnwagen im Garten
                stehen, und manchmal sitz ich mit meinem Gewehr da drin und ziel auf
                unsere Eingangstür. Und wenn meine Frau rauskommt und ruft: »Ho-
                ney, Dallas fängt gleich an!«, dann juckt es mich gewaltig im Finger.
MRS. HAMPTON   Läuft Dallas immer noch?
DELAWARE   Es wird wieder mal wiederholt. Meine Frau ist in J. R. verliebt, und mit
                jeder Wiederholung wird es schlimmer. Sie sitzt im weißen Kleid vor
                dem Fernseher, drückt meine Hand und sagt: »Sieh mal, jetzt hat er mir
                zugeblinzelt. Die Schwierigkeiten, die er mit Sue Ellen hat, das ist alles
                wegen mir.«

MRS. HAMPTON	Vielleicht braucht sie eine Beschäftigung. Was macht sie denn den ganzen Tag?
DELAWARE	Nichts. Wir haben drei Rasenmäher, aber der Garten verwildert.
MRS. HAMPTON	Jeder hat seine Sorgen. Ich merke, daß ich unaufhörlich älter werde. Jeden Tag werde ich einen Tag älter.
DELAWARE	Das finde ich nicht.
MRS. HAMPTON	Doch. Ich werde älter. Bei der nächsten Ehe muß ich endlich einen Treffer landen.
DELAWARE	Sie können noch jeden Mann auf Touren bringen, Mrs. Hampton.
MRS. HAMPTON	Ich möchte aber keinen, der mit dem Gewehr auf mich zielt.
DELAWARE	Ich kann auch charmant sein.
MRS. HAMPTON	Das möcht ich sehen.
DELAWARE	Es muß sich allerdings lohnen, weil es fällt mir schwer. Ich hab den ganzen Tag mit Kriminellen, Prostituierten und Polizisten zu tun. Da kommt man mit Komplimenten nicht weit.
MRS. HAMPTON	Versuchen Sie es trotzdem.
DELAWARE	Soweit ich sehen kann, haben Sie keine Zellulitis.
MRS. HAMPTON	Das haben Sie sehr nett gesagt.
	Sie hebt ihr Glas.
MRS. HAMPTON	Auf das rücksichtsvolle Geschlecht.
	Delaware und Brody nehmen ebenfalls ihre Gläser.
DELAWARE	Auf den Hut von Uncle Sam und seinen prächtigen Inhalt.
BRODY	Auf die Stars and Stripes und die Kavallerie.
	Sie trinken.
MOTIL	Ich möchte Ihre Party ja nicht stören, aber ich hätte trotzdem eine bescheidene Frage.
DELAWARE	Schießen Sie los.
MOTIL	In dem Merkblatt, das ich bekommen hab, wegen der Hinrichtung, ist etwas gestanden von letzten Worten, die ich sprechen darf ...
BRODY	Das ist korrekt.
MOTIL	Muß ich die vorher schriftlich einreichen, oder darf ich da in freier Rede sprechen?
DELAWARE	Texas ist kein Polizeistaat, Mister. Sie müssen gar nichts einreichen. Fluchen Sie einfach drauflos.
BRODY	Wir hatten mal eine Trompeterin aus Chikago. Die hat die Ehefrau ihres Liebhabers erschossen, weil sie sie mit ihrem Mann betrogen hat, oder umgekehrt, was weiß ich. Jedenfalls hat die zum Schluß gebrüllt: »Ihr seid alle Scheißkerle!« Und kaum war sie tot, hat sie den elektrischen Stuhl vollgekackt.
MOTIL	Ich will gar nicht fluchen. Ich lese ja nicht viel. Aber manchmal bleibt mir ja nichts anderes übrig, wenn ich mit der Eisenbahn unterwegs bin und

es ist keine Frau weit und breit. Einmal habe ich gelesen: Alle Menschen sind der Liebe wert.

DELAWARE Na, das ist doch wunderbar.

MRS. HAMPTON Find ich auch schön. Super. Sagen Sie das doch, wenn Sie an der Reihe sind.

MOTIL Es stammt von einem Dichter, der wahnsinnig geworden ist.

BRODY Der Mann war offensichtlich ein Softy. Man hätte ihn eine Saison zu den Dallas Cowboys stecken sollen, vielleicht wäre er dann geheilt gewesen.

DELAWARE Dichter lügen, das ist altbekannt. Kennen Sie einen Menschen, Mrs. Hampton, um den es schade ist? Ich kenn keinen.

MRS. HAMPTON Doch, mich. Ich finde, ich bin verdammt noch mal der Liebe wert, und ich warte schon viel zu lange auf den Gentleman, der sich dieser Meinung anschließt.

DELAWARE Jederzeit, Mrs. Hampton, jederzeit.

MRS. HAMPTON Ich meine, länger als zwanzig Minuten.

DELAWARE Oh, wenn ich genügend Whisky habe, zieht sich das bei mir hin.

MRS. HAMPTON Sie sind es nicht, Sheriff.

DELAWARE Wollen Sie sich tatsächlich auf ein Kampftrinken mit mir einlassen?

MRS. HAMPTON Wenn Sie kneifen, trink ich alles alleine.

DELAWARE Was bekommt der Sieger?

MRS. HAMPTON Ich würde sagen, eine Kiste Whisky. Zwanzig Flaschen.

DELAWARE Wenn ich gewinne, will ich Ihre Stars and Stripes.

MRS. HAMPTON Wollen Sie ihn Ihrer Frau schenken?

DELAWARE Ich binde ihn am Independence Day an die Antenne meines Cadillacs.

MRS. HAMPTON Sie haben sich nicht damit abgefunden, daß die Nordstaaten die Konföderierten besiegt haben?

DELAWARE Ich bin nicht damit einverstanden. Der Staat ist das größte Übel. Er beschneidet die Freiheit. Und er betreibt Gleichmacherei. Gewerkschaften, Krankenkassen, Rentenkassen, das verschlingt alles einen Haufen Geld. Früher hat eine gute Peitsche genügt. Heute sind die Baumwollpflücker frech. Sie können sich alles erlauben, weil sie den Staat hinter sich wissen.

MRS. HAMPTON Ich kümmere mich nicht um Politik. Es ist alles dasselbe. Der eine Kandidat wird von der Tabakindustrie bezahlt, der andere von der Ölindustrie. Die Rüstungsindustrie ist vorsichtig und bezahlt beide. Wen soll ich wählen?

DELAWARE Ich wähle den, der zu erkennen gibt, daß er den Staat bekämpft. Die überflüssigen Steuern, die überflüssigen Gesetze, die Beamten, die ganze Geldschneiderei, das muß alles weg.
Brody hebt sein Glas.

BRODY Tod den Beamten. Ich hoffe, Sie meinen das nicht persönlich, Sir?

DELAWARE Es ist nicht gegen Sie gerichtet. Ich spreche hauptsächlich von den Finanzbeamten. Cheerio.

MRS. HAMPTON Tod den Finanzbeamten.

Die drei trinken. Delaware schenkt nach.

DELAWARE Wie stellen wir den Sieger fest?

MRS. HAMPTON Das ist natürlich schwierig, wenn der Schiedsrichter sich am Kampf beteiligt.

BRODY Vielleicht kann Herr Motil den Schiedsrichter machen?

MRS. HAMPTON Herr Motil, machen Sie Schiedsrichter?

MOTIL Wie bitte?

DELAWARE Ob Sie Schiedsrichter machen, bei unserem Kampftrinken.

MOTIL Tut mir leid, aber ich habe im Moment andere Sorgen.

DELAWARE Möchten Sie mithalten?

MOTIL Nein, danke.

DELAWARE Ein Gläschen vielleicht? Es schadet Ihnen nichts. Oder sind Sie besorgt um Ihre Gesundheit?

MOTIL Danke. Wirklich nicht. Habe ich Sie vorhin richtig verstanden, daß Sandy gefunden worden ist?

DELAWARE Sie ist auf dem Weg hierher.

MOTIL Und warum dauert das so lange?

DELAWARE Die Jungs bringen sie mit dem Hubschrauber. Mit einer Rakete kann man auf dem Gefängnisdach nicht landen. Wir würden alle dabei draufgehen.

MOTIL Wenn Sie nicht mehr rechtzeitig ankommt, würden Sie ihr etwas ausrichten?

DELAWARE Klar.

MOTIL Fragen Sie sie bitte, ob sie meine Frau werden möchte.

DELAWARE Das kann ich tun. Aber wie wollen Sie das bewerkstelligen? Ich meine, Sie sind ja dann schon auf dem Weg ins Krematorium.

MOTIL Trotzdem. Der Pfarrer hat mir vorhin von diesen beiden Herren erzählt, bei denen es mit der Auferstehung geklappt hat, Lazarus und Jesus. Nun weiß ich natürlich nicht, wie lange es dauert, falls es überhaupt funktioniert bei mir. Jedenfalls sollte Sandy über meine Absichten Bescheid wissen.

DELAWARE Ich verstehe.

MOTIL Ich sehe das Problem. Wer glaubt schon einem Heiratsschwindler einen Heiratsantrag. Aber ich meine es wirklich ernst.

DELAWARE Natürlich.

MOTIL Außerdem weiß Sandy gar nichts von meiner bunten Vergangenheit.

DELAWARE Ich werd ihr nichts davon sagen.

MOTIL Ich hab die Ehe immer abgelehnt, weil ich nicht an die ewige Liebe geglaubt hab. Außerdem bin ich immer gern verreist. Und was mich am meisten von einer Eheschließung abgehalten hat, war der Gedanke an all die anderen Frauen, von denen ich mich dann teilweise hätte verabschieden müssen. Aber das spielt jetzt alles keine Rolle mehr. Ich glaube, ich bin nun reif für eine feste Bindung. Treu bis in den Tod, das sind jetzt für mich keine leeren Worte mehr. Ich habe ja augenblicklich nur diese schmucklose Sträflingskleidung zur Verfügung, aber ich kann mir mich gut in einem eleganten Zweireiher vorstellen, mit Fliege und weißem Hemd, um endlich den Bund fürs Leben zu schließen.

DELAWARE Ich werd ihr von Ihren Absichten berichten. Aber ich denke, sie kommt noch rechtzeitig, und dann können Sie ihr all diese Dinge selbst erzählen.

MOTIL Danke. Ich bin Ihnen da wirklich sehr dankbar.

DELAWARE Kein Problem.

Delaware holt eine Dollarnote aus seiner Geldbörse und klebt sie mit Spucke an die Wand.

DELAWARE Wir schießen auf den Dollar. Wer den alten Washington trifft, bleibt im Rennen.

MRS. HAMPTON Das ist nicht fair. Es ist Ihr Revolver.

DELAWARE Sie können mit Ihrem eigenen schießen.

MRS. HAMPTON Den mußte ich unten abgeben.

DELAWARE Mr. Brody, holen Sie den Revolver von Mrs. Hampton.

MRS. HAMPTON Nein. Sie haben Übung im Schießen. Sie schießen ständig.

DELAWARE Was schlagen Sie vor?

Mrs. Hampton deutet auf die Blechbox.

MRS. HAMPTON Wir nehmen das Eßgeschirr und stellen es auf den Kopf. Wer den Raum durchqueren kann, ohne daß es runterfällt, darf weitertrinken.

DELAWARE Da sind Sie im Vorteil. Um das Geschirr kümmert sich meine Frau.

BRODY Warum machen Sie es nicht einfach so wie jede anständige Familie in Texas? Der Mann schießt, und die Frau trägt das Geschirr durch den Raum, bis sie umfällt.

DELAWARE Sind Sie einverstanden, Mrs. Hampton?

MRS. HAMPTON Okay. Sie schießen, bis Sie umfallen, und ich trage das Geschirr zu George Washington. Auf die texanische Familie!

Sie hebt ihr Glas. Die anderen beiden ebenfalls.

BRODY Auf den Mann und sein Schießeisen.

DELAWARE Auf die Frau und ihre drei Rasenmäher.

Die drei trinken. Delaware zieht seinen Revolver und schießt auf die Dollarnote.

BRODY Ich glaub, ich sag den Jungs unten lieber Bescheid, sonst gibt es noch einen Alarm.

Er kramt sein Handy aus der Jackentasche und tippt eine Nummer ein.

Ja, hier Sam Brody. Es knallt bei uns ein bißchen. Macht euch keine Gedanken . . . Ja, der Sheriff ist da . . . ja genau . . . okay.

Brody steckt sein Handy wieder ein. Während er zu der Dollarnote geht,
um nachzusehen, schenkt Delaware die Gläser wieder voll.
Sie haben das linke Auge des alten George getroffen.

DELAWARE Das nächste Mal ziel ich auf das rechte.

Mrs. Hampton stellt sich die Blechbox auf den Kopf und wankt durch den
Raum. Der Pfarrer kommt herein und sieht, wie die anderen, zu. Obwohl
Mrs. Hampton gehörig schlingert, bleibt die Box oben.

PFARRER Bravo. Soviel hausfrauliche Qualitäten hätte ich Ihnen gar nicht zuge-
traut, Mrs. Hampton.

MRS. HAMPTON Mein erster Mann hatte es gern, mir sein Whiskyglas auf den Kopf zu
stellen, während ich ihm . . . das darf ich jetzt gar nicht sagen, in Gegenwart eines Geistlichen.

PFARRER Ich weiß Bescheid. Er hat es mir gebeichtet.

MRS. HAMPTON Dann ist ja alles in Ordnung.

DELAWARE Mr. Brody, holen Sie ein Glas für den Pfarrer.

PFARRER Danke, danke, ich hab was dabei.

Er holt einen Meßbecher aus seiner Aktentasche.

Der ist zwar eigentlich für Wein vorgesehen, aber Jesus hat schließlich
den Wein aus Wasser hergestellt. Es wäre ihm ein leichtes gewesen, bei
dieser Gelegenheit ein bißchen Whisky abzuzweigen.

Delaware schenkt ihm ein.

PFARRER Aber bitte nur ein kleines Schlückchen. Ich hab heute noch ein Riesen-
pensum zu bewältigen. Wenn ich mit Herrn Motil fertig bin, muß ich
noch eine Chorprobe abhalten und einen Computerkurs besuchen. Ich
kann niemand mehr empfehlen, Pfarrer zu werden. Da existiert inzwischen ein solcher Leistungsdruck. An allen Ecken und Enden wird gespart, und dem einzelnen wird immer mehr aufgehalst. Ich muß jetzt
auch noch eine Internetseelsorge aufbauen. Ich schaff das alles nur, wenn
ich permanent meinerseits rationalisier: Kurzpredigten, Pauschalbeich-
ten, Schnelltaufen und Sammelbekehrungen. Für die Grabreden muß ich
mich jetzt auf drei Grundmuster beschränken, bei denen ich nur noch
die Namen und die Daten einsetz, sonst komm ich überhaupt nicht mehr
durch.

MOTIL Wie lautet denn meine Grabrede?

PFARRER Da ist gar keine vorgesehen. Das müßten Ihre Verwandten in die Wege
leiten, und da hat sich niemand gemeldet.

Delaware hebt sein Glas, die anderen ebenfalls.

DELAWARE Er war ein Mensch. Das paßt immer.

PFARRER Das ist richtig. Das hab ich in zwei meiner Reden auch drin, diesen Satz.
Den verwende ich bei allen Groß- und Kleinkriminellen.

BRODY Der Herr sei seiner armen Seele gnädig.

MRS. HAMPTON Amen.

PFARRER Perfekt.

Die vier trinken. Delaware schießt wieder auf den Dollarschein. Brody sieht nach.

BRODY Tatsächlich. Das rechte Auge.

Mrs. Hampton stellt sich die Blechbox auf den Kopf und torkelt durch den Raum. Delaware will wieder einschenken, aber alle Flaschen sind nun leer. Kurzentschlossen schießt er auf die Blechbox. Mrs. Hampton fällt um und die Box poltert scheppernd auf den Boden. Er steckt seinen Revolver ein und stiefelt zu ihr.

DELAWARE Darf ich um Ihren Büstenhalter bitten.

Er reicht ihr die Hand und hilft ihr beim Aufstehen.

MRS. HAMPTON Wo haben Sie denn Ihren Cadillac?

DELAWARE Auf dem Parkplatz.

MRS. HAMPTON Sie sind ein ziemlicher Draufgänger.

DELAWARE Der Whisky war leer. Es mußte eine Entscheidung fallen.

Delaware ist nun selber nicht mehr ganz sicher auf den Beinen. Aber indem sie sich gegenseitig stützen, schaffen es die beiden hinaus, ohne umzufallen. Der Pfarrer wendet sich Motil zu.

PFARRER Wie geht es Ihnen, Mr. Motil?

MOTIL Schlecht.

PFARRER Ich habe eine Idee, wie wir die Beichte noch schaffen können, die Beichte und die Absolution. Sind Sie bereit für eine Pauschalreue?

MOTIL Wie soll das gehen?

Der Pfarrer entnimmt seiner Aktentasche ein Blatt Papier.

PFARRER Ich habe hier einen Text aus der Bibel rauskopiert. Knien Sie sich einfach hin und sprechen Sie ihn mir nach.

Motil kniet sich auf den Boden.

PFARRER *liest:* »Ach Herr, strafe mich nicht in deinem Zorn und züchtige mich nicht in deinem Grimm! Herr, sei mir gnädig, denn ich bin schwach.«

MOTIL Herr, strafe mich nicht. Sei mir gnädig, denn ich bin schwach.

Der Pfarrer bekreuzigt sich.

PFARRER Deine Sünden seien dir vergeben. *Er liest.* »Wohl dem, dem die Übertretungen vergeben sind, dem die Sünde bedeckt ist. Wohl dem Menschen, dem der Herr die Missetat nicht zurechnet, in des Geistes kein Falsch ist. Der Gottlose hat viel Plage, wer aber auf den Herrn hofft, den wird die Güte umfangen. Freuet euch des Herrn und seid fröhlich, ihr Gerechten, und rühmet ihn, all ihr Frommen.«

Er verstaut das Papier wieder in seiner Aktentasche und entnimmt ihr ein anderes Blatt.

So. Damit ist das jetzt erledigt.

MOTIL Das ist aber wirklich ruckzuck gegangen.

PFARRER Wir kommen nun zur Auferstehung.

MOTIL Sollte die Auferstehung nicht erst nach der Hinrichtung erfolgen?

PFARRER Natürlich. Ich möchte Sie allerdings ein wenig darauf vorbereiten. Es gibt da weitverbreitete Irrtümer. Sie dürfen sich das ewige Leben zum Beispiel nicht als eine Fortsetzung des bisherigen vorstellen.

MOTIL Wieso nicht?

PFARRER Das Leben ist voller Mühsal und Leiden. Die Auferstehung ist die Erlösung von alledem.

MOTIL Mein Leben war aber trotz allem schön. Es wäre mir schon wichtig, dass es weitergeht, vor allem wegen Sandy.

PFARRER Ich werde versuchen, es Ihnen mit einem Bibelwort zu erklären. *Er liest.* »Du Narr, was du säest, wird nicht lebendig. Es sterbe denn.« Haben Sie das verstanden?

MOTIL Nein. Das will ich nicht verstehen.

PFARRER Damit ein Baum wachsen kann, muß das Samenkorn sterben. Damit das ewige Leben in Ihnen erblühen kann, muß dieses Leben zu Ende gehen.

MOTIL Ich will das aber nicht. Ich will Hochzeit halten.

PFARRER Auch der Tod ist eine Hochzeit. *Er liest.* »Es wird gesäet verweslich und wird auferstehen unverweslich. Es wird gesäet ein natürlicher Leib und wird auferstehen ein geistlicher Leib.
Wenn aber dies Verwesliche wird anziehen die Unverweslichkeit und dies Sterbliche wird anziehen die Unsterblichkeit, dann wird erfüllt werden das Wort, das geschrieben steht: Der Tod ist verschlungen in den Sieg. Tod, wo ist dein Stachel? Hölle, wo ist dein Sieg?« In diesem Sinne ist der Tod eine Vermählung mit dem ewigen Leben.

MOTIL Ich will mich aber ausschließlich mit Sandy vermählen.
Es hat lange gedauert, bis ich mich entschieden habe, und wahrscheinlich hätte ich mich ohne Gefängnisaufenthalt und Todesurteil niemals zu einem solch folgenschweren Schritt durchgerungen. Aber jetzt ist es soweit, und ich kann sagen: Ich will nicht das ewige Leben, ich will Sandy. Beziehungsweise: Ich will beides.

PFARRER Beides geht nicht. Moment, ich schau noch mal nach. Hier. *Liest.* »Und was du säest, ist ja nicht der Leib, der werden soll, sondern ein bloßes Korn, etwa Weizen oder der anderen eines. Gott gibt ihm einen Leib, wie er will, und einem jeglichen von den Samen seinen Leib.« Haben Sie das verstanden?

MOTIL Nein.

PFARRER Es heißt, Gott macht, was er will.

MOTIL Das finde ich reichlich unverschämt.

PFARRER Er ist der Herr. Es ist Gottes Werk, daß aus dem Samen ein Baum wird oder eine Blume, oder was auch immer. Der Samen aber kehrt heim in das Reich Gottes. Der Tod ist das Tor zum Reich Gottes. Ist das soweit klar?

MOTIL   Nein.

PFARRER   Ich werde Ihnen ein Beispiel geben. Ein großer amerikanischer Philosoph... oder war es ein Footballspieler?... egal, jedenfalls hat er gesagt: Das Schönste an New York ist McDonalds, das Schönste an Paris ist McDonalds, das Schönste an Rom ist McDonalds, das Schönste an Tokio ist McDonalds. Nur Moskau hat nichts Schönes. Das war vor über zwanzig Jahren. Heute gibt es auch in Moskau McDonalds. Egal. Alles Schöne ist vergänglich. Sogar das Schönste, nämlich McDonalds, ist vergänglich. Ewig ist nur der Dollar.

MOTIL   Was wollen Sie damit sagen?

PFARRER   Nun, wenn es eine Inflation gibt, dann gehen wir mit den Zinsen rauf. Und wenn es einen Aktiencrash gibt, gehen wir mit den Zinsen runter. Dem Dollar kann nichts passieren. Alles andere ist ein einziges Werden und Vergehen. McDonalds, Chrysler, Disney, Microsoft, sie sind alle aus dem Dollar hervorgegangen, sie machen Dollars, und wenn sie kaputtgehen, werden sie wieder zu Dollars.

MOTIL   Ich verstehe nicht.

PFARRER   Es ist ganz einfach. Stellen Sie sich vor: Gott ist der Dollar. Um ihn herum ein einziges Werden und Vergehen. Alles entsteht aus dem Dollar und wird wieder zum Dollar.

MOTIL   Ich habe keinen Cent in der Tasche, geschweige denn einen Dollar. Alles, was mir von meiner Weltreise geblieben ist, sind ein paar tschechische Kronen.

PFARRER   Das ist allerdings ein Problem. Da kann ich nur sagen: Tauschen Sie sie um, solange Sie noch was dafür kriegen.
Delaware führt Sandy Hopper herein. Ihr Oberarm steckt in seiner Pranke wie in einem Schraubstock. Sie ist hübsch und macht einen verwahrlosten Eindruck, mit wirren Haaren und zerrissenen Strümpfen. Sie hat einen roten Minirock an, eine Bluse, die mal irgendeine Farbe hatte, und eine zerzauste Federboa.

MOTIL   Sandy!

DELAWARE   Hier haben Sie Ihre Trashdiva.

SANDY   Laß mich endlich los, Schweinebacke, oder willst du meinen Arm amputieren?
Delaware läßt sie los. Sie sieht sich um und entdeckt Motil hinter dem Gitter.

SANDY   Hallo. Dir hab ich das also zu verdanken.
Sie mustert ihn neugierig.

SANDY   Ich hab gedacht, mir hat jemand einen Trip in den Kaffee geschmissen. Ich war unterwegs mit meinem Wohnwagen, wollte runter zum Rio Pecos, und dann weiter nach Mexiko, plötzlich bricht über mir ein Höllenlärm los und eine Stimme donnert vom Himmel herab: »Miss Hopper! Halten Sie sofort an!«
Wenn ich so was hör, geb ich natürlich gleich Gas. Und da tanzt doch dieser Hubschrauber vor meiner Windschutzscheibe rum: »Miss Hopper! Hier spricht das FBI! Bitte halten Sie sofort an!« Da war ich mir sicher, daß es ein Trip ist, weil Bullen, die bitte sagen, gehören zu einer anderen Welt. Also bin ich auf die Bremse gestiegen. Tja, und dann haben die mich hierhergeflogen.

MOTIL   Wunderbar.

DELAWARE   Ich geb euch fünf Minuten. Hochwürden. Mr. Brody.

PFARRER   Könnten wir noch rasch die Letzte Ölung machen, dann wär ich nämlich fertig.

DELAWARE   Nachher.

BRODY   Auf Ihre Verantwortung. Die Gefängnisvorschriften sagen ...

DELAWARE   Dieses Land wird noch mal an seinen Vorschriften ersticken.
Brody und der Pfarrer verlassen mit Delaware den Raum.

SANDY   Wer bist du?

MOTIL   Wieso?

SANDY   Die haben mir gesagt, ein Freund von mir will mich noch mal sehen. Und daß das sein letzter Wunsch ist. Aber ich kenn dich nicht.

MOTIL   Weißt du nicht mehr? Wir haben uns in diesem herrlichen Lokal getroffen, in dem du gesungen hast.

SANDY   Das muß dann eine Verwechslung sein. Die Bars, in denen ich singe, sind so herrlich wie ein löcheriger alter Schuh. So was wie die Penner anhaben, die darin herumhängen.

MOTIL   Sandy Hopper.

SANDY   Das ist mein Künstlername.

MOTIL   Und wie heißt du wirklich?

SANDY   Bist du Kopfgeldjäger, oder warum willst du das wissen?

MOTIL   Daß du dich nicht erinnerst! Es war eine phantastische Nacht. Pausenlos sind Sternschnuppen vom Himmel gefallen, aber da war nichts, was ich mir noch hätte wünschen können. Wir waren in deinem Wohnwagen ...

SANDY   Die Scheiben sind so zerkratzt, daß man nicht mal mehr den Mond erkennen kann. Ich schätze, deine Sternschnuppen waren die Lichter vorbeifahrender Autos.

MOTIL   Ich kann mich noch ganz genau an deine Bettdecke erinnern. Lauter lächelnde Gesichter waren da drauf, Doris Day, Gary Grant, Michele Pfeiffer, Leonardo Di Caprio ... Ich wollte mir mein edelstes Teil an Julia Roberts abwischen, aber ich hab Jack Nicholson erwischt.

SANDY   Das ist Strafe genug. Ich hab auch eine Decke mit den Präsidenten-
        köpfen. Mir ist nämlich mal ein streunender Köter zugelaufen. Der ist
        immer aufs Bett gesprungen und hat alles schmutzig gemacht. Ich hab
        mir gedacht, wenn er da auf Johnson, Nixon, Bush und dergleichen trifft,
        bekommt er vielleicht ein bisschen mehr Respekt. Aber er hat draufge-
        pinkelt.

MOTIL   Ich wollte am nächsten Abend wieder zu deinem Wohnwagen, aber du
        warst nicht mehr da. Obwohl dein Plakat noch an der Tür von dem Lo-
        kal gehangen ist.

SANDY   Das ist so eine Eigenart von mir, daß ich oft früher aufbrech. Von den
        Konventionalstrafen, die ich nicht bezahlt hab, könnt ich wahrscheinlich
        über die Runden kommen, ohne zu stehlen. Wenn du die Wolken nicht
        mehr tanzen siehst, mein Freund, dann ist es Zeit, zu gehen. Das ist aus
        einem Song.

MOTIL   Wenn ich mich nicht schon damals ganz unsterblich in dich verliebt hätt,
        würd mir das jetzt passieren.

SANDY   Mein Beileid. Aber wenn ich mich an jeden Kerl erinnern soll, der eine
        Nacht in meinem Wohnwagen verbracht hat, dann müßt ich das irgend-
        wie schriftlich festhalten, und das wäre eine Menge Papierkram, Lieb-
        ling.

MOTIL   Vielleicht fällt es dir wieder ein, wenn ich . . . also nach dem Frühstück
        hast du gesagt: Vielleicht sehen wir uns mal wieder, in einem Billard-
        saloon oder so.

SANDY   Spielst du Billard?

MOTIL   Nein.

SANDY   Ich auch nicht.

MOTIL   Ach so.
        Ein Weilchen herrscht Schweigen.

SANDY   Wieso hat dieser Priester von der Letzten Ölung gesprochen. Findet das
        etwa heute noch statt?

MOTIL   In einer halben Stunde werd ich in ein anderes Zimmer gebracht. Dort
        haben sie für mich einen Stuhl reserviert. Aber leider keinen Tisch.

SANDY   Auweia. Hast du jemand umgelegt?

MOTIL   Also, wenn ich mich da an jeden erinnern soll . . . Moment . . . wir haben
        das ja schriftlich. Also das sind jetzt die letzten neun Monate, bevor die
        mich eingesperrt haben. Zwölf Stück.
        Er blättert in den Papieren, die Delaware ihm gebracht hat.

SANDY   Woww!

MOTIL   Ich kann mich da jetzt nicht mehr an die Einzelheiten erinnern, aber . . .
        ich kann ja mal nachlesen. Hier, das ist offensichtlich ein Tankwart gewe-
        sen.

SANDY   Ich hasse Tankwarte. Das bißchen Macht und Einfluß, das sie haben, nutzen sie schamlos aus. Wenn du als Frau keine Dollars in der Tasche hast, aber Benzin brauchst, weil du sonst feststeckst, dann schlägt ihre große Stunde. Daß sie eine Nummer schieben wollen, dafür hab ich Verständnis. Sie sitzen den ganzen Tag faul herum und blättern in diesen Heften. Was solls. Aber sie haben keinen Respekt, nicht die Bohne. Sie waschen sich nicht. Ich hab hinterher jedesmal noch stundenlang nach Benzin gestunken und hab überall Ölflecken gehabt, in den Haaren, am Busen, überall, wo sie sich ihre Drecksfinger abgewischt haben.

MOTIL   Ich hab ihn mit einem stumpfen Gegenstand erschlagen. Hier steht es. Den Schädel hab ich ihm poliert.

SANDY   Hattest du kein Geld zum Tanken?

MOTIL   Hinterher hatte ich genug für die nächsten tausend Meilen.

SANDY   Du läßt dich nicht aufhalten, wenn du unterwegs bist, was?

MOTIL   Es war ein heißer Tag, und das Benzin war alle. Die Klimaanlage funktioniert nur, wenn der Motor läuft.

SANDY   Ich verstehe. Und ich will verdammt sein, wenn du den Falschen erwischt hast.

MOTIL   Ich seh hier grad, ich hab sogar einen Polizisten erschossen.

SANDY   Woww!

MOTIL   Einen erschossen, den anderen schwer verletzt. Da war ich mit einem Motorrad unterwegs, und sie haben eine Verkehrskontrolle gemacht. Sie haben mich angehalten.

SANDY   Und du hattest keinen Motorradführerschein?

MOTIL   Wozu auch? Es war ja auch nicht mein Motorrad.

SANDY   Cool.

MOTIL   Ich mag Polizisten nicht besonders.

SANDY   Mich machen diese Bullen regelrecht wütend. Sie tun so, als wären sie was Besseres. Wenn du als Frau allein mit dem Wohnwagen unterwegs bist, behandeln sie dich wie eine Hure, allerdings ohne zu bezahlen. Wenn mich ein Kerl wie eine Hure behandelt, dann soll er gefälligst auch bezahlen, aber die Bullen tun das nicht. Sie glauben, weil sie eine Uniform anhaben, kriegen sie alles umsonst. Und wenn du ihnen nicht zu willen bist, buchten sie dich ein, bis du klein beigibst. Irgendeinen Paragraphen finden sie immer. Und wenn sie dir ein bißchen Gras in den Wohnwagen streuen.

MOTIL   Sie hatten zwei Revolver, ich hatte einen, aber ich war schneller.

SANDY   Du zögerst nicht. Das ist es. Du bist ein Mann, der nicht zögert.

MOTIL   Wenn du zögerst, ist es schon zu spät.
Brody und der Pfarrer kommen wieder herein.

BRODY   Sorry, aber Mr. Delaware hat gesagt, fünf Minuten.

PFARRER Es waren jetzt sowieso fast sieben.

SANDY Nehmen Sie sich in acht. Meine Flöhe können ziemlich weit springen.

PFARRER Sie haben Flöhe?

SANDY Wenn es nur das wäre. Ich hab mal ein ganzes Polizeirevier mit Trichomonaden angesteckt.

PFARRER Das ist doch eine Geschlechtskrankheit?

SANDY Ja, Mann. Ich war müde, als sie mich angehalten haben. Und es war schon der zweite Streifenwagen an diesem Tag. Nicht schon wieder, Jungs, hab ich gesagt, ich hab doch grad erst. Da haben sie mich mitgenommen aufs Revier. Landstreicherei und unerlaubte Prostitution wollten sie mir anhängen. Da hab ich klein begegeben. Dabei hatte mir der Arzt eine Zwangspause verordnet, und ich musste diese gelben Pillen schlucken mit diesem Zeug drin, wie heißt das doch gleich?

BRODY Penicillin?

SANDY Ja, so was in der Art. Ich bin eigentlich gutmütig. Ich hatte vor, niemanden da reinzuziehen, weil das nämlich fürchterlich juckt. Aber diesen Bullen hab ich die Schwänze verbrannt, und ich will verdammt sein, wenn das nicht rundumgegangen ist in dieser Kleinstadt und sich fortgepflanzt hat über die Ehefrauen und die Briefträger und Klempner, bis hin zum Pfarrer.

MOTIL Du hast es ihnen gezeigt.

SANDY Ich hab einen Song gemacht über diese Stadt, er heißt »Desertstone«. Leider hab ich meine Gitarre nicht dabei . . .
Brody kann endlich seine Mundharmonika wieder zum Einsatz bringen.
Er spielt eine Art Blues.

SANDY *singt:* Wenn du jemals nach Desertstone kommst,
dann sieh zu, daß du schnell wieder weg bist,
denn dort heiraten sie
und zwingen ihre Kinder, zur Schule zu gehen,
bis sie die Vögel nicht mehr singen hören
und die Wolken nicht mehr tanzen sehen.
Brody legt noch ein bißchen nach.

SANDY Du hast deine Mundharmonika noch nicht lange, wie?

BRODY Seit vorigem Jahr.

SANDY Doch schon so lang.

BRODY Alabama Jim hat hier manchmal einen Jungen besucht. Der war vierzehn Jahre alt, als sie ihn eingelocht haben, und dann haben sie zwei Jahre lang gestritten, ob sie ihn hinrichten dürfen. Nach diesen zwei Jahren hat er ausgesehen wie Dreißig. Da sind dann zwei Typen von der Regierung gekommen, haben ihn angeguckt, und einer hat gesagt: »Der ist kein Kind mehr.« Und der andere: »Ich wette, der war noch nie ein Kind.« Das wars dann. Alabama ist irgendwann noch mal aufgetaucht, und wie er gesehen hat, daß der Junge nicht mehr hier ist, hat er mir seine Mundharmonika dagelassen.

SANDY   Er hätte es dir ein bißchen beibringen sollen. Dein Publikum kann hier nicht weg.

BRODY   Irgendwann gehen sie alle. Zuletzt hatten wir einen Bodybuilder hier, einen Hundertkilobrocken. Der hat bis zum Schluß trainiert und als er dran war, hat er mich angebrüllt: »Warum ich? Ich will nicht sterben! Du musst sterben! Du, du, du!« Ich war verdammt froh, daß ich auf dieser Seite des Gitters war.

SANDY   Natürlich.

Brody spielt abermals ein paar Takte Blues. Sandy wendet sich wieder Motil zu, mit einem Sprechgesang.

SANDY   Ich werd dich vergessen, Liebling, wie all die anderen,
aber ich werd ein Lied machen
über diesen Nachmittag,
und das werd ich in den Bars singen,
solang ich es mir merken kann und
sie mich nicht rausschmeißen.
Es wird auf keine Platte gebrannt werden,
weil ich nicht will,
daß etwas von dir bleibt
oder von mir.
Wir werden durch den Schnee gehen, Liebling,
ohne Spuren zu hinterlassen.

MOTIL   Du bist ein Engel.

SANDY   Wenn ich Flügel hätt, Liebling,
bräucht ich mich nicht mehr flachlegen
an den Tankstellen,
für das bißchen Benzin, das ich brauch,
um nirgendwo hinzufahren.

MOTIL   Mein Leben war insgesamt von einer gewissen Einsamkeit überschattet. Angefangen vom Waisenhaus über meine verschiedenen Berufsfelder vom Putztrupp bis hin zum Reisenden war ich immer allein unterwegs. Damit soll nun Schluß sein und zwar für immer. In diesem Zusammenhang möchte ich dich fragen: Willst du meine Frau werden?

SANDY   Das kommt jetzt total überraschend für mich, zumal wir uns ja kaum persönlich kennen.

MOTIL   Du hast weiter nichts von mir zu befürchten, weil die Hinrichtung ist ja in allernächster Zeit. Und für mich wären es zwei Fliegen mit einer Klappe, der Sieg über die Einsamkeit und das Tor zum Himmel.

SANDY Natürlich. Eine halbe Stunde, das ist ja nichts. Aber geht denn das überhaupt noch, von der Zeit her?

PFARRER Wir können eine Schnellhochzeit machen.

SANDY Braucht man dazu nicht irgendwelche Papiere?

PFARRER In diesem Fall können wir, glaub ich, davon absehen.

SANDY Klar. Ich verstehe. Ich wollte ja meinerseits nie heiraten, sonst ist es immer der gleiche Kerl, der am Frühstückstisch sitzt. Aber wenn das so ist, soll es an mir nicht scheitern.

Brody spielt wieder auf seiner Mundharmonika.

SANDY Wenn ich jemals heiraten sollte,
dann in einem schwarzen Kleid,
nicht in einem weißen,
denn ich will kein Bügeleisen, keinen Ehemann
und keinen Fernsehapparat
und was es noch so alles gibt, um die Zeit totzuschlagen.
Ich will einen, der Respekt zeigt vor Frauen,
die die Kirche meiden, die Küche
und die Karriere im mittleren Management,
einen, der Respekt zeigt vor Frauen,
die on the road sind
und mich zur Witwe macht,
bevor die Sonne untergeht.

MOTIL Das muß ich allerdings zugeben, daß ich die Absicht hab, wiederaufzuerstehen.

SANDY Du willst was?

MOTIL Ich hab mich nie näher mit Jesus befaßt, aber soviel ist klar: Der Mann war ein Sündenbock. Sie haben ihn ans Kreuz genagelt wegen nichts. Aber er hat sie alle ausgeschmiert und ist wiederauferstanden von den Toten, und genau das ist es, was ich auch vorhab.

SANDY Das ist ein kühner Plan.

MOTIL Ich will nämlich nicht sterben. Ich bin entschieden gegen den Tod, jedenfalls was mich betrifft. Ich weiß noch nicht, wie ich das bewerkstellige, aber ich habe schon viele Dinge getan, ohne zu wissen wie.

SANDY Ich drück dir die Daumen.

MOTIL Ich möchte, daß du das weißt. Nicht, daß es hinterher heißt, das hast du mir verschwiegen.

SANDY Natürlich. Es ist okay.

MOTIL Du glaubst nicht, daß ich es schaff?

SANDY Ich bin dafür, daß du es versuchst.

Delaware und Mrs. Hampton kommen zurück.

BRODY Wären Sie bereit, Trauzeuge zu machen, Sir? Und Sie auch, Mrs. Hampton?

MRS. HAMPTON Warum nicht? Ich hab allerdings keinen Büstenhalter mehr an.

BRODY Das ist nicht unbedingt notwendig. Die Gefängnisordnung schreibt das nicht zwingend vor.

MOTIL Ich unterschreibe dann auch alles, was Sie möchten, Sir.

DELAWARE Sie wollen heiraten? Haben Sie sich das auch gut überlegt?

MOTIL Nein.

DELAWARE Dann geht das in Ordnung.

BRODY Bei einer Hochzeit im Gefängnis besteht übrigens die Möglichkeit, ein Hochzeitsessen zu ordern.

MOTIL Dafür wird keine Zeit mehr sein.

BRODY Eine kalte Speise? Sie hatten vorhin ja keinen Nachtisch. Was ich vorschlagen würde, wäre ein Karamelpudding mit Ahornsirup.

MOTIL Wenn Sie möchten.

BRODY Dann geb ich die Bestellung gleich auf. Sie können inzwischen die Formalitäten hinter sich bringen.

MOTIL Als Bräutigam würd ich die Braut natürlich gern persönlich küssen.

DELAWARE Lassen Sie uns doch einfach alle rein.

BRODY Sie wollen in die Zelle?

DELAWARE Kommen Sie mir jetzt bloß nicht mit der Gefängnisordnung. Der Kerl ist doch harmlos. Und wenn er sich nicht zu benehmen weiß, schieß ich ihn über den Haufen.

BRODY Jawohl, Sir. Wenn Sie das anordnen, Sir.
Er sperrt die Zelle auf, läßt Sandy, den Pfarrer, Mrs. Hampton und Delaware hinein und schließt hinter ihnen wieder ab.

DELAWARE Und bringen Sie ein paar Flaschen Whisky mit. Mrs. Hampton möchte eine Revanche.

BRODY Jawohl, Sir.
Brody verzieht sich. Motil und Sandy umarmen und küssen sich.

PFARRER Ich störe ungern. Aber wenn wir das noch beides hinkriegen wollen, die Hochzeit und die letzte Ölung, dann sollten wir allmählich anfangen.
Das Paar löst sich.

MOTIL Was kommt zuerst?

PFARRER Normalerweise die Hochzeit.

SANDY Ich bin allerdings nicht getauft.

PFARRER O Gott, jetzt fängt das schon wieder an.

SANDY Tut mir leid, wenn das die Sache erschwert. Aber meine Mutter war ein Hippie und mehr oder weniger multireligiös. Und meine Väter auch.

PFARRER Das wird mir jetzt zu kompliziert.
Er bespritzt Sandy mit Weihwasser.

PFARRER Ich taufe dich im Namen des Vaters und des Sohnes und des Heiligen Geistes. Amen. So. Wenn Sie sich jetzt bitte nebeneinander aufstellen würden, in einer Reihe.

Motil und Sandy stellen sich nebeneinander.

PFARRER So frage ich Sie, Mr. Motil ... wie heißen Sie eigentlich mit Vornamen?

MOTIL Alec.

PFARRER So frage ich Sie, Alec Motil, möchten Sie die hier anwesende Sandy Hopper heiraten und sie lieben und ehren, bis daß der Tod euch scheidet?

MOTIL Ja.

PFARRER Und auch Sie frage ich, Sandy Hopper, möchten Sie den hier anwesenden Alec Motil heiraten und ihn lieben und ehren, bis daß der Tod euch scheidet?

Die Braut bricht in Tränen aus.

SANDY Ich kann nicht. Es ist alles so traurig ...

MOTIL Es ist ja nur für eine halbe Stunde. Eher weniger.

SANDY Eben. Das ist es ja. Ich hab immer gedacht, wenn ich wirklich mal heirate, dann in einem schwarzen Kleid, weil meine Freiheit stirbt, und jetzt ...

MOTIL Jetzt hast du einen roten Minirock an, und dein Bräutigam stirbt.

SANDY Es ist alles so schrecklich ... so entsetzlich ...

MOTIL Deine Freiheit bleibt unangetastet.

Sie umarmt ihn schluchzend.

PFARRER Vergessen Sie einfach, was in einer halben Stunde ist.

SANDY Wie kann ich das ... wenn Sie auch noch davon sprechen ... bis daß der Tod euch scheidet ...

PFARRER Wir werden das anders machen.

Sandy schluchzt noch einmal auf, löst sich schließlich aus der Umarmung, schneuzt sich und reißt sich zusammen.

PFARRER So frage ich Sie also, Sandy Hopper, möchten Sie den hier anwesenden Alec Motil heiraten und ihn lieben und ehren, bis ... bis um sechzehn Uhr?

Die Braut bricht wieder in Tränen aus.

SANDY Nein, nein, nein, so nicht. Nicht so! Sagen Sie: bis in alle Ewigkeit. Ihn lieben und ehren bis in alle Ewigkeit!

MOTIL Das möcht ich nicht.

SANDY Wieso?

MOTIL Ich möcht dir dein Leben nicht verbauen.

SANDY Du verbaust es mir nicht. Du bist mein Leben!

Sie schluchzt wieder und fällt ihm abermals um den Hals.

PFARRER Wir werden einen gangbaren Kompromiß finden. Ich frage Sie also zum dritten und letzten Mal, mir reichts jetzt nämlich, Sandy Hopper! ...

Die Braut löst sich.

PFARRER Möchten Sie jetzt gefälligst diesen Alec Motil, solang er noch anwesend ist, heiraten und ihn für immer und ewig lieben und ehren, bis sich ein anderer findet?

SANDY *schluchzend:* Ja.

PFARRER Dann erklär ich euch hiermit für Mann und Frau. Die Ringe lassen wir weg. Sie dürfen die Braut jetzt ...

Das Brautpaar küßt sich bereits.

PFARRER Ach macht doch, was ihr wollt.

Brody kommt zurück.

BRODY Es gibt Schwierigkeiten. Es ist ja nur mehr eine Viertelstunde, und in der Zeit können sie nicht liefern. Und nach der Hinrichtung wird nicht mehr geliefert. Was machen wir jetzt?

Das Brautpaar läßt sich nicht stören.

DELAWARE Nur noch eine Viertelstunde! Sie haben Ihr Geständnis immer noch nicht unterschrieben. Also bitte.

BRODY Das ist ein Karamelpudding, da hören Sie die Englein singen. Was sag ich, singen? Sie tanzen Ihnen auf der Zunge.

DELAWARE Ich muß Sie ernsthaft bitten, Ihre Umarmung zu unterbrechen.

Delaware zieht das Paar auseinander.

MRS. HAMPTON Als Ihre Trauzeugin kann ich Ihnen nur raten, endlich die Unterschriften zu leisten. Denken Sie an Ihre Familie.

MOTIL An meine Familie?

DELAWARE Sie haben doch eben geheiratet. Wollen Sie, daß Ihre Frau weiterhin in traurigen Kneipen den Pennern auf den Wecker geht mit ihrem Sprechgesang, bis die Zellulitis einsetzt und sie als Küchenhilfe Sandwichs aufschneidet und Salatblätter dazwischenschiebt? Bis sie nicht mehr stehen kann und auch damit Schluß ist?

MRS. HAMPTON Sie lieben sie doch. Sie könnten sie reich machen mit einem Federstrich. Als Ihre Alleinerbin kriegt sie immerhin fünfundzwanzig Prozent von den Film- und Fernsehrechten und zwanzig von den Merchandisingrechten. Und es läßt sich noch eine Story hinterherschieben: »Ich war die Frau der Bestie.« So was in der Art. Da bleibt noch mal was hängen und damit ist sie aus dem Gröbsten raus.

SANDY Was wird hier eigentlich gespielt?

MRS. HAMPTON Am besten, Sie unterschreiben mir auch gleich eine Vollmacht, dann brauchen Sie sich um nichts mehr kümmern, Mrs ...

SANDY Hopper. Das ist mein Künstlername, und den behalt ich.

MRS. HAMPTON Hopper ... ich denk schon die ganze Zeit nach ... diesen Namen hab ich doch schon irgendwo gelesen, in irgendwelchen Prozessakten ...

MOTIL In meinen.

MRS. HAMPTON Richtig.

MOTIL Sandy ist das Mordopfer. Wegen ihr bin ich verurteilt worden.

MRS. HAMPTON Natürlich. Sie sind die Ermordete.

SANDY Jetzt versteh ich überhaupt nichts mehr.

MRS. HAMPTON   Aus der Sicht des Laien ist es vermutlich ein Justizirrtum, jemanden hin-
zurichten, solange die Leiche noch lebt. Aber juristisch gesehen, ist das
korrekt. Die Fristen sind eingehalten worden und abgelaufen. Da ist
nichts mehr zu machen.

DELAWARE   Außerdem haben wir genügend Leichen. Ich habe vierzehn Leichen mitgebracht, was wollen Sie mehr? Ich kann Ihnen soviel Leichen besorgen,
wie Sie wollen.
Brody schlurft hinaus.

SANDY   Was ist hier eigentlich los?

MOTIL   Das würde jetzt zu lange dauern, bis ich dir das erklärt hab. Nur soviel:
Gib nie eine Vermißtenanzeige auf.

SANDY   Freiwillig geh ich sowieso auf kein Polizeirevier.

DELAWARE   So. Jetzt ist es aber wirklich allerhöchste Zeit. Ich bestehe auf Ihrer Un-
terschrift. Sonst geht Ihre Frau leer aus. Und das ist dann allein Ihre
Schuld.

MOTIL   In Ihren Protokollen sind allerdings ziemlich unappetitliche Sachen dabei. Mit einer Kettensäge! Finden Sie das nicht etwas rauh?

DELAWARE   Sie meinen die Geschichte in Sweetwater?

MOTIL   Ich empfinde diesen Fall als außerordentlich brutal. Das paßt doch schon
rein stilistisch nicht zu mir. Ich habe immer die Fliege dem Schlips vorge-
zogen und die gute Kleidung der schlechten.

DELAWARE   Wieso?

MRS. HAMPTON   Für die Vermarktung ist das großartig. Sie werden weltberühmt. Wir
werden Sie »die Bestie von Sweetwater« nennen.

MOTIL   Und diese Sache mit den zweiundzwanzig Messerstichen. Das klingt
doch nach Alkohol. Also mir ist das sehr unangenehm, alles.

DELAWARE   Wir haben eine Abmachung, mein Herr.

MRS. HAMPTON   Ich will Ihnen nicht zuviel versprechen, aber wir können einen Zwölftei-
ler auf die Beine stellen. Wir fangen an mit den Originalbildern vom Tat-
ort. Wir kriegen die Polizeifotos und die Videos von der Spurensiche-
rung. Das hab ich alles vorhin mit dem Sheriff besprochen. Also die Bilder von den jeweiligen Leichen. Und dann zeigen wir den Tathergang,
ganz schnörkellos im Stil einer Reportage. Wir halten uns dabei hundertprozentig an Ihr Geständnis. Am Schluß die Krönung des ganzen: die
Hinrichtung des Mörders. Es ist alles drin, alle Emotionen: Das Leiden
des Opfers, das sich im Todeskampf windet, die rohe Gewalt des Täters,
seine unerbittliche Grausamkeit, und am Ende die Genugtuung, wenn er
seine gerechte Strafe bekommt. Leiden, Haß, Rache, der Sieg der Gerechtigkeit, alles, was man sich wünscht. Das können wir in die ganze
Welt verkaufen. Die Leute wollen true stories sehen, dieses ganze ausge-
dachte Zeug hängt ihnen zum Hals heraus. Sie wollen die Realität, und
das ist es, was wir ihnen bieten.

MOTIL Sie möchten meine Hinrichtung filmen?

MRS. HAMPTON Das wird sowieso gemacht. Fürs Archiv. Aber wir haben zusätzliche Kameras aufgestellt. Es gibt Großaufnahmen von den Händen, vom Gesicht und natürlich von den Augen. Das Erlöschen der Augen im Augenlick des Todes, das kommt am Ende jeder Folge. Sie werden berühmter als Neil Armstrong. Der war auf dem Mond. Das ist auch in die ganze Welt übertragen worden, aber es war nur eine Folge.

MOTIL War das denn auch getürkt?

MRS. HAMPTON Darauf wett ich meinen Arsch.
Das Licht geht aus. Es ist stockfinster. Ein dumpfer Schlag ertönt, und ein Poltern ist zu hören.

MRS. HAMPTON Was ist jetzt passiert, um Himmelswillen?

PFARRER Das Licht ist ausgegangen.

MRS. HAMPTON Das seh ich selber.

SANDY Also wenn jetzt die Hinrichtung platzt, reich ich die Scheidung ein. Ich kann mich doch nicht an einen einzigen Mann binden, der noch Wochen und Monate lebt, vielleicht sogar Jahre!

MOTIL Dann aber bitte eine Schnellscheidung. Wenn ich hier heil rauskomm, mach ich sofort eine Weltreise. Ich laß mich doch nicht von einer einzigen Frau an die Kette legen, wenn mir fünf Kontinente offenstehen!
Am Gitter wird heftig gerüttelt.

MRS. HAMPTON Macht sofort das Licht wieder an! Ich halt das nicht aus! Ist denn hier niemand zuständig? Mr. Brody? Wo ist dieser verdammte Brody? Ich will hier raus! Lassen Sie mich sofort raus!

BRODY Bitte keine Panik, die Herrschaften. Das ist nur ein Kurzschluß. Weiß der Teufel, wie das wieder passiert ist.
Schlüssel klirren und Getrampel ist zu hören. Schließlich geht das Licht wieder an. Delaware liegt am Boden. Er hat nun die Sträflingskleidung an, die ihm viel zu eng ist. Motil, Sandy und der Pfarrer sind verschwunden. Mrs. Hampton torkelt orientierungslos in der Zelle herum. Brody hält ihr die Tür auf.

BRODY Hier gehts raus, Mrs. Hampton.
Sie taumelt an ihm vorbei nach draußen.

BRODY Schätze, das Kampftrinken haben letzten Endes Sie gewonnen.
Er sperrt hinter ihr ab, setzt sich auf seinen Stuhl, nimmt seine Mundharmonika und spielt. Die Küchenhilfe kommt herein.

KÜCHENHILFE Sechsmal Karamelpudding.

BRODY Ausgezeichnet.

Kai Hensel
Klamms Krieg

Klamms Krieg

Der Raum ist ein Klassenzimmer.

Klamm ist ein Lehrer.
Zu alt für einen Neustart, zu jung für die Frühpensionierung.

I.

Klamm betritt das Klassenzimmer.

Guten Morgen, Sie brauchen nichts zu erwidern.
Ich nehme an, Sie erwarten, daß ich Fragen habe. Nein, ich habe keine Fragen. Ihr Brief ist ungeheuerlich. Ich werde ihn Doktor Erkner vorlegen, sobald er zurück ist. Auf seine Reaktion darf man gespannt sein.
Bis dahin geht der Unterricht weiter. Vielleicht nicht für Sie, schön, aber für mich. Schlagen Sie also auf, oder schlagen Sie nicht auf, es ist mir egal: Seite 98, Vers 3374, »Gretchens Stube«. Möchte jemand das Gretchen lesen? Ich sehe, das ist nicht der Fall, dann werde ich es selbst lesen. Erwarten Sie nicht, daß es mir etwas ausmacht. Aber erwarten Sie auch nicht, daß es Ihnen etwas nützt.

Er schlägt sein Buch auf und liest.

»Gretchen am Spinnrade allein.«

II.

Klamm geht auf und ab.

Fausts pantheistisches Gottesbekenntnis. Ausgehend von der Größe der Natur und dem Unendlichen in der Endlichkeit des geliebten Menschen. Eingeordnetsein in ein Erhabenes. In gewisser Weise das Bekenntnis des Sturm und Drang.

Wollen Sie keine Notizen machen? Es handelt sich um sehr wesentliche Gedanken, die können Sie sich unmöglich alle merken. Die letzte Klausur des Semesters steht an, und ich sehe einige unter Ihnen, die ein paar Punkte noch gut gebrauchen können.

Ich meine weder speziell Sie, Uta, noch speziell Sie, Mark.

Sie schreiben mir einen Brief. Sie begründen nichts, Sie lassen mich über Ihre Absicht im dunkeln. »Herr Klamm, hiermit erklären wir Ihnen den Krieg.« Das ist eine Beleidigung. Das ist eine Beleidigung aller, denen man im Krieg Arme und Beine zerschossen hat. Glauben Sie denn, ich weiß nicht, worum es Ihnen geht? Daß einige sogar ihre Eltern zu Doktor Erkner geschickt haben, weil Sie lieber einen anderen Lehrer wollten, einen der jüngeren Kollegen, die sich an dieser Schule immer mehr breitmachen? Und was hat Doktor Erkner gesagt? Er hat nein gesagt. Damit wäre der Fall wohl erledigt.

Es kann in dieser Sache keine Verständigung geben. Nicht zwischen mir und Ihnen. Ich bin Lehrer. Meine Aufgabe ist es, Ihnen etwas beizubringen. Wer fragt, ob ich lieber andere Schüler hätte als Sie? Mein Ideal eines Schülers steht nicht zur Debatte. Ebensowenig wie Ihr Ideal eines Lehrers.

Das Leidenschaftliche, Gefühlsgetragene, aber auch Schwankende des Faustischen Bekenntnisses. Freie Rhythmen. Erst mit Gretchens ... Ach, noch was. Natürlich gibt es Gerüchte. Die gibt es immer. Ich gebe nichts darauf. Ich trete jedem Schüler so gegenüber, als sei er im Lehrerzimmer nie ein Thema gewesen. Ich erwarte die gleiche Haltung von Ihnen.

III.

Klamm hält einen Brief in der Hand.

Verleumdungen, Unterstellungen, Halbwahrheiten. Herabwürdigungen meiner Person, Anmaßung. Wie ich Sie überhaupt noch unterrichten soll, ich weiß es nicht. Sie trampeln auf der Wahrheit herum wie auf einem wehrlosen Kind. Was ist die Wahrheit?

Sascha war mein Schüler, richtig. Deutsch-Leistungskurs, ein
Jahr über Ihnen, der Abiturjahrgang. Ein schlechter Schüler! Er
hat nichts von Schillers Freiheitsbegriff verstanden, gar nichts!
Trotzdem habe ich ihm für das letzte Semester fünf Punkte gegeben. Ich habe sie ihm gegeben aus Anerkennung – für sein Bemühen, seine redliche, wenn auch fruchtlose Anstrengung. Aber ich
habe mit mir gerungen! Eigentlich wollte ich ihm nur vier
Punkte geben. Und obwohl ich wußte – die Kollegen hatten es
mir noch mal gesagt –, daß sechs Punkte nötig gewesen wären,
um ihn das Abitur bestehen zu lassen, habe ich mir die Entscheidung nicht leicht gemacht.
Soweit der Hergang. Und nun kommen Sie und drehen alles um.
Behaupten Zusammenhänge, wo keine sind, bauen sich die
Wahrheit zurecht, wie es Ihnen paßt, schrecken vor der infam-
sten Beschuldigung nicht zurück. Sie haben nichts gegen mich in
der Hand! Keine Beweise, keine Zeugen, nichts außer einer
kranken und widerwärtigen Phantasie, der Sie hemmungslos
freien Lauf lassen!
Mein Verhältnis zu Sascha war immer – auf der Lehrer-Schüler-
Ebene – ein freundschaftliches. Ich erinnere mich an mehrere
Begegnungen auf dem Schulhof. Manchmal, wenn ich in der
Pause ins Lehrerzimmer ging, hat er mich aus der Cafeteria ge-
grüßt. Einmal haben wir uns im Bus getroffen und mehrere Stationen lang friedlich miteinander geplaudert. Ja, da staunen Sie.
Er hat sich noch, er hat sich für die fünf Punkte bedankt! »Auch
wenn es mein Abitur nicht rettet«, hat er gesagt, »von Ihnen
hätte ich Schlimmeres erwartet.« Da sind Sie baff, was? Das paßt
nicht zusammen mit Ihren Lügen und Verleumdungen!
Haben Sie schon einmal an Saschas Stelle gestanden? Weil Sie
nicht weiterwußten, weil niemand auf Ihre Fragen eine Antwort
gab? Liebesdinge, Probleme im Elternhaus, die Suche nach
Sinn – niemand behauptet, das Leben in Ihrem Alter sei immer
einfach. Aber Sascha, einem älteren Mitschüler, den Sie kaum gekannt haben dürften – dem unterstellen Sie, daß er solche Probleme nicht hatte. Dem, unterstellen Sie, reicht ein fehlender
Punkt in Deutsch, und – schwupp – hängt er am nächsten Baum!
Nein, Herrschaften, so nicht. Nicht mit mir.
Niemand außer Ihnen sieht zwischen meiner Note und diesem
furchtbaren Unglück irgendeinen Zusammenhang. Andere Fak-
toren werden da genannt, gerade auch im Verhältnis der Schüler
untereinander, im Zueinander und Miteinander, über die Sie sich

vielleicht einmal selber klarwerden. Ich habe, im Namen des gesamten Kollegiums, Saschas Eltern einen Beileidsbrief geschrieben, der nicht ohne Antwort geblieben ist. Und da kommen Sie
mit Ihren Verleumdungen! Kommen Sie nur! Auslachen wird
man Sie! Ich mich entschuldigen. Ich mich, bei der gesamten
Schülerschaft, für Saschas Tod entschuldigen. Das ist der Aber-
witz. Wofür?!
Es wird nach diesem Vorfall keine Rückkehr zu normalen Verhältnissen geben; die Tür ist zu. Ich werde Doktor Erkners
Rückkehr nicht abwarten, sondern mich direkt an höhere Stellen
wenden. Ich werde juristische Schritte einleiten, ich werde ...
Ich werde Ihnen eine Chance geben. Eine letzte Chance. Wenn
Sie nicht wollen, daß Ihr Verhalten öffentlich wird, daß Sie alle
ohne Abitur von der Schule fliegen – dann darf ich um eine Entschuldigung bitten. Ja – ich erwarte von Ihnen eine Entschuldigung. Keine Erklärung, keine Rechtfertigung, das interessiert
mich nicht. Ein einfacher Satz genügt. Und dann verlange ich die
volle Wiederaufnahme Ihrer Lerntätigkeit. Andernfalls ... Ihre
Entschuldigung mit allen Unterschriften. Morgen früh in meinem Fach.

IV.

*Klamm sitzt am Tisch, liest in einem Buch und ißt einen Apfel.
Aus einem Radio neben ihm kommt klassische Musik. Manchmal
lacht er.*

Viel schöner so, nicht? Wenn man bedenkt, daß wir jetzt eigentlich die Exequien der Mutter Gretchens durchnehmen müßten
... Na, Montag kriegen Sie die ja auf den Tisch.

Er liest.

Ach, schönen Gruß von Doktor Erkner. Er hat die Operation
gut überstanden und wird bald wieder auf dem Posten sein. Ja,
ich habe ihn im Krankenhaus besucht. Ich dachte, es gehört sich
vielleicht, daß mal jemand vom Kollegium vorbeischaut. Aber er
hat geschlafen, und da bin ich wieder gegangen. Ich habe ihm

noch ein gutes Buch auf den Tisch gelegt. Einen Handke. Peter Handke. Können wir auch mal durchnehmen. Wenn Ihnen das Spaß macht.

Er liest. Legt das Buch zur Seite, schaltet das Radio aus und nimmt ein Notizbuch heraus. Er läßt die Augen von einem Schüler zum anderen gleiten und macht Notizen. Manchmal sieht er einen Schüler lange an, seufzt und macht eine Notiz.

Ich bewundere Ihren Starrsinn. Nein, wirklich. Sie schreiben alle null Punkte, ein paar fallen durchs Abitur, und das ist dann eine Entscheidung, die ich wirklich nicht anders treffen kann. Wofür kämpfen Sie? Ihre Mitschüler? Für die jüngeren, damit die es mal besser haben? Ach, wissen Sie, so schlecht geht's denen gar nicht. Ich habe in den unteren Klassen keine Probleme, das geht immer erst in der Oberstufe los. Kämpfen Sie so ganz allgemein, für eine bessere Welt, eine neue Schule? Ja, das sind Träume. Auch ich war einmal jung, und ich darf sagen, meine Lehrer haben es nicht leicht gehabt mit mir. Ich habe mich aufgelehnt, rebelliert, wollte mit dem Kopf durch die Wand. Heute bin ich älter, sicher, und der Blick ist klar geworden für die Dinge, die sich nie ändern werden. Schule wird sich nie ändern. Weil es immer Menschen geben wird, die mehr wissen als andere. Aber manchmal steigt die Wut wieder in mir hoch, und dann schmerzt es mich zu sehen, wie schnell gerade die jüngeren Kollegen sich mit den Verhältnissen arrangieren. Alptraum Schule. Ich verstehe Sie genau.

Er schaltet das Radio ein. Schaltet es wieder aus.

Ich weiß gar nicht, ob Sie wirklich so zornig sind. Vielleicht suchen Sie nur ein Ventil und glauben, es in mir gefunden zu haben. Schätzen Sie mal, wie viele -zigtausend Mark diese Schule jährlich für Glasbruch ausgibt? Nicht nur Glas, auch zertrümmerte Stühle und Tische, verbrannte Mülltonnen, herausgerissene Waschbecken. Ich glaube nicht, daß wir Pädagogen – ich schließe mich da ausdrücklich ein – auf dieses Problem wirklich eine Antwort gefunden haben. Wenn aber Ihr Krieg, wie Sie es nennen, der Versuch ist, Ihrem Zorn auf gewaltfreie Art Ausdruck zu verleihen, dann gilt Ihnen meine Anerkennung und – ja, mein Respekt.

Er will das Radio anstellen, läßt es aber.

Aber jetzt sind Sie in einer ausweglosen Lage. Sie können die
Lerntätigkeit nicht einfach wieder aufnehmen, das verbietet Ihnen Ihr Stolz. Ich könnte einzelne aus der Front herausbrechen –
Uta, Melanie, Karsten –, aber das will ich nicht. Ich achte Ihre
sittliche Entschlossenheit. Und deshalb – weil ich Sie verstehe
und Ihnen helfen will – mache ich Ihnen ein Angebot. Ich bin bereit, die Anforderungen der nächsten Klausur herabzusetzen.
Ich bin bereit, sie so weit herabzusetzen, daß jeder die Klausur
mit Anstand bestehen kann. Fünf Punkte mindestens. Sagen wir
sechs.
Sie fragen, warum tut er das? Sechs Punkte, ungeheuer. Wenn
wir die Klausur schlecht schreiben, muß er uns eine schlechte
Note geben; eine andere Wahl bleibt ihm gar nicht. Wir sind auf
einem Gymnasium, in einem Leistungskurs. Die besten sind das
Maß, an dem die übrigen gemessen werden. Sechs Punkte.
Warum?
Sie haben Angst. Furchtbare Angst, das sehe ich. Nächste Woche
schreiben Sie Goethe, eine schreckliche Belastung, die Verse
schwirren durch Ihren Kopf, alles dreht sich. Auch ich war ein-
mal jung. Auch ich habe mal Goethe geschrieben. Als junger
Mensch konnte ich mir nicht vorstellen, wie das ist, Lehrer zu
sein. Ich dachte immer, ein Lehrer schläft nie, er ißt und trinkt
auch nicht, er sitzt nur da, korrigiert und verteilt Zensuren.
Heute weiß ich, daß auch Lehrer Menschen sind, ihre Fehler und
Schwächen haben, genau wie Sie. Sie haben ihre Hochs und
Tiefs, manchmal liegen Sie nachts wach und grübeln, was Sie hätten anders machen können. Natürlich, ein Lehrer kann in dem
Sinne gar nichts anders machen, er muß Leistung bewerten, wie
sie erbracht wurde, und Schluß. Wenn er Schuld hätte, ja Schuld,
das wäre was anderes. Mit Schuld könnte er leben, er könnte sie
abarbeiten, sie als positive Kraft nutzbar machen. Aber so?
Und deshalb bin ich für Ihren Brief so dankbar. Weil er mir die
Kraft gibt weiterzumachen. Denn jetzt kann ich nein sagen. Ich
kann zu Doktor Erkner gehen und sagen: »Ich gebe meinen
Schülern keine schlechte Note. Ich weigere mich. Ich trage Verantwortung, für diese Schüler trage ich Verantwortung, und
diese Verantwortung verbietet mir, eine Klausur schlechter als,
sagen wir, sieben Punkte zu bewerten!« Sie glauben, ich traue
mich nicht? Ich traue mich noch viel mehr.

Doktor Erkner – und jetzt hören Sie bitte gut zu – trägt immer eine Browning bei sich. Neun Millimeter, dreizehn Schuß, in der Innentasche. Weiß niemand außer mir. Verstehen Sie? Ich kann hingehen und sagen: »Hören Sie mal, mein Leistungskurs, da brodelt soviel Haß, da ist es mit ein paar Mülltonnen und Waschbecken nicht getan, und da nützt Ihnen Ihre Browning gar nichts!«

Sie wollen Ihren Krieg gewinnen, oder? Niemand beginnt einen Krieg, den er nicht gewinnen will. Aber dazu brauchen Sie Waffen. Morgen bringe ich Ihnen ein paar mit.

V.

Klamm betritt den Raum mit einer Kiste im Arm.

Die Angriffe gegen mich nehmen zu. Ich komme durchs Tor, und meine Schüler halten es nicht mehr für nötig, mich zu grüßen. Drehen einfach den Kopf weg und tun, als sähen sie mich nicht. Nun gut, tue ich so, als sähe ich sie auch nicht. Ich gehe über den Hof, da höre ich von oben meinen Namen. Zwei Achtklässler sitzen im Baum. Sie haben sich Stricke um den Hals gebunden und lachen mir frech ins Gesicht.

Ich betrete das Lehrerzimmer. Diplomatisches Parkett, ich grüße meine Kollegen, wünsche einen guten Morgen, und meine Kollegen grüßen zurück. Ich nehme mir eine Tasse Kaffee und scherze mit der Referendarin. Doch als ich zu meinem Platz gehe, rücken meine Kollegen weg; nicht viel, nur ein bißchen, als ob ich schlecht rieche oder eine Krankheit habe. Ich mache mir den Spaß und rücke ihnen nach, auch nur ein bißchen, als ob's Zufall wäre. Und das Lustige: Sie reden immer weiter, verstehen Sie? Tun, als wäre diese Hin- und Herrückerei das Selbstverständlichste der Welt. Ich rücke hierhin und dorthin, lächle freundlich, wenn meine Kollegen den Platz wechseln, und am Ende habe ich den Tisch ganz für mich allein.

Ich gehe in den Unterricht, meine Schüler sind aufmerksam und machen Notizen. Von Zeit zu Zeit meldet sich einer und stellt eine Frage, die darauf zielt, mich zu vernichten. »Wann schrieb Stifter den ›Nachsommer‹?« »Nennen Sie einige typische Ver-

treter des Schelmenromans.« Aber ich bin vorbereitet. Auf alle
Fragen dieser Welt bin ich vorbereitet, ich bin verdammtnoch-
mal der beste Deutschlehrer, den diese Schule je hatte! »Der
›Nachsommer‹ erschien in drei Bänden 1857. Bereits Ende der
vierziger Jahre hatte Stifter eine Erzählung mit dem Titel Der
›Hofmeister‹ projektiert, von dem Fragmente erhalten sind.«
»Johann Beer, Christian Reuter, Johann Jakob Christoffel von
Grimmelshausen schufen im 17. Jahrhundert die ersten bedeu-
tenden Schelmenromane. 1834 kehrt mit Heinrich Heines ›Aus
den Memoiren des Herrn von Schnabelewopski‹ der Schelm in
die deutsche Literatur zurück. Dem Schelmenroman ähnliche
Strukturen finden sich im 20. Jahrhundert bei Thomas Mann
und Günter Grass.« Die Schüler merken, daß ich mich nicht vernichten lasse, und hören auf, mir Fragen zu stellen. Und dann
komme ich zu Ihnen und weiß, ich bin bei Freunden.
Gestern habe ich Ihnen etwas versprochen. Erinnern Sie sich?

Er beginnt, Ordner und Hefter aus seiner Kiste zu packen.

Ich werde mir einen zweiten Keller mieten müssen. Wenn man
jedes Jahr neu anfängt – für jeden Lehrer einen Ordner, für jeden
Schüler einen Hefter –, da kommt mit der Zeit einiges zusammen, das können Sie sich vorstellen.

Er schlägt einige Unterlagen auf.

Hier, Uta, über Sie: »Unansehnliches kleines Mädchen, spuckt
beim Sprechen und wird es auch sonst im Leben schwer haben.«
Damals waren Sie in der Fünften. Inzwischen haben Sie hart an
sich gearbeitet, und auch das ist natürlich vermerkt. Mark:
»Nach der vierten Stunde Erfolg bei Melanie. Stellt sich zum
Küssen auf die Zehenspitzen und schwitzt dabei.« Ist noch gar
nicht lange her.
Sie fragen, was das soll? Dann hören Sie mal das: »Steht am Zaun
und pinkelt. Gehe hin und stelle ihn zur Rede. Tut überrascht,
schließt aber nicht die Hose. Sage, er soll die Toilette benutzen.
Lacht und pinkelt erneut. Sage, ich gehe zu Doktor Erkner. Pinkelt fertig, schließt die Hose und sagt, ich kann ihm nichts beweisen.« Raten Sie mal, wer das ist? Na? Kollege Wellerdiek. Er
benutzt nach dem Freisport nie die Toilette. Er denkt, keiner
sieht ihn, aber ich habe Einträge, die gehen acht Jahre zurück.

Oder hier: »Stellt den kaputten Diaprojektor ins Fach. Sage, sie muß eine Meldung ausfüllen, der Projektor repariert sich nicht von selbst. Sagt, immer geht ihr der Projektor kaputt, sie ist es langsam leid, kann ich mich nicht drum kümmern? Sage, ich unterrichte Deutsch, ich brauche keinen Diaprojektor, außerdem habe ich ihn nicht kaputtgemacht. Sagt, wenn ich keinen Projektor brauche, geht's mich auch nichts an.« Erraten? Kollegin Neuhaus.

Sie reden von Krieg? Ich führe ihn seit dreißig Jahren, und jedes Jahr wird es schlimmer. Im Lehrerzimmer muß ich mich oft zusammenreißen, damit ich meinen Kollegen nicht die Kaffeekanne über den Kopf haue. Und als mir gestern Frau Neuhaus über den Weg lief und das Kabel des Diaprojektors schleifte hinter ihr her, wie es das bei ihr immer tut, seit vierzehn Jahren schon; da war ich kurz davor, sie mit dem Kabel zu erdrosseln. Warum? Weil sie versucht, bei ihren Schülern beliebt zu sein. Alle Kollegen versuchen, beliebt zu sein. Aber ein Lehrer darf nicht beliebt sein! Ein guter Lehrer, der seinen Schülern etwas beibringen will, muß sie prägen und formen, aber ein Schüler läßt sich nicht freiwillig prägen und formen, nicht mal ein guter, und wenn doch, hat der Lehrer schon verloren, weil dann der Schüler bestimmt, wo's langgeht. Schule ist Zwang. Das war sie immer, das wird sie immer sein, und Lehrer wie Schüler verdanken diesem Zwang ihre gemeinsame Existenz. Ich habe immer gehofft, daß das mal jemand einsieht. Ich habe gehofft, daß ich einen Brief kriege, von einem Ehemaligen: »Herr Klamm, Sie haben es richtig gemacht.« Und jetzt sage ich Ihnen was Lustiges: Es ist nie ein Brief gekommen. Nicht ein einziger! Na, Schwamm drüber. Sie haben die Wahrheit erkannt, Sie allein. Und dafür mache ich Sie stark.

Es ist eine Initiative gegen mich im Gang. Wissen Sie davon? Eine Gruppe jüngerer Kollegen hat um einen Termin bei Doktor Erkner gebeten. Muß gar nicht wegen mir sein. Muß nicht. Montag ist Doktor Erkner wieder im Büro, Dienstag ist schon der Termin. Diese Eile mahnt immerhin zu erhöhter Wachsamkeit. Ich werde bei diesem Treffen präsent sein. Ich werde einen Stapel hervorragender Klausuren auf den Tisch legen, Ihre nämlich, und mit Genuß zuschauen, wie die gesamte Vernichtungsstrategie meiner Feinde in sich zusammenfällt. »Aha«, höre ich Doktor Erkner sagen: »Herr Klamm gibt gute Noten. Ja, dann sehe ich für eine Suspendierung keinen Grund.« Ha, da stehen sie,

wie begossene Pudel! Ich könnte es dabei bewenden lassen. Sie
können mir ja jetzt nicht mehr gefährlich werden, und für alle
Fälle hat Doktor Erkner noch seine Browning in der Tasche.
Aber ich bin noch nicht fertig. Sie liegen am Boden, aber sind
noch nicht ausgezählt. »Sie betreten ein Klassenzimmer«, werde
ich sagen, »und die Ablehnung schlägt Ihnen entgegen wie eis-
kalter Wind. Kennen Sie das Gefühl? Sie stehen vor den Schülern, versuchen irgendwie, durch den Unterricht zu kommen,
aber die Schüler wollen Sie nicht, die wollen Sie alle nicht, die
schauen auf die Uhr, immer wieder, die zählen die Minuten. Und
wenn endlich der Gong läutet, geht ein Aufatmen durch die
Klasse, Sie gehen und hören, wie hinter Ihnen die Schüler reden
und lachen und wieder lebendig werden. Kennen Sie das Gefühl?! Nein?! Dann kommen Sie mal in meinen Leistungskurs,
da wartet der Haß auf Sie!« Und zu Wellerdiek sage ich: »Ach,
Herr Wellerdiek, wo waren Sie denn heute morgen nach dem
Freisport? Oder lassen Sie mich die Frage anders formulieren:
Wie sieht eine Schultoilette von innen aus?«
Ich würde Sie gern einmal zu mir einladen. Ich könnte Ihnen
meinen Keller zeigen, die ganzen Unterlagen, damit Sie sich ein
bißchen einarbeiten. Ich könnte Tee und Kaffee kochen und
einen Kuchen backen. Ich weiß, Sie sind Schüler, da hat man eine
Menge zu tun, die Nachmittage sind voll von Verpflichtungen.
Trotzdem: Wenn Sie Lust haben, schauen Sie einfach mal vorbei.
Würde mich freuen.

VI.

Klamm trägt einen Verband um den Kopf.

Entschuldigen Sie, ich bin gefallen. Nichts Schlimmes, aber vorhin, beim Rasieren, habe ich plötzlich das Gleichgewicht verloren und bin mit der Stirn aufs Waschbecken geschlagen. Keine
Ahnung, passiert mir sonst nie.
Ich weiß nicht, wie lange ich gelegen habe. Ich konnte mich nicht
bewegen, fühlte nur, wie mir das Blut langsam aus dem Kopf sik-
kerte. Man hat ja in solchen Momenten eine ganz eigentümliche,
völlig unbegründete Existenzangst. Wer wird nach mir suchen,

habe ich mich gefragt. Doktor Erkner nicht, der ist krank und hat andere Sorgen, die Kollegen sowieso nicht, und meine Schüler? Na, die freuen sich über ein paar Freistunden.

Das Blut läuft weiter, der Boden schwimmt schon, und ich beginne, eigentlich mehr aus Langeweile, meinen Finger hineinzutauchen und von unten einzelne Wörter auf die Kloschüssel zu malen. »Baum« schreibe ich, oder »Punkt«, was mir gerade einfällt. Einmal kommt mir sogar ein Bonmot, eine geistreiche kleine Sentenz über das Leben, aber die hätte auf der Kloschüssel keinen Platz. Ich müßte mich bewegen können, umdrehen, dann hätte ich die ganze Wand zur Verfügung, aber wie meine Lage nun mal ist, habe ich nur die Kloschüssel, und auf der ist gerade noch Platz für drei, vier Wörter.

Da heißt es Überlegen, Wesentliches vom Banalen trennen, die Wahrheit auf den Punkt bringen. Drei Wörter. Eine Kakerlake kommt und macht sich an meinem Blut zu schaffen. »Weg da, das ist mein Blut, außerdem brauche ich's zum Schreiben.« Aber sie kommt wieder, ich kann ihr Schlürfen hören. Ich versuche, sie zu fangen, sie entwischt, ich kriege sie zwischen die Finger, aber kann sie nicht zerdrücken, der Panzer ist zu hart. Ich drücke mein Kinn auf den Boden und strecke die Zunge heraus. Blöd, wie sie ist, tappt sie in die Falle. Ich brauche sie nur noch aufzuschlecken und zu zerkauen.

Ich empfinde ein gutes Gefühl dabei, einen wohligen Schauer, und überlege, woher ich ihn kenne. Richtig – der gleiche wohlige Schauer, wenn ich meinen Schülern etwas beibringe. Pädagogischer Eros nennt man das. Fragen Sie einen Lehrer, irgendeinen, einen jungen, sogar von der Gesamtschule, ob er den pädagogischen Eros fühlt – natürlich fühlt er ihn. Und warum? Weil Lehrer den Krieg nicht gewinnen können! Den Kampf gegen eine Barbarei, die aus pickeligen Gesichtern und pubertierenden Körpern nur so spritzt. Die Waffen werden stumpf, der Lehrer wird alt und müde, sein Feind jedoch bekommt mit jedem neuen Jahrgang frisches Blut. So viele Tote machen wir gar nicht. Aber wenn plötzlich doch einmal ein junger Mensch vor uns liegt, mit gebrochenem Hals, und der Lehrer dann den pädagogischen Eros nicht spürt, diesen wohligen Schauer wie beim Zerkauen einer Kakerlake: dann muß er aufgeben, sofort, ab in die Frühpensionierung, sonst wird er verrückt – oder er erschießt sich am besten gleich.

Mein Blick fällt auf die Kloschüssel. Die Wahrheit lächelt mich

an wie ein unschuldiges Kind. Drei Wörter. Warum habe ich es
nicht gleich gesehen? Ich schreibe die Wahrheit, die Essenz auf
den letzten freien Fleck: »Lehrer sind Mörder.« Ich wische die
Kloschüssel blank und schreibe nochmal groß, mit Ausrufungs-
zeichen: »Lehrer sind Mörder!« Sie glauben ja nicht, wieviel
Kraft so eine einfache Wahrheit gibt. Ich drehe mich um,
schreibe es auf die Wand: »Lehrer sind Mörder, Lehrer sind
Mörder . . .« Ich arbeite mich die Wand hoch, das ganze Bad
schreibe ich voll. Immer wieder muß ich mir die Wunde aufkrat-
zen, weil ich frisches Blut brauche: »Lehrer sind Mörder. Lehrer
sind Mörder.«
Jetzt sterben, denke ich. Alles ist gesagt, nichts kann noch kommen. Aber dann denke ich an meinen Nachbarn. Wenn der mich
findet und ich bin tot, wird er zuerst das Badezimmer reinigen.
Er ist so ein Mensch, eine traurige Gestalt, im Haus haben alle
Mitleid mit ihm. Er reinigt das Badezimmer, wie besessen, und
mit der Kloschüssel fängt er an. Aber Sie müssen es doch erfahren! Also ziehe ich mich an, lege einen Verband um, trinke noch
schnell eine Flasche Bier – und jetzt bin ich hier.

VII.

Draußen tobt ein Gewitter. Klamm steht am Fenster.

Fünffüßiger Jambus, reimfrei, dann Madrigalverse, reimend.
Das großartige Gefüge der Blankverse, Worte weltanschaulich-
wissenschaftlichen Denkens . . . Was für ein Unwetter. Der halbe
Schulhof steht unter Wasser. Ach, schreiben Sie einfach irgendwas über die Natur, bei Goethe paßt das immer.
Da unten läuft Kollege Köller. Wenn ich jetzt das Fenster aufma-
che, kann ich ihm direkt auf die Pudelmütze spucken. Na, merkt
er sowieso nicht.
Die Bemerkung Eckermanns zielt natürlich auf das Werk als
ganzes. Sie können sich aber auch die Rosinen rauspicken, und
ich setze das dann zusammen, ist mir wurscht.

Es donnert.

Übrigens, Doktor Erkner ist wieder da. Sieht ganz lebendig aus, ich war überrascht. Wußten Sie eigentlich, daß er die Browning nur wegen mir hat? Er hat mich gefragt, beim letzten Schulfest, Browning, neun Millimeter, dreizehn Schuß, er könne sie billig bekommen. Warum nicht, habe ich gesagt, Gewalt in der Schule, man kann nie wissen. Und als er sie dann hatte, haben wir uns mal nachts auf dem Raucherhof verabredet und vier Stunden intensiv geübt.

Es donnert.

Mein Gott, das prasselt. Gucken Sie mal, gucken Sie mal, guck, guck ... Christian Genz und Kollegin Neuhaus! Wußte ich's doch, daß die was miteinander haben!

Er nimmt sein Notizbuch heraus, sieht auf die Uhr und macht eine Notiz.

Mein Gott, der Junge ist in der Zehnten. Ich frage mich wirklich, ob es für Frau Neuhaus eine Grenze nach unten gibt. Hand in Hand laufen sie durch den Regen. Sie hält sich den Diaprojektor über den Kopf ...
Die dritte Frage ist natürlich eine Fangfrage. Ich hoffe, Sie haben das bemerkt? Sonst interpretieren Sie's einfach rhetorisch, im Ernstfall kann ich das immer rechtfertigen.
Ich weiß, daß Sie alle die Klausur gut schreiben, die meisten werden sie sehr gut schreiben. Weil nämlich jedes System seine Währung hat, seinen Treibstoff, ohne den alles zusammenbricht. In der Schule sind das die Noten. Ein Lehrer, der gute Noten gibt, ist ein Heiliger. Die Schüler tragen ihn auf Händen, die Eltern beten ihn an, und er kann sich erlauben, was er will. Ein Schüler, der gute Noten schreibt, ist eine uneinnehmbare Festung. Kein Lehrer traut sich, einem Schüler schlechte Noten zu geben, wenn er von den Kollegen nur gute bekommt. Ist ein Schüler gut genug, werden seine Klausuren gar nicht mehr angesehen, sondern er kriegt die fünfzehn Punkte automatisch. Ihnen gebe ich die besten Noten der Welt, ich mache Sie unbesiegbar!

Es donnert.

Frage vier meint natürlich die Dualität zwischen Faust und Me-
phisto, also den eigentlichen Pakt, herausgelöst aus dem Kontext
von Gut und Böse; aber auch das Blut, das Blut als ... Ach,
schreiben Sie einfach, wie's Ihnen kommt, frisch von der Leber
weg. Ich weiß ja, daß Sie's nicht so meinen.

VIII.

Klamm hält die Klausuren in der Hand. Er zittert.

Das meinen Sie nicht ... Das meinen Sie nicht, ich weiß es doch
... Was ist Ihr Plan? Sagen Sie es mir, und ... Sie wollen mich
fertigmachen. Schmierereien, obszönes Gekrakel ... Wollen Sie
alle null Punkte kriegen?! Wollen Sie zu Doktor Erkner gehen:
»Gucken Sie mal, der gibt uns allen null Punkte, der ist verrückt,
der Mann!« Aber das schaffen Sie nicht ... Mich kriegen Sie
nicht klein, Sie nicht ... Ich ... ich tu einfach, als wär nichts ...

Er nimmt die erste Klausur.

Was haben wir da? Ach, Melanie, Bäume und Sträucher, ganz
nett. Was gebe ich Ihnen dafür? Sagen wir zehn Punkte, aus Ihnen wird sowieso nichts.

Er schreibt die Note und nimmt die zweite Klausur.

Uta ... Wissen Sie eigentlich, daß ich Sie nie gemocht habe? Fragen Sie mal Ihre Mitschüler, die finden Sie genauso zum Kotzen.
Heulen Sie nur, aber machen Sie sich nicht wieder in die Hosen,
wie damals in der Sechsten ... Fünf Punkte, und tun Sie was gegen Ihre schrille Stimme.

Er nimmt die dritte Klausur.

Johannes? Sie sind mir so egal, acht Punkte, träumen Sie weiter.
Merken Sie? Ich habe Sie alle in der Hand!

Er nimmt die nächste Klausur.

Mark? Das ist ja gar nichts, Schwachsinn, absoluter Schrott! Sie sind ein Versager, Mark, null Punkte, ungenügend!

Er knüllt die Klausur zusammen, will sie ihm zuwerfen.

Das waren Sie!! Sie haben Ihre Klausur zerknüllt!! Ihnen ist alles scheißegal, Sie grinsen blöd in die Gegend und machen mit den Mädchen rum!! Aber nächstes Jahr, das schwöre ich, nächstes Jahr hängen Sie genauso am Baum!! Entschuldigung... das... das habe ich nicht so, ich... Das tut mir leid, warten Sie...

Er versucht, die Klausur glattzustreichen und die Note zu korrigieren. Gibt es auf.

Wissen Sie was? Ich mach was an Ihrer Mündlichen. Ich komme Ihnen da entgegen, Ehrenwort ... Wir kriegen das hin, wir beide, unter Männern ...

Er nimmt die nächste Klausur.

Karsten, ja. Das ist gut. Das ist sehr gut. Sie haben, in einer Kürze und Prägnanz ... Fünfzehn Punkte. Ich gebe Ihnen fünfzehn Punkte dafür und beglückwünsche Sie zu Ihrer Leistung. Fünfzehn Punkte, mein Gott ... Jetzt freuen Sie sich, was?

IX.

Klamm sitzt angetrunken am Tisch, neben sich Schnapsflasche und Glas.

Ich habe noch nie aus der Flasche getrunken. Noch nie! Und wenn eines Tages ein Gesetz rauskommt, daß wir, die Lehrer, die Schüler, daß wir alle aus der Flasche trinken sollen – da mache ich nicht mit! Ich nicht!
So betrunken bin ich gar nicht. Diese Flasche, können Sie von ausgehen, trinke ich Ihnen in zehn Minuten leer. Und dann bin ich immer noch in der Lage, einen Stapel Klausuren zu korrigieren. Die Wahrheit ist, ich mache das nur so. Kommt die Scheiße

nicht so an mich ran. Und wenn ich dann noch Lust habe – aber
nur dann –, rufe ich die Eltern von ein paar Sechstklässlern an
und sage ihnen, daß ich mir große Sorgen mache. Ja, so bin ich.
Und warum?
Weil Kollege Köller mit seinen Tutanden Haschisch raucht!!
Weil Punks auf dem Schulhof ihre Ratten beerdigen!! Weil Christian Genz seine Bio-Lehrerin fickt!!
Vielleicht ist es das gar nicht. Vielleicht könnte ich damit sogar
leben. Wenn ich, an meinem Platz, etwas tun könnte, damit nicht
alles immer schlimmer wird. Wenn ich nicht machtlos zusehen
müßte, wie alles im Schlamm versinkt. Aber so heißt es Überleben. Dankbar sein für jeden Tag, den man's noch mal schafft.
Abends bei einer Flasche Wein sitzen und versuchen, nicht an
morgen zu denken. Da klingelt es an der Tür. Ich öffne, und vor
mir steht ein Schüler. Deutsch-Leistungskurs, der Abiturjahrgang. Eben habe ich ihm sechs Punkte gegeben. Es steht in meinen Unterlagen: Sechs Punkte für das letzte Semester, damit er
das Abitur gerade eben schafft. Ein Punkt weniger, und alles ist
verloren. Er ist gekommen, weil am nächsten Tag Konferenz ist.
Er ist bleich und zittert vor Angst. Er faßt meine Hand und fleht
mich an, ihm den Punkt zu geben, um Gottes willen, den einen
Punkt, sonst bringt er sich um. Er hält meinen Arm umklammert. Ich reiße mich los, lache ihn aus und schlage die Tür zu. Ich
gehe zu meinen Unterlagen, streiche die sechs Punkte und
schreibe fünf Punkte.

Er trinkt.

An diesem Abend trinke ich noch drei Flaschen, und mit jeder
geht's mir besser. Ich sehe alles ganz klar. Ich sehe Sascha am
Baum hängen. Und ich weiß, ich habe es richtig gemacht. Natürlich, Sie können sagen: Ein Abitur mehr oder weniger, ein
schlechter Schüler mit einem gebrochenen Hals, was macht das
schon? Aber ich bin Lehrer, da lernt man kleine Brötchen bakken. Da will man nichts mehr verändern, geht ja gar nicht, da will
man auch keine Rache, da will man einfach – einen Menschen,
der die eigenen Ideale teilt. Der weiß, was im Leben eine Bedeutung hat. Sascha war so ein Mensch. Er ist für das Abitur gestorben. Obwohl's gar nichts mehr wert ist. Jeder Depp macht heute
Abitur, in zehn Jahren können Sie sich damit den Hintern wischen. Sascha ist gestorben, weil mir das Abitur noch etwas be-

deutet. Er war mein Lieblingsschüler. Ich habe ihn gemocht, wenn Sie's genau wissen wollen. Aber das Abitur hat er nicht geschafft, und dafür ist er jetzt tot. Das macht mich glücklich. Können Sie das nicht verstehen?

Ach, Sie verstehen sowieso nichts. Dummes Pack, alle miteinander, in zehn Jahren sind Sie sowieso arbeitslos. In zehn Jahren gibt's auch dieses Gymnasium nicht mehr, dann ist das hier ein Altersheim oder Puff oder beides zusammen. Weil's nämlich kein Wissen mehr gibt. Nichts, was ein Lehrer seinen Schülern noch beibringen kann. Nur noch Information, kleine bunte Häppchen, die das Gehirn zerfressen und fröhlichen Stumpfsinn übriglassen. In zehn Jahren, da gibt's überhaupt keine Schulen mehr. Da kommt das Abitur auf Krankenschein, die Universität ist für Bekloppte, und die Zehnjährigen sitzen hinter ihren Computern und regieren die Welt. Und dann werden Sie an mich denken. Sie werden weinen und mir Briefe schreiben: »Herr Klamm, Sie haben es richtig gemacht.« Aber ich werde Ihre Briefe nicht beantworten! Keinen einzigen!

Er trinkt.

Ich . . . ich kann Sie alle haben. Ich kann der beliebteste Lehrer der Schule sein. Ich muß nur . . . Uta, drehen Sie Ihre Fresse weg, da kommt einem ja alles hoch! Wollen Sie wissen, wie wir im Lehrerzimmer über Sie reden? Ouh, die Uta: Stimme wie ein Teekessel, Gesicht wie eine Bratpfanne, Titten wie ein Backblech!

Er lacht und trinkt.

Der beliebteste Lehrer . . . Aber wissen Sie was? Ich scheiß drauf. Die Flasche mache ich noch leer, und dann laß ich Sie alle durchs Abitur fallen. Und da kann mir niemand was! Ihre Eltern nicht, Doktor Erkner nicht . . .

Er trinkt, steht auf und geht zum Fenster.

Komisch, ich vertrage sonst viel mehr. Vielleicht weil Sie zugukken, da kann ich das nicht so. Genau wie Pinkeln, kann ich auch nicht, wenn jemand danebensteht. Wellerdiek hat damit kein Problem, der trullert drauf los, das können Sie sich nicht vorstel-

len. Da drüben steht er und unterrichtet Weitwurf. Auch ein
Schicksal: Weitwurf unterrichten.

Er öffnet das Fenster und atmet tief durch.

Von hier oben hat man wirklich den gesamten Hof unter Kontrolle. Ist mir nie aufgefallen. Wenn jetzt Kollege Köller vorbei-
käme, könnte ich ihm direkt die Pudelmütze vollkotzen.
Wellerdiek!! Nehmen Sie die Finger weg!! Das ist keine Hilfe-
stellung, was Sie da machen!!
Perverse Sau.
Ihnen gehört der Schwanz amputiert!!
Wissen Sie, was nämlich die Wahrheit ist? Und in gewisser Hinsicht auch mein Problem? Daß ich der einzige bin, der noch was
sagt. Die anderen trauen sich nicht, die hat Doktor Erkner alle
unter seiner Fuchtel. Das ist 'ne Diktatur hier, das können Sie
sich nicht vorstellen.
Erkner!! Seniles Wrack!! Kommen Sie raus, wenn Sie sich
trauen!!
Er hat nämlich damals, als wir auf dem Raucherhof geübt haben,
kein einziges Mal getroffen.
Passen Sie auf, bald sind Sie selber dran!! Sie stehen auf meiner
Liste!!
Ich bin in einer Stimmung, ich könnt's mit der ganzen Schule
aufnehmen.
Alle rauskommen!! Ich erkläre den Krieg für eröffnet!! Jeder ge-
gen jeden, ich will Tote sehen!! Sonst ertränke ich euch in meiner
Kotze!!
Ach, was ich noch sagen wollte: Mich machen Sie nicht kaputt.
Mich nicht. Ich habe hier schon unterrichtet, da waren Sie noch
gar nicht geboren. Und ich werde hier noch unterrichten, wenn
Sie alles, was ich Ihnen beigebracht habe, längst wieder vergessen
haben. Das wollte ich noch sagen.

Er übergibt sich.

Erkner!! Verdammt, wo stecken Sie?! Ich kotze Ihnen den
Schulhof voll!! Ich bin die Sintflut!!

Er übergibt sich.

Neuhaus!! Raus aus den Büschen, Sie geiles Stück Scheiße!! Wo ist der kleine Stecher?! Na los, ich will euch ficken sehen!!

Er übergibt sich.

Ich entschuldige mich!! Ich entschuldige mich bei den Putzfrauen!! Weil sie die letzten sind, die hier noch arbeiten!!

Er übergibt sich.

Ich entschuldige mich!! Ich entschuldige mich, daß ich Lehrer bin!! Weil ich der letzte bin, der seinen Schülern noch was beibringt!! Ich bin der letzte Lehrer!!

Er übergibt sich.

Ich entschuldige mich, daß ich ein Mörder bin!! Weil ich eine Kakerlake zerkaut habe!! Ich entschuldige mich!!

Er übergibt sich.

Ich entschuldige mich!! Bei den Lehrern!! Den Schülern!! Ich entschuldige mich für alles!! Ich entschuldige mich!! Ich entschuldige mich!!

Er wischt sich den Mund und kommt zurück.

So. Zufrieden?

X.

Ja.
Vielleicht wissen Sie es schon: Dies ist für einige Zeit die letzte Stunde, die ich Ihnen gebe. Gestern hatte ich ein wichtiges und konstruktives Gespräch mit Doktor Erkner. Er hat mir geraten, eine Nierenoperation, die ich schon seit Jahren vor mir herschiebe, endlich hinter mich zu bringen. Herr Köller wird mich in dieser Zeit vertreten, ein jüngerer Kollege, bei dem die Gefahr

gesundheitlicher Komplikationen nicht so groß ist. Vielleicht komme ich auch gar nicht wieder, ich weiß es noch nicht. Die ehemaligen Ostgebiete, aber auch Siebenbürgen, das Banat . . . Gerade ältere, erfahrene Kräfte werden dort verzweifelt gesucht!

Ich . . . ich möchte Ihnen etwas sagen. Wir sind nun bald ein Jahr zusammen. Mark, Melanie, Karsten . . . wir kannten uns ja schon aus der Mittelstufe, wir sind, wenn man so sagen darf, alte Bekannte. Uta, bei Ihnen habe ich mal eine Vertretungsstunde gegeben, in der Sechsten, ich weiß es noch genau. Sie trugen ein hellgraues Strickkleid. Aber auch die anderen . . . Johannes, Ihr Spiel in »Leonce und Lena« hat mir sehr gefallen; ich glaube, ich habe Ihnen das nie gesagt. Jedenfalls: Ihre Gesichter kannte ich alle. Und es ist eine lange Zeit, die wir hier, in diesen Mauern, zusammen verbracht haben. Für mich waren es Jahre wie viele andere, aber für Sie war es ein wichtiger, vielleicht der wichtigste Abschnitt Ihres Lebens. Glauben Sie mir, kein Jahrgang ist wie der andere, kein Schüler ist wie der andere. Jeder verdient auf seine ganz besondere Art, vom Lehrer geachtet und . . . ja, gemocht zu werden. Ich habe mich bemüht, das zu tun. Ich habe mich bemüht, für Sie dazusein, auf Ihre Fragen eine Antwort zu geben. Und wenn Sie nicht fragten, habe ich trotzdem geantwortet; das war meine Pflicht. Manchmal war es auch nötig, Sie zu tadeln und zu strafen, ein paarmal mußte es sein, es ging einfach nicht anders. Aber bitte glauben Sie mir: Gerade dann hatte ich immer nur ein Ziel: Sie vorzubereiten auf das Leben, das so weit und offen vor Ihnen lag und von dem Sie – ich bitte um Entschuldigung – noch unendlich wenig wußten.

Bald ist das alles vorbei. Bald kommt der Tag, Ihr großer Tag, der auch für mich immer ein großer Tag gewesen ist. Festlich gekleidet stehen Sie auf der Bühne der Aula, Ihr Abiturzeugnis in der Hand. Vielleicht haben sich nicht alle Hoffnungen erfüllt, dafür sind andere weit übertroffen worden. Der Chor singt, Doktor Erkner hält eine Ansprache, und die Tränen in den Augen der Eltern sind ein bißchen auch meine Tränen. Als Kinder sind Sie gekommen, als Erwachsene gehen Sie fort. Und in jedem steckt ein Teil von mir, lebt in Ihnen weiter und zieht hinaus in die Welt. Glauben Sie mir, das sind Augenblicke des Glücks. Augenblicke der tiefsten Befriedigung, und deshalb ist Lehrer vielleicht der schönste Beruf, den es gibt. Ich kann mir für mich keinen anderen vorstellen. Natürlich, man sieht auch die Unvollkommenheit, was alles noch zu tun wäre, man möchte ein Jahr anhängen, und noch eins, und noch eins – aber das geht nicht. Schüler sind nicht Eigentum ihrer Lehrer! Und ich finde das richtig so.

Die letzte Stunde – vor Weihnachten, den großen Ferien oder einer längeren Krankheit – sollte immer etwas Besonderes sein. Ich habe lange überlegt und wollte schon aufgeben; aber da kam mir doch noch eine Idee.

Er holt eine Pistole heraus.

Browning. Neun Millimeter, dreizehn Schuß. Bestimmt sucht er sie schon überall. Aber ich dachte mir, das interessiert Sie: der letzte Schritt, die Endgültigkeit. Obwohl – wahrscheinlich haben Sie es längst erwartet.

Er hebt die Waffe. Hält inne.

Und wenn ich ihm den Punkt gegeben hätte? Wenn er sein Abitur gemacht hätte, und alles wäre nicht passiert? Nein. Nein, das konnte ich nicht. Verstehen Sie? Seine Leistung war keine sechs Punkte wert, ich konnte nicht anders handeln. Aber wenn wir, Sie und ich: Wenn wir uns vorstellen, wir haben uns nie gesehen; wir tun einfach, als sei ich neu an dieser Schule, ich bin ein neuer Lehrer, und dies ist meine erste Stunde – dann könnten wir doch gemeinsam, jetzt und hier, noch einmal ganz von vorn anfangen. Oder nicht? Sie würden Fragen stellen, ich würde sie Ihnen beantworten. Ich würde Ihnen alles beibringen, was Sie für Ihr Leben wissen müssen. Wenn Sie mögen, machen Sie Notizen, wenn nicht, lassen Sie's einfach bleiben. Und nächste Stunde könnten wir weitermachen.

Schlagen Sie also auf: Seite 9, »Prolog im Himmel«, der Herr, die himmlischen Heerscharen. Wer liest den Raphael?

fritz kater
zeit zu lieben zeit zu sterben

nach motiven des films »time stands still«
von péter gothár

für jimmi dean und die anderen ohne vater

zeit zu lieben zeit zu sterben

A

eine jugend/chor

ich stand zwischen marion und anja an der absperrung
strausberger platz die großen limousinen tschaikas und tatras
waren noch nicht in sicht beide hatten sie sich bei mir
eingehakt untergehakt ich hatte extra meinen grünen
kordanzug angezogen du wirst mal ein schöner mann werden
wenn du erwachsen bist sagte anja marion hatte locken sie
waren teils künstlich teils natur sagte sie eine unruhe ging
durch die pioniere und lehrer auf unserer höhe wir standen
jetzt schon eine halbe stunde hier und da kamen sie erst
motorräder dann kleinere polizeiwagen dann die großen dinger
weg waren sie auf dem boden lagen die papierfähnchen am
kinderkaufhaus klatsch machte ein nachzügler mz motorrad
durch eine pfütze und mein neuer anzug war hin

ich sage ich bin 16 habe meinen ausweis vergessen also was is
matze zeigte seinen wir bekamen das bier im sternchen hatten
schon 4 im haus berlin getrunken steinberg zeigte seinen linken
unterarm auf dem drei narben in buchstabenform zu sehen
waren bfc ich bin aber unioner sagte ich du schwein sagte
matze und schlug mir auf die brust steinberg holte sein
taschenmesser raus und putzte es an der tischdecke ab arm her
ich sagte schenk mir noch ein bier matze schüttete mir sein bier
über den kopf bitte zu hause wachte ich auf der leuchtturm an
der badezimmertür in der wanne klebte blut auf meinem arm
stand bfc mutter schrie ich mußte zum arzt wegen
blutvergiftung

ich ging ein jahr mit christin kirsch dann zogen die eltern ins
ausland in der klasse war disco alle heulten zum abschied
christin kirsch küßte mich im flur mit zungenschlag und sagte
warte auf mich dann ging sie simone war ihre beste freundin
sie tröstete mich so lange christin nicht da ist werde ich mich
um dich kümmern christin roch viel besser als simone aber

simone durfte ich im ubahnhof spittelmarkt an die brüste
fassen bevor sie nach hause mußte ich sollte mit der
juniorenmannschaft nach warschau fahren als ersatzspieler wir
hatten keine platzkarten aber wir saßen ostbahnhof als erste im
zug in zwei abteilen in karlshorst stiegen polen ein mit
platzkarte erst redeten sie laut dann versuchten sie ronny
rauszuzerren tommy verriegelte die tür die polen schlugen
dagegen die tür hielt aber nicht das schloss blut spritzte zähne
flogen tommy und ronny nahmen micha so unter den achseln
daß er nur mit den beinen in der luft hing und treten konnte
jemand zog die notbremse der zug hielt nicht frank aus dem
nachbarabteil hatte durchfall und mußte scheißen er konnte
natürlich nicht raus sonst wäre er tot gewesen also setzte er
sich aufs abteilfenster ich sah die vorbeifliegende scheiße und
schloß unser fenster dann hatte er eine zweite scheiße hing
außen außen am fenster bis warschau in warschau verloren wir
4 zu 1 ich spielte nicht mit

ich war zu hause bei simone in der leipziger straße ich war auf
ihrem bett an ihren brüsten etwas kratzte am fenster außen 23.
stock ich sah sah einen mann der ein fensterleder in der hand
hielt und angegurtet war es war simones vater major
fallschirmspringer simone weinte eine woche später bekam ich
einen zettel sie darf nicht mehr mit mir gehen auf dem
sportplatz schneite es ich legte mich in den schnee und wollte
liegenbleiben

tomas herbig hatte mich eingeladen ich fuhr nach treptow ich
hatte einen neuen weißen wollpullover geschickt bekommen
frau herbig sagte der wäre sehr schön sie war pianistin zwei
flügel standen in dem großen haus der ort wo sie standen hieß
wintergarten ein minister war auch da ich konnte ihn nicht
erkennen tomas gab mir eine olive ich hatte noch nie eine
gegessen sie schmeckte mir gut frau herbig fragte mich ob ich
mit tomas etwas sport üben könnte er hätte da so seine
probleme gern sagte ich wir mußten in den garten fußball
spielen

ich saß auf der bank neben dem spielplatz mit steffi pattloch sie
hatte brüste die größer waren als die aller anderen und sie war
sehr schön blonde haare und ein kariertes flanellhemd mit 40

knöpfen jeden tag saßen wir hier und küßten uns ich hatte mir
hohe schuhe gekauft daß ich so groß war wie steffi und meine
schulmappe mit goldbronze angemalt immer wenn ich ihre
nippel berührte wurden sie steif und ich nach einer weile naß
dann mußte ich zum training nach drei monaten fragte mich
steffi ob wir nicht mal hochgehen könnten zu mir ich sagte
nein dann war steinberg mit ihr zusammen und ich mußte
heulen

200 meter endlauf alle schauen zu ich komme gut weg liege vor
stefan dann nach hundert kommt chrislo auf und überholt
mich ich habe keine reserven mehr und spüre daß ich nur
zweiter werde ich lasse mich fallen und schreie dabei ich
humple von der bahn anja stützt mich

marion hat ein rotes gesicht vom heulen nur mädchen sitzen
um sie herum ich komme mal wieder zu spät zur nullten
stunde uwe beugt sich zu mir und sagt sie war beim frauenarzt
sie wird nie kinder kriegen können später werfen wir
milchtüten an die tafel volle kanne vanille stinkt am nächsten
tag am meisten

nina ein mädchen aus der 9. klingelt bei mir ich kenne sie nicht
nur vom sehen sie ist etwas dicklich sie sagt daß ein anderes
mädchen aus ihrer klasse mich toll findet sie sich aber nicht
traut das zu sagen wir trinken eine cola und ich lege meine
doors platte auf dann sagt sie daß sie mich auch toll findet ich
sage na dann schick die kleine doch mal her die kathrin

wolf und hans holen mich von der schule ab wolf hat sein
selbstgeschriebenes rocklexikon mit wir müssen raten erste
besetzung von den rolling stones die frau von david bowie
erste platte von den sex pistols jede richtige antwort ist ein
punkt bei zehn punkten ist schluß der verlierer muß bier holen
ich habe kein geld aber ich verliere fast immer also muß ich
klauen am besten gleich wodka das gibt 30 bonuspunkte

kathrin ist klein und hat kleine brüste aber sie hat sehr hübsche
sommersprossen in der schule reden wir nicht miteinander der
abstand ist zu groß meine freunde sind alle älter aber wenn ich
nach hause komme ist sie schon bei mir wir hören platten von

ihrer großen schwester und ich mache hausaufgaben an der
zimmertür hängt ein schild bitte nicht stören meine mutter
nervt kathrin ist immer müde und legt sich ins bett

hans' vater ist in den westen abgehauen wolfs vater ist
schauspieler und seit zehn jahren weg wolfs mutter trinkt wir
auch wir stehen an der markthalle draußen und trinken
bockbier nach 6 halben litern gehen wir zu mir nach hause
hans sagt daß ich immer etwas bier unter den tisch schütte weil
ich nichts vertrage ich sage daß das nicht stimmt daß mein bier
schlecht war und klettere auf eine ampel oben hängt eine fahne
kathrin soll sie anziehen als minirock

nach einem rockkonzert bringe ich kathrin nach hause die
eltern sind nicht da sie sind am wochenende weg wir trinken
wermut aus dem kühlschrank und dann noch sekt und alles
was da ist wir tanzen zum radio und ich ziehe kathrin aus ich
frage sie geht es heute sie sagt ja ich strenge mich an aber es ist
verdammt schwer ich trinke noch einen schluck und dann
noch mal kathrin schreit vor schmerz dann weint sie danach
sagt sie wir müssen schnell das bettzeug waschen alles ist voller
blut während die maschine läuft schrubben wir mit fitwasser
ihre bettcouch hat auch was abgekriegt es war als würde
jemand mit der säge mein bein abschneiden sagt kathrin

wir spielen eizelle und hoffmanns eizelle ist ein volleyball der
so lange hin und her geworfen wird bis etwas herunterfällt
oder zerbricht der geworfen hat darf eine lieblingsstelle aus
einem buch vorlesen der der nicht gefangen hat muß eine strafe
absolvieren zb ums haus rennen klauen oder die höchststrafe
bei hoffmann dem unterunswohnenden aufs fensterbrett
kotzen

silvester sind kathrins eltern nicht da wir sind bei ihr und
ficken kathrin hat erzählt daß lukas mit ruppert 8mal gefickt
hat in einer nacht mich wundert das daß lukas die ruppert fickt
kathrin sagt das macht er nur weil er sie in den arsch ficken
darf das macht sonst keine wir ficken los überall in jedem
zimmer in der küche im flur mitternacht sind wir beim 12. mal
kathrin sagt ältere können nicht so oft dafür aber länger wir
beschließen zu baden ich hole den fernseher stelle ihn auf die

waschmaschine und wir baden mit sekt kathrin schläft ein und
ich schaue das musikprogramm dann ist das wasser total kalt
ich trage sie ins bett und will sie ficken sie wacht auf und sagt
daß es alles eingetrocknet ist wir probieren es noch einmal ich
strenge mich an da reinzukommen es schmerzt wie sau dann
ist blut auf dem laken und kathrin sagt das kommt von dir ich
gehe sofort zum arzt

hans und ich trampen nach rumänien er erzählt mir daß er
filmregisseur werden will er hat eine biografie von fassbinder
dabei er geht erst zu seinem vater nach münchen holt sich
50000 ab der verdient ja gut und dann studiert er film in
london oder paris wir sitzen an der ungarisch-rumänischen
grenze fest keiner nimmt uns mit es regnet in strömen alle
mädchen die kommen sind sofort weg ich schwöre wenn ich
jemals ein auto haben sollte alle tramper mitzunehmen egal wie
sie aussehen hans schreibt mit kreide sau auf die straße nach
jedem vorbeifahrenden auto zeigt er auf das wort wir laufen
etwa 20 kilometer dann sehen wir einen dacia am straßenrand
daneben liegt ein mann total besoffen und schläft ich klaue den
schlüssel und hans fährt nach einer halben stunde haben wir so
viel angst daß wir den wagen in den wald fahren und
stehenlassen wir laufen noch eine stunde und gehen dann zu
einem bahnhof

wir sind auf klassenfahrt in leipzig zur messe abends kommt
steffi im nachthemd in den jungsschlafsaal und legt sich in
mein bett alle können es sehen wie wir uns küssen um zehn ist
nachtruhe steffi geht und wünscht allen eine gute nacht alle
wünschen ihr eine gute nacht das licht wird ausgemacht es
herrscht totale stille nach einer weile schreit manfred jetzt alle
stehen auf und zerren mich aus dem bett das fenster wird
geöffnet ich schreie und wehre mich aber sie sind zu viele eine
woche später sitze ich mit gips am bein in der schule und steffi
ist wieder mit steinberg zusammen

wolf und ich sitzen im wernesgrüner keller wir trainieren
trinken wolf hat einen taschenrechner besorgt wir tippen erst
die anzahl der biere ein dann wie viele davon wir auf ex
getrunken haben an unserem tisch sitzt ein ausländer mit
einem nadelstreifenjackett das an der schulter mit rotem

bindfaden gestopft ist er sagt daß er chilene ist und in holland
flöte studiert er will auch hier mit dem flötespiel bezahlen das
geht überall in der welt hier geht das nicht sagt wolf er
bekommt ärger und wir bezahlen sein bier

thea ist das zweitschönste mädchen der klasse nach steffi sie ist
sehr zart hat aber gar keine brüste wir tanzen zum abschlußfest
der zehnten miteinander ich versuche mirko zu helfen der
schon lange auf sie steht thea darf aber nie weg ihr vater ist
bulle und sehr streng heute darf sie bleiben bis zwölf kathrin
muß gehen und so bleiben wir zu dritt in der klasse und
räumen auf mirko macht das licht an und wir räumen den
dreck weg thea stellt die musik aus sagt zu mirko hau ab der
geht ohne ein wort zu sagen thea macht wieder die musik an
und schließt die tür von innen zu sie trinkt noch einen schluck
dann macht sie das licht aus wir tanzen zu sweet child of time
von deep purple wir küssen uns und thea zieht mich nach
unten sie ist betrunken und sie sagt schlaf mit mir ich will ein
kind von dir ich liebe dich heute geht es ich habe es
ausgerechnet bitte jetzt sie macht ihre und meine hose auf sie
ist wirklich sehr dünn ich küsse sie und versuche sie zu ficken
aber es geht nicht da ist ein widerstand als würde man eine frau
mit tampon vögeln ich probiere es etwa eine halbe stunde thea
lacht und heult und sagt immer wieder ich will ein kind von dir
schließlich stehe ich auf und gehe ich weiß ich werde sie nie
wiedersehen

ich bin in der astronomie arbeitsgemeinschaft ich lese viel über
sterne deren entstehung und ihr ende ich erzähle kathrin davon
aber sie kapiert das nicht dann nehme ich tomas mit er ist
sofort begeistert und wir wollen zum nächsten mal jeder eine
sternkarte anfertigen auf der alle griechischen sagenfiguren
eingetragen sind und diese dann nach und nach auch lernen als
ich beim übernächsten mal da bin das nächste mal konnte ich
nicht wegen sport hält tomas einen vortrag über alle sagen und
deren entstehungsgeschichte tomas wird von unserem
geolehrer an den direktor der sternwarte empfohlen und wird
sein assistent ich gehe nie wieder zur astro ag

wir treffen uns zu meinem geburtstag bei mario der schon eine
eigene wohnung hat yvette kotzt ins waschbecken neben ihr

steht eine fast leere flasche johnnie walker eigentlich wollte sie
die mir schenken aber aus trauer über den tod von bob marley
hat sie die flasche geköpft mario sagt no woman no cry und ich
frage wolf bedeutet das daß man einer frau sagt weine nicht
frau oder daß es eher heißt keine frau – keine schreiereien

ich sehe in der neuen schule maria und kann nicht mehr
karsten sagt vergiß es ich warte auf jede hofpause um sie zu
sehen kathrin macht eine lehre als drucker und ist immer müde
ich glaube ich liebe beide

am wochenende fahren wir raus in die karutze bei erkner hier
trinken wir und jeder bringt geklaute bücher mit die dann
getauscht werden abends fahren wir zurück total besoffen
zwischen den stationen müssen wir jeder in einer geöffneten
sbahntür stehen und rauspinkeln ab und zu auch kotzen mario
kann nicht mal mehr das er liegt einfach nur baumschulenweg
werfen wir ihn raus und legen ihn auf eine sbahnbank ein
halbes jahr später sehe ich mario wieder als ich mit hans ins
kino babylon gehe er hat jetzt zwei krücken mario ist
aufgewacht in die nächste sbahn gestiegen über die
friedrichstraße gelaufen und wieder liegengeblieben eine
straßenbahn hat ihm beide beine abgefahren mario lächelt uns
an er hat jetzt eine brille und kurze haare wir treffen mario
noch zweimal in der stadt dann erzählt wolf hat sich mario aus
der charité gestürzt vom dach wie er raufgekommen ist weiß
keiner

ich schaffe es mit maria in ein wahlfach zu kommen wir sollen
einen vortrag über japan machen ich lade maria auf die parzelle
meines vaters ein und sage ihr dort hat er dias von japan sie
kommt wirklich mit ich zeige ihr die pferde in hoppegarten sie
sagt daß sie pferde liebt ich rieche heimlich an ihr sie riecht wie
ein riesiges blumenfeld ich sage daß ich meine haare unter der
pumpe im garten waschen muß sie hilft mir ich spüre ihre
hände ich zeige ihr dias und dann küssen wir uns beim
nächsten mal habe ich bettzeug besorgt und wir ficken sonntag
mittag in der laube ich kann es nicht glauben ich bringe sie
abends nach hause ihre mutter macht uns einen tee wir schauen
aus der küche auf die neubaugebiete und die hundert kräne
zwischen ihnen

hans ist jetzt volljährig er stellt einen antrag auf ausreise beim
bezirksamt friedrichshain man sagt ihm daß es für solch einen
antrag keine gesetzliche grundlage gibt hans stellt ihn trotzdem
wolf bewirbt sich für ein schauspielstudium er schafft die erste
runde wir feiern und kathrin schlägt mich mit einer flasche die
zweite runde schafft er nicht er bewirbt sich für germanistik
und wird abgelehnt dann bleibt noch wenig zeit man empfiehlt
ihm bibliothekswissenschaften wolf nimmt an und gründet
eine rock band strange days ich soll den tour manager machen
aber wir gehen nie auf tour weil das auto von kathrins vater bei
königs wusterhausen stehenbleibt und wir unser erstes konzert
absagen müssen

lumpi der dackel der eltern von maria ist genauso depressiv wie
der vater von maria der hornist ist im orchester von tomas
herbigs vater zu hause hört marias vater nur peter alexander
kleinbürger sagt tomas lumpi jault dazu der bruder von maria
wird auch hornist er hat ein kaputtes auge und himmelt maria
an wie alle maria hat eine abtreibung ihr geht es schlecht in der
schule darf davon niemand wissen danach will maria nicht
mehr ficken sie hat angst sagt sie ich frage sie wovor ich
benutze ja kondome sie weiß es nicht es ist eben so sagt sie
tomas herbig verabschiedet sich von mir er kann mit seinem
vater nach amerika gehen und dort astrophysik studieren wir
spielen noch einmal zusammen fußball er ist nicht besser
geworden sein vater bekommt im fernsehen einen kulturorden
tomas sagt mir zum abschied daß er maria liebt und mir viel
glück wünscht

wolf verliebt sich in steffi die geht zweimal mit ihm aus und
läßt ihn dann fallen wolf lernt ein mädchen aus seinem studium
kennen sie ist häßlich aber sie liebt wolf zwei kinder werden
geboren dann verläßt sie wolf weil er zuviel trinkt wolf spielt
weiter gitarre und vertont gedichte von christian morgenstern
ich sage meiner mutter daß ich die schule nicht zu ende
machen will wozu in diesem staat würde ich sowieso nicht
studieren sie bittet mich unter tränen sie zu ende zu machen
und gibt mir 500 mark für die sommerferien maria und ich
trampen nach bulgarien es geht sehr einfach wenn ich mich ein
bißchen von ihr am straßenrand wegsetze in sosopol ist meine
halbe schule am strand wir spielen fußball gegen die bulgaren

chrislo ist in meiner mannschaft anja schreit immerzu meinen
namen wir gewinnen und ich schieße drei tore danach suche
ich maria sie hat sich das spiel gar nicht angeschaut sie sitzt im
zelt und heult sie kann nicht mehr sprechen sie hat ihre stimme
verloren sie macht mir jetzt zeichen wenn sie etwas braucht
oder sie schreibt es auf den zettel wir schlafen nicht mehr
miteinander ganz früh morgens wenn die sonne aufgeht läuft
sie nackt runter zum strand und schwimmt raus ich schaue ihr
aus dem zelt zu schaue auf ihren arsch und wichse

zurückgekehrt gehe ich zu wolf da sitzt kathrin sie haben eine
wasserpfeife mit hasch ich merke nichts dann sagt wolf hans
haben sie gekriegt als er abhauen wollte an der ungarisch
österreichischen grenze wir gehen zu hans' mutter sie sitzt vor
der tür und heult schlüssel vergessen ich gehe zum moped von
hans und hole werkzeug die tür geht auf hans' mutter erzählt
daß hans zwei jahre gekriegt hat und daß er danach zur armee
muß ich bringe kathrin nach hause ich schenke ihr eine flasche
coca cola die ich aus ungarn mitgebracht habe sie fragt mich ob
ich apokalypse now gesehen habe ich sage ja schon letztes jahr
in budapest sie sagt der ist gut ich sage daß sie mir fehlt und
daß ich oft an sie denke sie sagt sie auch und daß sie jetzt mit
bernd zusammen ist und daß er schlagzeuger in einer
punkband ist ich wünsche ihr viel glück und gehe

ich arbeite in herzberge als hilfspfleger mongis und behinderte
elke nehme ich die glasaugen raus und putze sie am abend
nachts kommt joacim der mongi sohn vom chef von fritzens
dampferband zu mir und will mehr zucker ich gebe ihm mehr
zucker und er will noch mehr zucker ich schütte ihm die tasse
voll mit zucker so daß der löffel in der tasse steht joacim
kommt nach einer weile wieder und will mehr tee zum zucker
ilona ist 13 sie war bis letztes jahr musterschülerin in einer
begabtenschule dann bekam sie hirnhautentzündung jetzt kann
sie nicht mehr ihren namen schreiben ich bekomme
hirnhautentzündung im einzelzimmer alles ist so leise wie
angehalten nebenan liegt ein kubaner mit gelbfieber wir geben
uns ab und zu klopfzeichen durch die wand die aber nichts
bedeuten ich habe solche schmerzen daß ich mich nicht mehr
bewege keinen millimeter ich kann nur noch hörspiele hören
bald kenne ich alle sendezeiten und sender von hörspielen

außerdem habe ich immer hunger auf oliven maria besucht
mich sie hat einen rock an sie stellt den stuhl unter die
türklinke zieht ihren slip aus und setzt sich auf mich drauf sie
ist schön wir sprechen kein wort ich werde aus der klinik
entlassen alles ist so schnell und laut um mich herum nach zwei
monaten bett wie im horrorfilm ich gehe an einer litfaßsäule
vorbei und lese die einberufung zur armee für meinen jahrgang
ich gehe zum wehramt einer fragt mich ob ich auf menschen
schießen würde die das staatsgebiet unseres landes ungesetzlich
übertreten würden ich sage ich glaube kaum er sagt dann
werden sie noch sehen wie wir junge menschen erziehen die
nichts für die erhaltung des weltfriedens tun wollen

am zug stehen wolf und kathrin und meine mutter alles ist voll
mit jungen paaren überall wird geküßt umarmt und geheult
alle müssen sich heute trennen das macht es einfacher nur die
berufssoldaten haben schon uniformen an wolf spielt mit
gitarre ein lied von neil young auf dem bahnhof und kathrin
singt dazu old man look at my life den brief den mir wolf von
maria gibt mache ich erst hinter der stadt auf maria schreibt
daß sie mit ihrem dozenten etwas gehabt hat und deswegen
nicht zum bahnhof gekommen ist sie muß immer heulen alle
im zug saufen ich beschließe damit aufzuhören draußen
knallen regentropfen an das zugfenster und ich versuche mich
auf die sterne zu konzentrieren vielleicht eins zwei sagen
griechische sagen zusammenzukriegen dann möchte ich
schlafen und trinke ein bier

B

ein alter film/die gruppe

»money before bitches«
(ice-cube)

mutter
vater
onkel breuer

peter
ralf, sein bruder

dirk
hagen
adriana
ina/krankenschwester
jolanta, die lehrerin
milan, ihr mann
herr bühring-uhle, sportlehrer und direktor
yvonne

1

im radio hört man rockmusik der sechziger und einen
englischen sprecher mitunter ist von panzern die rede einmal
fällt der name eines mannes der getötet wurde die eltern
streiten sich unten wartet onkel breuer im auto es ist mal
wieder weihnachten gewesen irgendwo liegen zerfetzte
geschenkpapiere aber papa wäre ihnen lieber

vater
ich nehme ralf mit

mutter schreit zurück
niemals

vater rennt zur tür kommt zurück die kinder stehen im flur die
frotteeschlafanzüge sind schon wieder zu klein sie sind müde
peter hält sich an ralfs hand fest er ist ja erst 5 vater küßt beide
jungs und mutter weint gleich geht das auto onkel breuer hupt
und hupt vater muß sich beeilen er weint jetzt auch aber das
hilft nichts vater läuft runter vors haus und ruft

vater
ich hole euch nach

hunde die hinter autos herlaufen

2

die zeit vergeht peter und ralf wachsen langsam aber sicher am
ende ist peter 17 ralf 19 und mutter nicht mehr jung

3

aula tanzstunde
musik wie man sie sich vorstellt aus argentinien aber finnisch

tanzlehrerin sieht aus wie jolanta
geradehalten nicht herumwackeln . . . 1, 2, 3
nicht vor sich hinstarren
danke zum vorstellen rechts herum
alle jungs gehen an allen mädchen vorbei und begrüßen sie
das ist doch nicht so schwierig oder
nicht schämen wegen der schwitzenden hände das passiert
allen
sie schaut zu adriana
dieses mädchen macht das ganz geschickt

adriana steckt ihre zunge sichtbar zwischen die zähne und
schaut zu peter peter kann nicht mehr tanzen

peter
ich geh jetzt erst mal eine rauchen

blauer gang blättrige reklame an ziemlich seltsamen wänden
eine katze geht spazieren ohne aufsicht

hagen
dann ging dirk zu bühring-uhle und nahm eine münze
zwischen zwei finger und verbog sie und sagte soll ich das mit
ihnen auch machen herr lehrer

ina
mein lieber schwan

peter
wer ist das dieser dirk

hagen
geh zum teufel blödes vieh erschreck mich nicht

peter
komm mal her wer ist die neue die dunkle mit den langen
beinen

hagen
adriana die kannst du vergessen ihr letzter freund war 26 und
schauspieler

peter
interessiert mich nicht

*peter schlendert wie schlendern nur geht zerdrückt die zigarette
zwischen absatz und boden ... in der abendluft vor der alten
schultür neonreklame der ein buchstabe fehlt*

*plötzlich steht adriana hinter ihm wie eine erscheinung wie die
versuchung bei johannes dem täufer*

adriana
peter

peter
ja

adriana
ich kann schon tanzen

peter
ja

adriana
übrigens bin ich einen monat mit dirk gegangen

peter
schön für ihn

adriana
was meinst du warum ich trotzdem zur tanzschule gekommen
bin

peter
ja warum

adriana
weißt du es nicht

peter
wirklich

adriana
wenn du es herausgefunden hast melde dich

peter
gut

adriana
verstehst du mich nicht oder bist du wirklich so

hagen
peter kommst du der foxtrott ist jetzt dran

peter
idiot siehst du nicht was hier gerade los ist

*peter will hagen auf die fresse hauen aber der hat eine brille auf
das macht man nicht*

4

*zu hause ralf kommt der bruder der immer schon weiter war
mit einem messer im bauch er sieht man könnte sagen grün aus
im gesicht*

ralf
schläft sie

peter
mama

ralf
wer sonst

peter
sie hat frühschicht was ist passiert

ralf
wir waren bei einer party bei inas vater er war im widerstand
ich dachte er kann mir helfen wegen der aufnahmeprüfung
aber er denkt nicht dran er weiß nicht einmal wo meine leber
ist ich werd alles dirk sagen . . .

es klingelt an der tür alle horchen auf vielleicht ist es die polizei
aber woher sollen sie von ralf wissen

onkel breuer
störe ich

peter
wer sind sie

onkel breuer
onkel breuer du . . . bist der kleine

peter
meine mutter schläft

onkel breuer
dann komme ich später wieder

onkel breuer ist alt geworden aber er ist noch ganz der alte ein
bißchen humphrey bogart ein teil fernfahrer als das noch ein
beruf war

mutter
du bist es komm rein willst du was zu essen . . . du hast doch
nicht hoffentlich schon gegessen

onkel breuer
nein

mutter
das ist gut wann haben sie dich freigelassen

onkel breuer hat mächtig hunger und man kann es sehen

onkel breuer
gibts nichts dazu

er meint alkohol und zwar in seiner reinsten form

mutter
nein wann haben sie dich freigelassen

onkel breuer
vor zwei wochen

mutter
wie geht es dir

onkel breuer
was macht dein mann

mutter
manfred . . . vor sieben jahren habe ich eine karte aus australien
bekommen seitdem nichts mehr

onkel breuer
er muß einsam gewesen sein ohne euch warum habt ihr nicht
versucht hinterherzugehen

mutter
ich kann nichts dafür daß heidi dich verlassen hat

onkel breuer
sie hatte das recht dazu wir waren jung und hatten keine
kinder sie hat nur mich verletzt

mutter
erzähl doch wie war es drinnen

onkel breuer
wie war es draußen

mutter
langsam . . . geht es vorwärts ralf bereitet sich aufs studium vor
medizin und ich . . . werde eine alte schachtel

onkel breuer schaut eva so an als hätte er an diesem blick einige
jahre geübt
eva

mutter
laß die alten geschichten ruhen brauchst du irgend etwas

onkel breuer
ich hab schon etwas bekommen danke

er schaut die tapete an sie ist fast so alt wie er

mutter
gut

5

in der turnhalle gibt es keine tapete dafür völkerball und
schwitzende jungs mit zu langen armen die schreien als wäre
fasching noch nicht vorüber in der umkleide halbherzig beim
umkleiden hagen er hat immer zittrige hände aber in der
matheolympiade war er auf platz eins selbst die aus der
spezialschule hatte er geschlagen

hagen
schau mal hast du das schon mal gesehen

peter
oh gott ist die scharf

hagen
hab ich bei meinem vater gefunden im schreibtisch

peter
wahnsinn

hagen
und der hat noch mindestens 5000 davon und ein paar filme
auch kannst du einen projektor besorgen

peter
was machen die da

hagen
ich weiß es auch nicht wir müssen dirk fragen

peter
bist du wahnsinnig

hagen
es könnte auch der fuß des typen sein

peter
der fuß da oben du spinnst wohl

hagen
siehst du nicht wie verdreht er ist

peter
so hoch oben soll er sein wieso

hagen
weil er in ekstase geraten ist
warst warst
du noch nie in ekstase
du kannst welche nehmen

peter
brauche ich nicht

hagen
du spinnst wohl gut dann verkaufen wir sie wieviel können wir
nehmen

peter
die die zwei frauen zeigen fürs doppelte

bühring-uhle nimmt die bilder
wenn die herren nichts dagegen haben werde ich das mit ihren
eltern klären und jetzt sport frei
er untersucht die geranienrotgesichtigen jungs und findet noch
einen zettel in hagens tasche
adriana schreibt daß sie dich liebt du sollst sie anrufen 65547-9
bühring-uhle riecht nach scheiße man kann es nicht anders
sagen

peter
warum hast du ihn mir nicht gleich gegeben

hagen
wissen doch alle daß sie verrückt nach dir ist

peter weiß jetzt nicht mehr was er tun soll er schlendert wieder
einmal durch seine schule das kann er und so trifft er dirk
umringt von seinen freunden anhängern fans

dirk
was willst du von mir solche bilder mache ich selber

dirk ist nicht viel größer als peter aber er springt als einziger
vom zehner und zwar köpper

peter
bist du wirklich mit adriana gegangen

dirk
wer ist das verpiß dich zwerg

und peter denkt
so schnell ist man wieder allein

6

dirk ging aus der schule unten wartete eine studentin alle
wußten wir daß sie studentin war journalistik sie heulte und
schrie dirk an wieso er sie nicht mehr besuchen würde dirk warf
einem fan seine mappe hin und sie stiegen in ihren alten wagen

7

im flur der schule ist es später nachmittag peter mußte wieder
mal nachsitzen schon einmal hatte er das klassenziel nicht
erreicht der herbst ging in seine letzte runde ina saß auf einem
fensterbrett jeder mensch weiß im innersten welches tier er ist
auch wenn er ein anderes sein möchte ina war eine krähe auf
einem zaun

ina
paß auf adriana wartet auf dich
auf dich

peter
hi

adriana
hi wie geht es dir

peter
gut

adriana
hast du heute zeit wir könnten zu mir gehen meine eltern sind
zwei tage verreist

peter
sehr gern aber ich kann heute nicht ein anderes mal

ina
bist du blöd oder was

adriana sagte kein wort und doch wußte ina daß sie jetzt lieber wegflattern sollte

adriana
aber heute wäre die gelegenheit gelegenheiten kommen nicht so schnell wieder

peter
ja

ina hielt es in der ferne nicht aus sie hüpfte wieder zu ihrem opfer

ina
wie lange willst du sie noch quälen sie ist schon ganz krank wegen dir

peter
ich habe zu tun wirklich

ina legte ihre arme wie einen mantel über adrianas schultern die sich senkten und erhöhten

8

es ist genau etwas früher als sonst der wecker und auch der ersatzwecker haben noch gar nicht geklingelt mutter im nachthemd weckt die jungs dann geht sie aus der tür

mutter
aufstehn ihr jungs

onkel breuer klopft an den türrahmen im schlafanzug

peter
onkel breuer

onkel breuer
eva hat mich gebeten euch zu sagen

ralf
er will sich anmelden

onkel breuer
eure mutter und ich dachten wenn ihr nichts dagegen habt

peter
wenn er sich nicht einmischt

ralf
von mir aus soll er sich einmischen wo er will

peter
und wenn vater wiederkommt

ralf
weil vater abgehauen ist werde ich nie studieren können

peter
dann muß er dich jetzt durchfüttern

ralf
so seh ich das auch gute nacht

onkel breuer
ihr werdet es nicht glauben aber ich bin rehabilitiert und ich
bekomme nächsten monat sogar eine gute stelle

ralf
du spinnst du bist doch noch nicht sauber

onkel breuer
doch ich war ja auch 12 jahre in der reinigung

ralf
dann habe ich also noch eine chance bei der aufnahmeprüfung

onkel breuer
wir werden sehen

peter
aber gegen das rauchen hast du doch nichts einzuwenden und
kann man jetzt auch mädchen mitbringen

onkel breuer
kommt drauf an wie sie aussehen

eva hatte das toastbrot getoastet etwas wie ein lächeln
verschönte ihr gesicht

9

die klasse
schweinebacke sag uns wie ein joint aussieht
schweinebacke ist es ein kleines krummes ding 7 mal gedreht
schweinebacke sag uns wie ein joint aussieht
schweinebacke macht er wirklich glücklich wenn man an ihm
zieht
schweinebacke sag uns wie ein joint aussieht

jolanta
ich bin eure neue klassenlehrerin ich heiße jolanta weber und
mein spitzname ist saukopf ich möchte aber von niemandem so
auf dem flur gerufen werden ich wiege 59 kg und bin 39 jahre
alt ich hoffe wir werden uns gut verstehen gibt es noch fragen

hagen
wo ist unser klassenlehrer geblieben ich meine der vorige

jolanta
diese schule soll eine musterschule werden euer bisheriger
lehrer paßte wohl nicht so ganz in dieses modell

peter
sie lügen er ist abgehauen

jolanta
nein junger mann euer lehrer hat unser land erst illegal
verlassen nachdem er von seiner versetzung erfuhr ich hoffe
ich habe jetzt alle fragen zur genüge beantwortet nehmt bitte

eure hefte heraus wir schreiben als erstes einen aufsatz:
»wie lebe ich und warum«

10

zu hause
ralf nackt in der wanne telefoniert

ralf
und ob ich mich freue ich werds dir gleich zeigen beeil dich
meine zuckermaus peter nimmst du mal das telefon
er steigt aus der wanne verbrennt sich den hintern am badeofen
aaaaaargghhh

ein schwan durchbohrt fiel vom himmel

onkel breuer
wir haben noch schlagsahne im kühlschrank das machen wir
dir rauf

ralf
verdammte scheiße ausgerechnet jetzt

onkel breuer hatte solche tricks aus dem knast mitgebracht peter
konnte ihn niemals als vater akzeptieren aber als onkel breuer

peter
kannst du dich überhaupt bewegen wenn deine puppe kommt

ralf
dafür wirds schon reichen verschwindet jetzt wenn wir fertig
sind mache ich das fenster in der küche auf

onkel breuer
dann dann viel glück großer meister
onkel breuer sagte vor der tür: dein bruder kostet mich eine
menge geld es ist nicht so leicht mit seiner aufnahmeprüfung
wie ich dachte und jetzt stehen wir uns auch noch die beine in
den bauch bei dieser kälte wie sieht sie denn überhaupt aus
seine schnecke

peter
werden wir ja gleich sehen

adriana kommt

wohin willst du denn

adriana
was geht dich das an zu euch

peter
nein

adriana
doch zu deinem bruder gehe ich

peter
tue es nicht

adriana
du hast es ja so gewollt

peter
ich nicht

adriana
laß mich los

peter
ich laß dich nicht rauf

adriana
wie denn du dummkopf

*peter wollte alles in sich abtöten und wo sollte man auch sonst
hingehen also gingen sie in den igel und tranken ein hund bellte
andalusisch an einer dunkel flackernden tankstelle*

onkel breuer
aber das ist das letzte sonst kommen wir zu spät na wenigstens
dieses zeug haben sie noch nicht verdorben . . . was hast du . . .
frauengeschichten

peter
frauen interessieren mich nicht ich falle ihnen nicht zum opfer
. . . ich will mich nicht ruinieren

onkel breuer
gut gesagt . . . aber mache es überall so in der schule und später
im beruf fall nicht auf stell dich in die reihe mach mit den
anderen mit es bringt gar nichts den helden zu spielen . . .
schau mich an . . . nimm mich als negatives beispiel . . . ich hab
nur ein einziges mal die fresse aufgemacht nur ein einziges mal
wollte ich sagen daß ich eine andere idee vom leben habe aber
es bringt nichts . . . du mußt einverstanden sein mit der welt in
der du lebst . . . sonst ist sie mit dir nicht einverstanden hast du
das verstanden . . . versuche die dinge zu akzeptieren in der
liebe wie im leben sie haben einfach nur angst vor dem tod
deswegen versuchen sie alles zu organisieren aber weglaufen
hilft auch nicht da wo du hinwillst haben sie schon die regeln
vorgeschickt

peter
ja

onkel breuer
wer fragt fragt dich nur aus . . . weil er selber ausgefragt wird
und frauen . . . die können wir nicht verstehen

die gesichter und augen hinter den unsichtbaren
panzerglaswänden schauten zu

11

dirk trommelt und singt ein lied er ist barfuß und rasiert er
trägt ein ärmelloses unterhemd alle müssen an bach denken

dirk
es gibt bier als pausenbrot
du suchst nach einer lücke durch die du entwischen kannst
du wirst sie nicht finden
auf einem feld
aus steinen werde ich dich legen und lasse meine zunge fahren

ina
herr bühring-uhle ein ball ein ball

bühring-uhle
stop dirk

ina
herr bühring-uhle jetzt ist er weg

dirk springt natürlich macht er einen köpper

bühring-uhle
bravo dirk ihr könnt jetzt ruhig klatschen

ina klatscht und die anderen auch aber ina ruft

ina
bravo dirk bravo

12

*schule flur schweinebacke hat ein kostüm an das aussieht wie
aus einem alten französischen film der einen alten
amerikanischen film zitiert die zeit dehnte sich aus wie ein
punkt der nicht weiß wohin*

jolanta
was ist los mit dir du bist so zurückgezogen in letzter zeit

peter
haben sie nichts anderes zu tun frau lehrerin jetzt ist pause

jolanta
du hast dich auch im unterricht mehr gemeldet

peter
ich werde mich melden . . . gut

jolanta
nein

jolanta
nun geh schon

milan
schubs mich nicht und nicht einschließen nicht wieder
einschließen ich tus nicht mehr
tropfen auf udssr immerhin 1 fünftel der erde
schließ nicht zu bitte nicht

mutter
also ich kann ja auch ein andermal wiederkommen

jolanta
nein bleiben sie nur

mutter
was hat denn ihr mann

jolanta
nichts besonderes

der flur ist eng wird immer enger

mutter
manfred breuer ermutigte mich zu ihnen zu gehen

jolanta
wie geht es ihm

mutter
oh er hat immer noch viele feinde . . . aber von dir sprach er
sehr liebenswürdig

milan
laß mich endlich raus

*ein globus hat kein stromkabel mehr ein rücken bricht
zusammen ein körper fließt aus sich heraus*

mutter
soll ich gehen

jolanta
er wird sich schon beruhigen

mutter
die nerven

jolanta
ja

mutter
ich war auch schon mal so weit es wäre für mich schlimm
gewesen eingesperrt zu sein

jolanta
hat dir manfred nicht erzählt was mit ihm los ist

mutter
nein

jolanta
ich weiß daß er es weiß und wie ich ihn kenne hat er es dir
gesagt und auch daß ich eine dumme kuh bin

mutter
er sagte du seist eine tapfere frau

jolanta
er sagte daß ich eine tapfere frau war du bist wegen deines
sohnes hier

mutter
mein jüngster ist genau so verrückt wie manfred früher war
wenn du ihn beschützen kannst dann tu es bitte hier ist eine
kleinigkeit ich weiß was dein mann hat ich weiß daß ihr es
gebrauchen könnt für medikamente mein ex-mann hat es aus
australien geschickt

jolanta
du kannst mich nicht einfach bestechen

mutter
ich habe nur versucht mir und dir zu helfen aber ich vergaß
daß du auf der anderen seite stehst vergiß es ich wollte nur die
erzieherin meines sohnes kennenlernen

jolantas augen sind ein schmetterling der den nachhauseweg
vergessen hat

jolanta
dein sohn ist schon jetzt ein feigling

mutter
das habt ihr zu meinem mann auch gesagt nachdem er vor euch
geflohen ist

jolanta schließt die tür zum arbeitszimmer wieder auf milan
schläft oder man weiß es nicht

14

dirk ließ die musik voll laufen er rannte durch die schule durch
alle flure und zimmer er riß die bilder von der wand und
sprühte schöne parolen man kann sich nicht alle merken auf alle
wände bühring-uhle schrie

bühring-uhle
bleib stehen dirk

sie rannten eine weile hintereinander her dann am ende des
ganges sagte bühring-uhle

jetzt habe ich dich endlich

er glaubte es wirklich so wie er noch nie etwas geglaubt hatte
und dirk erwiderte darauf

dirk
mich haben das werden sie nie erleben bühring-uhle
er drehte sich um und sprang durch die geschlossenen fenster
des dritten stocks nach draußen

kein schnitt kein musikeinsatz keine blende kein mitleid keine
zauberei kein vergessen kein so mußte das ja enden kein zusatz
vor allem keine zeitlupe

15

gutes café

mutter
was ist denn los daß du mich mitten in der arbeit hierher
bestellst

onkel breuer
ich wurde vom ministerium mit der fleischplanung beauftragt

mutter
manfred

onkel breuer
es wurde eine regierungskommission eingesetzt

mutter
dann wird ralf arzt

onkel breuer
nicht so schnell . . . das geschäft ist nicht ganz sauber

mutter
du meinst es könnte auch eine falle sein um dich abzusägen

onkel breuer
ich weiß es nicht

mutter
kannst du da auch jederzeit rauskommen

onkel breuer
wenn ich bei verstand bleibe

mutter
ich werde es dir schon sagen wenn du anfängst unehrlich zu
sein

onkel breuer
eva ich habe angst . . . ich will nicht noch einmal hinfallen

zärtliche magie wie pam grier nachts in ihrem wohnwagen am
set mit zwei kilohanteln im kampf gegen die orangenhaut alle
wollen sie umarmen oder zwei alte adler oder vielleicht mußte
eva 51 jahre werden um zu begreifen was liebe ist

mutter
machs gut manfred

16

im krankenhaus
ralf ist hier pfleger und bereitet sich auf sein studium vor das
krankenhaus könnte auch ein alter dom sein wo die zu tode
erschöpften auf gnade warten

ralf
wir kriegen das schon hin mit deinem gebrochenen herzen

peter
was hast du vor

ralf
komm mit du wirst schon sehen ist alles vorbereitet tust du es
nicht bist du nicht mehr mein bruder

peter
was soll der quatsch

ralf
ich gebe so lange nicht ruhe bis wir quitt sind . . . guck sie dir
an gefällt sie dir

peter
. . . ähm

ralf
also das ist mein bruder peter das ist yvonne sie arbeitet hier
am wochenende zur aushilfe

yvonne ist nicht yvonne sie ist keine krankenschwester sondern
eine heilige eine fee die auf die erde gestiegen ist um menschen
das gute zurückzugeben an das sie nicht mehr glauben können
yvonnefee hat eine brille mit großen dicken gläsern

yvonne
hallo

peter
hallo

ralf
na dann
ach so hier die bettlaken

ralf geht yvonnefee schaltet das radio an und hat eine
überraschung unter ihrem weißen geknöpften umhang einen
schweren weißen busen der heiß ist und doch nach oben zeigt
peter hat keine zeit mehr sich zu bekreuzigen nachdem yvonne
ihn die süße gottes schmecken ließ und auch selbst kurz kostete
geschieht ein weiteres wunder

peter
dirk was machst du denn hier dein bein ist ja im gips wie hast
du es hierher geschafft

dirk
das könnte ich dich genauso fragen aber ich tue es nicht weil
ich es schon weiß

ralf
alles ok kleiner

peter
ich glaube schon

ralf
es hat wieder nicht geklappt mit der aufnahmeprüfung morgen
schmeißen wir seine krücken weg und hauen ab ich werde arzt
in amerika

dirk
hey laß das heulen ich schick dir gleich eine karte aus ny

17

*der kaputte globus wurde mit spiegelscherben beklebt und hing
jetzt an der decke im flur von milans und jolantas wohnung ja
hier wurde die discokugel erfunden es wußten sowieso alle wo
die udssr lag so ungefähr jedenfalls überlaute rockmusik in allen
farben*

hagen
dirk dirk probier davon jeder hier hat davon getrunken es
macht einen total high

dirk
was ist das für ein dreck

hagen
coca-cola ich seh nur noch postkarten

dirk
wo hast du das her

hagen
vater hat es mitgebracht aus london

dirk
es ist himmlisch es macht einen ganz fertig

milan
und du bist du auch einer ihrer schüler

dirk
nein

milan
und du kennst sie ja

dirk
ja sie heißt saukopf hör auf zu trinken

milan
was denkst du über sie

dirk
dasselbe wie du

milan
du kannst nicht wissen wie sie früher war sie haben uns
mißhandelt

dirk
ach ja das gefängnis

milan
ihr müßt das wiedergutmachen was wir versaut haben verstehst
du

dirk
merkst du nicht daß das gar keine richtige party ist

milan
was

dirk
wir verhandeln wie es sein soll

milan
was

dirk
die zukunft

milan
ist das wahr

dirk
deine frau organisiert das seit jahren

milan
geh zum teufel

dirk
wir werden gewinnen
hältst du zu uns

milan
du bist lustig wer bist du

dirk
johnny rotten

obwohl die party ein erfolg zu sein schien erhängte sich hagen
an der klokette bevor er starb fand ihn die falsche nämlich ina

ina
was machst du da hilfe bist du verrückt hagen dirk dirk hagen
ist tot dirk

hagen
ich mache das alles für sie und sie merkt gar nichts
schweinebacke

ina
aber ich werde immer für dich da sein

hagen
bist du dir sicher

ina
ist schon gut dirk ich mach das schon

ina träumt von nestern unter sbahnbrücken peter hatte andere
probleme er will brechen aber er weiß nicht wie er dachte an
raumkapseln und blaue lagunen

peter
du bist noch da ich wollte nachkommen nach amerika morgen

ralf
manfred hat berufung eingelegt nächsten monat beginnt das
studium

dirk
steck den finger in den mund das muß alles raus du hast
durcheinander getrunken

peter
du gehst auch nicht weg

dirk
doch morgen

peter
ich komme mit

18

*dirk und peter sitzen im auto die landschaft wird hinten
eingeblendet die jungs sind besser zu sehen als die landschaft
schwarzweiß coloriert unnatürlich oft dreht dirk das lenkrad in
unerhörte richtungen im autoradio läuft i had a dream last
night . . . aber nicht von sinatra sondern von einer nicht
bekannten punkband*

dirk
und deine süße

peter
welche meinst du

dirk
die aus der schule willst du die nicht mitnehmen

peter
dann müssen wir aber links abbiegen

adriana steigt ein in das auto was ja ganz cool geht weil das
auto ja nie wirklich fuhr erneutes wagengerüttle um fahrt zu
simulieren

peter
von jetzt ab ist dirk mein bruder und du kannst ihn auch haben

adriana
hast du mich deswegen abgeholt dirk bleib stehn ich will
aussteigen

dirk
mach ich nicht

adriana
weißt du wie mies ich mich dabei gefühlt habe egoist und die
ganze zeit als ich mit ralf gegangen bin hab ich nur an dich
gedacht

peter
mach es andersherum geh mit mir und denk an ihn

dirk
ihr seid wie eure eltern kommt wir baden noch einmal

adriana
ich kann nicht schwimmen

peter
macht doch nichts

alle ziehen sich aus alle gehen schwimmen nein adriana nicht
sie zieht wieder ihr kleid an setzt sich ins auto und raucht eine
irgendwo planschen zwei jungs köpper steher arschbombe sie
schreien weil sie das leben noch vor sich haben und es wissen
adriana startet das auto sie dreht kreise auf einer wiese es ist
jetzt mittag die sommersonne ist noch mal zurückgekommen
die nackten jungs rennen hinter dem auto her sie schreien wir
hören sie nicht wir sehen nur nach adriana sie läßt die musik
laufen irgendwann hat es peter geschafft einzusteigen adriana
hält an sie küssen sich adriana hält mit ihrer rechten hand die

schwarzen haare von peter mit links löst sie den hebel am sitz
und sie liegt auf dem rücken adriana flüstert

adriana
als ob meine augen erstickten

zwei körper die sich berühren
dann sitzen alle am grenzfluß ein bier macht seine runde

adriana
auf wiedersehen peter melde dich mal

peter
sobald wir da sind versprochen

ein wagen mit zwei jungs fährt los ein mädchen sitzt auf einer
mauer ihr geht es ganz gut ob die bierflasche alle ist weiß man
nicht jetzt fliegt sie in den fluß peter möchte ein cowboy sein er
möchte reiten schießen und sich nicht waschen müssen oder nur
obenrum aber einmal wird ihr geruch verschwunden sein und
was sollte er dann tun also sagte er zu dirk

peter
halt an

dirk
du auch

peter
es ist doch ok oder es hat sich so ergeben

dirk
mach doch was du willst allein ist alles leichter dein vater wäre
nicht wegen einer frau geblieben wenn du jetzt bleibst wirst
dus nicht leicht haben denk an den mann von saukopf die sind
doch alle tot auch wenn sie wache stehn vorn ist das paradies
man muß nur mehr davon verlangen

peter geht adriana küßt ihn sie hat wohl gewartet am fluß

19

7 jahre später
man sieht milan in die tür des krankenhauses gehen er trägt
einen anzug und sieht aus als würde er endlich wieder jung
werden milan trifft eine fee die aussieht wie eine
krankenschwester ihr schenkt er einen mitgebrachten
blumenstrauß

milan
oh gott ich dachte sie wären meine frau

die fee lächelt und die fee stellt den blumenstrauß neben ein
bett im bett liegt jolanta und ein neugeborenes baby natürlich
sieht es jolanta ähnlich

milan
er ist da wie schön ihr seid ich danke dir saukopf danke

ralf
photo lächeln photo

schnitt
zu hause bei mutter

. . . es ist wieder einmal weihnachten die geschenke sind noch
nicht ausgepackt

mutter
da bist du ja endlich

eva holt onkel breuer von der wohnungstür ab und begleitet
ihn ins wohn- und eßzimmer dort steht ein überaus schöner
tannenbaum mit äpfeln dran

mutter
überraschung

onkel breuer
ist peter nach hause gekommen

mutter
papa

vater, mutter und onkel breuer singen zusammen lieder wie
bier als pausenbrot nur daß sie länger her sind

schnitt
peter in uniform betrunken fällt auf die straße man sieht ein
paar auf der anderen straßenseite und meint sich zu erinnern
die farbe der wände ist immer noch unklar aber alle sind älter
geworden so viel ist sicher adriana und bühring-uhle laufen mit
einem kinderwagen an ihm vorbei adriana lacht sie geht auf
peter zu

bühring-uhle
adriana komm

sie bläst in eine kindertrompete und geht weiter

C

eine liebe/zwei menschen

gruppe/chor sind verschwunden oder sie können nicht mehr

er saß im keller einer pfarrerswohnung es war wieder einmal
winter wieder einmal mußte gespart werden die wolken lagen
tiefer er war diese 600 kilometer von zu hause weggefahren um
in dieser fremden stadt zu arbeiten
nichts hatte sich verändert außer den 24-stunden-videotheken
ninja turteln und dem video-shopping nichts außer daß
gebügelte hemden nicht mehr peinlich waren sondern
ungebügelte
nichts hatte er hier verloren das spürte er bald außer daß er
hier arbeiten wollte an der wand hing das bild seines kindes
daneben seine frau eine liebe ein leben so hatte er es sich immer
gewünscht noch als kind ertappte er sich bei dem frohen
gedanken daß wenn er einmal groß wäre er die schönste frau

suchen würde um sie dann zu heiraten wo sollte das problem
liegen
in seinen augen waren die träume zu einem wuchernden
sumpfigen gelände geworden der winter versprach nicht zu
wenig das gebirge lag im rücken der stadt
abends nach der arbeit ging er in clubs aber er wußte nicht so
richtig was er hier allein sollte manchmal rannte er ein paar
runden im park oder nicht dann sah er sie die sonne war weg
für einen augenblick und das war nicht übertrieben
sie sahen sich in der kantine er setzte sich zu ihr sie redeten
was man so redet dann war nichts mehr wie vorher
er ging mit ihr essen sie lachte er wollte alles einpacken ihr
lachen ihre haare ihre hände alles lief schneller in seinem
körper er spürte das blut die lymphflüssigkeit den strom der
nerven jeder muskel war da sie war mischling halb deutsch
halb ausländisch sie sprach ausländisch mit ausländischen
kellnern bei ihr oben gab es kaffee es war spät er sagte daß er
nicht mehr nach hause kommen würde sie sagte ok dann ging
sie duschen jetzt hätte er noch weggekonnt
aber er blieb am sonntag würde sein kind zwei jahre alt werden
sie rief bist du noch da bist du wirklich noch da
er sagte klar wo soll ich denn sein ihr schlafzimmer war unter
dem himmel
sie sagte ich habe eine liebe und die muß ich vergessen nein das
sagte sie erst viel später
er hatte angst mit ihr zu schlafen er liebte sie von der ersten
sekunde so sehr daß er seinen körper nicht unter kontrolle
hatte er schlief mit ihr und spürte daß er ihr nicht alles geben
konnte was er wollte er fickte mit ihr und doch verbrannte er
dabei so stark daß er kaum mehr als einmal mit ihr sein konnte
selten gingen sie vor drei ins bett
selten schlief er mehr als zwei stunden
er lag wach und schaute auf ihren körper im mondschein als
wollte er sich jeden zentimeter ihres körpers einprägen daß
wenn er sie einmal verlieren würde er immer alles aus der
erinnerung rekonstruieren konnte
warum schaust du mich so an sagte sie als er im auto den
rückspiegel so einstellte daß sie zu sehen war er sagte weil ich
dich immer sehen will sie versuchte den spiegel
zurückzustellen er sagte nein und sie schlug ihn auf die
schulter der wagen kam ins schleudern und schlug auf eine

mauer der mond war voll sie ließen alles so wie es war der
wagen brannte ab es war besser so sie legten sich neben den
wagen taten es und endlich konnte er einmal schlafen
ab jetzt fuhren sie immer taxi
einmal flogen sie in ihre heimat im süden sie war in der
hauptstadt noch nie gewesen es gab nur süßes zum frühstück
er sagte ich möchte etwas richtiges essen sie du bist doch
sowieso zu fett er sagte du hast so schöne beine sie deine sind
alt du hast flecken
im hotel fickte er sie hart es ging jetzt besser weil er wütend
auf sie war den ganzen tag hatte sie schuhe gekauft aber er
konnte sich nicht entschließen in ein museum zu gehen
hier war weihnachten und sein kind würde ihn vermissen er
wußte es denn sein kind war wie er nur noch mehr
in der stadt sagte eine amerikanerin why doesnt it works oder
so sie meinte die ubahn die in diesem land sonntags nicht fuhr
wenn sie lange duschte wußte er daß sie auch ficken wollte
immer wollte er ein diktaphon oder einen kleinen
kassettenrecorder unter das bett legen um ihr stöhnen
aufzunehmen und es später abzuhören aber er tat es nicht so
pervers bin ich noch nicht dachte er sie zeigte ihm einen
skifahrer aus ihrem land auf einer frauenzeitschrift und sagte
so sieht ein mann aus er las diese zeitschrift im hotel sie kam
zurück vom einkaufen sah ihn lesen riß ihm die zeitung weg
schlug ihn auf den kopf und schrie bist du schwul bist du
wirklich so schwul daß du frauenzeitungen liest oder ist es
etwa weil ich dir nicht mehr gefalle
sie sagte wir baden in einem vulkan und wir sterben nicht
warum er sagte weil ich ihn austrinke
was er zwischen ihren beinen fühlte hatte er noch nie gefühlt
sie flogen zurück und er besuchte sein kind und seine frau das
kind sagte tschüs papa
er erinnerte sich wie er bei der geburt gewartet hatte und dann
diese augen die zum ersten mal diese welt sahen und dann wie
aus schrecken daß man jetzt wirklich selber anfangen mußte
mit dem leben der erste schrei und vorne alles rot
er war oft erschöpft von der arbeit sie wollte immer noch
nachts weggehen es kam vor daß er dablieb und sie weg mit
freundinnen alle kamen dann nachts um drei vier zu ihnen
nach hause er stand auf und machte kaffee einmal sagte sie
etwas im scherz zu einer anderen die aus ihrem land kam er

holte sich ein wörterbuch es hieß etwa so viel wie er kann nicht
richtig ficken aber ich bringe es ihm schon bei
was soll das sagte er
sie laß mich
wenn ich dir nicht genüge haue ich ab er stand in der tür sie
zog ihn zurück
einmal stritten sie sich sie hatten einen film gesehen er fand ihn
schlecht sie weinte er nahm den fernseher und warf ihn aus
dem fenster unten sammelten sie die teile auf
sie schnitt sich an scherben der mattscheibe schrie es war ein
anderer schmerz den sie schrie das spürte er
er sagte zu ihr schneide mich
sie schnitt mit einer scherbe in seinen rücken
sie lachte und der schnee fiel im spiegel sah er in seinem rücken
einen stern verwackelt mit vier enden südenostennordenwesten
rotschwarze ränder wurden mit gin übergossen und von ihr
abgeleckt
sie sagte mein vater hat uns verlassen meine mutter und mich
ich war zehn und er er war so stark
ich will keine angst mehr haben
ich suche ihn in jedem mann aber ich kann ihn nicht finden du
bist es jedenfalls nicht es ist nicht deine schuld
ein jahr später nachdem er gegangen war kam er wieder sie
hängte die bilder anderer männer ab und seines wieder auf
ich habe auf dich gewartet ich wußte daß du wiederkommst
ich habe alles falsch gemacht laß es uns noch einmal versuchen
vielleicht war es einfach zu tief ich war mit anderen männern
zusammen es hat mich gelangweilt jetzt bin ich wieder allein
seit einiger zeit
er ging an ihr vorbei und grinste nur ich mache nicht zweimal
denselben fehler
sein schwanz stand steil ein haufen von geschichten hatte er im
rücken und sein kind hatte gerade die tuberkulose überstanden
er schützte sich vor ihr indem er mit anderen frauen mitging
und in ihren schoß erbrach eine roch wie die wüste da wollte
er mal hin
in der kantine setzte sie sich neben ihn sie schob ihm ein foto
von sich unter den teller auf dem bild war sie nackt hinten
stand ich lebe für dich stunde um stunde
er zerriß das photo er ging nach draußen alles schmerzte ihn so
konnte er nicht leben

abends klingelte er und zog die schuhe aus jetzt war er wieder
ein niemand er brauchte nichts mehr außer sie sie
er war in der anderen ecke der welt gewesen um sie zu
vergessen es hatte nichts geholfen
er war an anderen meeren gewesen am ewigen hin und her er
hatte neue berufe probiert und die zeit vergessen
sie sagte laß mir zeit ich muß lernen mit einem menschen zu
leben ich habe es noch nie gemacht mit niemandem bin ich so
lange zusammengewesen wie mit dir
wir waren vier monate zusammen sagte er
ja eben
sie zeigte ihren rücken er sah denselben stern mit vier enden
wie er einen besaß südenostennordenwesten
sie sagte siehst du und der malstrom hatte sie wieder laß mir
zeit ich will vertrauen lernen
die ampeln in der stadt waren alle auf gelb gestellt worden
immer wenn er zu ihr kam war die stadt in weiß angezogen
er dachte nimm alles mit irgendwann wird alles vorbeisein
irgendwann in einer unbekannten entfernung
sie verletzte sich und konnte nicht mehr arbeiten sie ging zum
verletztentraining
er sagte laß uns weggehen dahin wo ich war es ist warm dort
und das meer wird deinem körper schmeicheln dort können
wir beide leben
was soll ich da hier lebe ich
sei ruhig wir werden heiraten
seine frau schrie sein kind schrie die eltern seiner frau schrien
aber sein kind hatte einen augenblick ein fremdes gesicht nur
sehr kurz er kam wieder und hatte etwas getan und es führte
kein weg mehr zurück von verlust konnte die rede sein es gab
einen schuldigen und den zwang der umstände
er holte sie vom verletztentraining ab sie konnte nicht mehr so
laufen er kaufte ein auto um sie zu fahren das auto gefiel ihr
nicht sie sagte laß mich ich will kein mitleid für einen krüppel
er fuhr sie humpelte neben dem wagen her er rief ihr zu ich
weiß was zu tun ist ich fahre zu dir und mache essen dann
machen wir ein kind in dieser nacht kam sie nicht nach hause
er ging morgens zur apotheke haben sie etwas gegen
erschöpfung dann ging er in seine wohnung nahm tabletten
und schlief freunde kamen und verstanden ihn nicht mehr
mit einer idee ging er zu ihr sie machte auf und redete nur in

ihrer heimatsprache kurz fickten sie dann ging sie weg sie sagte
du kannst ja dableiben
er hatte die chance verpaßt sie zu töten
kannst du mir deine 45er geben ich brauche nur einen schuß
holte die tabletten aus seiner tasche und spülte sie ins klo
herunter
er ging ihr hinterher traf sie in einer bar mit einem mann setzte
sich daneben sie beachtete ihn nicht und lachte er wartete als es
morgen wurde gingen sie zusammen nach hause sie legten sich
ins bett sie sagte
ich fühl nichts mehr es war ein irrtum ich liebe einen mann den
du nicht kennst der mich nicht liebt es geht so seit jahren der
mann in der bar war sein freund es tut mir leid es ist besser
wenn du jetzt gehst ich habe versucht stillzuhalten es hat nichts
genützt ich kann ihn nicht vergessen er ist immer mit mir
er sagte gut wenn das so ist ich kann auch mit dir leben wenn
du mich nicht liebst oder könnten wir noch einmal
miteinander schlafen
sie sagte ich glaube nicht aber du kannst mich anrufen ich weiß
ich bin nicht normal aber du bist es auch nicht wenn du mich
wirklich liebst wirst du alles verstehen es hätte klappen können
zwischen uns es gab doch schöne momente du bist nur ein bild
das du nachahmst du brauchst immer jemanden für den du
leben kannst ein zweites gesicht brauchst du um dich zu
beleuchten aber du mußt im dunkel leben lernen
er nahm irgend etwas mit einen walkman oder ein video ein
leben null geheimwaffen
auf der straße liefen kinder und eine kindergärtnerin an ihm
vorbei sie sangen lieder die er nicht kannte
der planet war erloschen

Simona Sabato
Gotland

Gotland

Personen: Marion, *Anfang Vierzig, verheiratet, fast verwitwet, bekommt Besuch von ihrer Tochter ·* Heidi, *Mitte Zwanzig, Krankenschwester und neuerdings mit ihrem Chef liiert,* Dr. Martin Illig, *Ende Dreißig, Arzt in einer Einrichtung für psychisch kranke Straftäter wie beispielsweise* Ray, *Mitte Dreißig, ehemaliger Patient, jetzt bei Ikea wie auch* Christiane, *Anfang Dreißig, zuständig für die Öffentlichkeitsarbeit bei Ikea.*

1.

Tag, Wohnung.
Heidi hat sich hingesetzt, in Straßenkleidung.
Marion steht, ist aber in Hauskleidung.

HEIDI   Ich brauch zwei.
         Zweimal.
         Übereinander.
         Pause.
         Könnt ich mir noch auf den Schreibtisch stellen, was reinpacken, weißte
MARION   oder hinlegen, was reinstellen
HEIDI   theoretisch brauch ich auch,
         auf der Ecke auch, aber siehts ja wieder aus.
         Diese Regale, die muß es auch in kleiner geben,
         denn das silberne, was ich gesehen habe, das ist auch ein Dengel.
MARION   Ja?
HEIDI   Aber in Silber, das gibts sicherlich auch in Silber,
         mich ärgert, daß es dieses Regal nur ein einziges Mal.
         Einmal siehste dieses Regal und dann nie wieder,
         wie wir das kleine mal fürn Schreibtisch, weißte?
         Pause.
         Aufn Schreibtisch lag das wie so ne kleine Platte.
MARION   Ja?
HEIDI   Und denn. – So n. – Weißte nicht mehr?
MARION   So …
HEIDI   Wie so n. – Seifenuntersetzer. – Nicht viel größer. – So. –
         Paßte genau ne CD rein.
         Haben wir nie gefunden. Nie unten. Weißte das nicht mehr?

Im letzten Jahr. Bevor wir … das Zimmer gemacht haben oder als wir das …
Zimmer gemacht haben. Nur im Dings gesehen, unten nie.

MARION Plastik und so grün?

HEIDI Nein nein nein.

So grün mit Plastik?   Nein. Mein ich nicht. Nein.

MARION Ich meine, daß ich sehr lange genau auf dieses Regal scharf war, weil es
genau diesen Ton hat, diesen grünen.

HEIDI Das, was ich meine, war fürn Schreibtisch, da paßten vielleicht vier CDs
hintereinander rein.
Die man gerade in Gebrauch hat, daß man die reinstellt und die nicht
irgendwo rumfliegen.
So.

MARION Mmhm.

HEIDI Und, ich meine, ich bräuchte es hier und.
Und dann bräuchte ich ja auch noch diese Ecken, weil wenn dahinten.
Irgendwo müssen meine Arbeitsartikel stehen.
Weißte, was mir auch noch aufgefallen ist, was auch scheiße ist, muß ich dir
gleich noch sagen. Wenn da jetzt die … der Drucker steht, brauch ich was,
daß man nicht in den Schreibtisch reinguckt.

MARION Stimmt.

HEIDI Dann kann ich nämlich meine Briefumschläge und alles schön stapeln, hab
ich nicht mehr so viel Schubfächer.

MARION Mmhm.

HEIDI Was ich lagere, kommt hinten ins Regal.

MARION Gut.
Pause.
Geh ihm mal hallo sagen, er ist wach, glaub ich.

HEIDI Gleich. Erst kommt der Knaller:
Die Schubladen sind n i c h t v e r s e t z b a r .
Das heißt, die Schubladen von den Schreibtischen sind links.
Das heißt, wenn ich einen Schreibtisch so stelle und den andern so,
dann sind bei dem die Schubladen verdeckt oder:
Ich verbaue es so, daß die Schubladen aufgehen,
dann hau ich aber immer mit m Bein gegen und dann hab ich aber hier ne
Dreieckslücke.
Was mach ich n damit? Was mach ich n mit der?
Wie sieht n das wieder scheiße aus?
Ich muß es so zubauen, daß es aneinander ist, daß es quasi, hier ist der
Schreibtisch zu Ende, und hier, fängt der andere an.

MARION Sind die Schubfächer umsonst.

HEIDI Könnte man umbohren, aber weißte, was das für ne Arbeit ist, müßte
Martin machen, müßte man ausmessen.

MARION	Brauchste denn diese Schubfächer ganz dringend?
HEIDI	Eigentlich nicht. Aber wie sehen sie denn aus?
MARION	Sieht man doch nicht.
HEIDI	Von der andern Seite siehste sie doch.
MARION	Von der andern Seite sieht man die Schubfächer?
HEIDI	Nein. Von hinten, wo die Stühle gegen stehen,

HEIDI Nein. Von hinten, wo die Stühle gegen stehen,
siehste sie nicht.
Da ist das Regalbrett in der Mitte, da ist es geschlossen,
aber an der Seite, wo die Beine sind, siehst du doch.
Ich glaub, das ist alles scheiße, ich bräuchte einen, der gleich über Eck geht,
krieg ich wieder nichts oben rauf, was mach ich n dann wieder, weißte?
Es ist alles Scheiße.
MARION Wolln wir jetzt mal zu ihm?
HEIDI Weils alles nicht paßt, weils alles Scheiße ist.
Gehen wir.

Black.

2.

Abend, Sitzecke, Fernsehen.

MARION Bin froh, daß du da bist.
HEIDI Ich auch. Bin auch froh.
Schieß dem Merz in die Beine,
hau ihm doch die Pistole runter!
MARION Hat der doch noch ne Waffe?
HEIDI Wer hatn noch ne Waffe?
Soll das denn jetzt?
MARION Jetzt hat der zwei Waffen!
HEIDI Hau ihm die Pistole runter!
MARION Wunderbare Johannisbeeren,
die müssen wir natürlich auch essen.
HEIDI Wenn sie so wunderbar sind,
wirds ja so schlimm nicht werden.
MARION Aber viele,
sollten wir vielleicht noch verarbeiten – –
Johannisbeerbaiserkuchen.

HEIDI   Soll ich ihm welche bringen?
MARION Ist zu sauer.
HEIDI   Oh jetzt
        ihhh
MARION der sieht ja aus
HEIDI   ihhh
        Muß man jetzt noch mal gucken?
MARION Er schläft jetzt. Jetzt schläft er.
        Zusammen wirds gehen.
        Man muß Schichten machen, daß einer immer da ist. Einer ist immer da und
        einer immer weg. Oder daß beide da sind, daß einer nicht alleine da ist. Das
        kann man sich überlegen.
        Pause.
HEIDI   Wenn ich bleiben könnte.
        Pause.
        Immer nur Speerwerfen,
        Speerwerfen is langweilig
        der Hund was macht der?
MARION Nein
HEIDI   Nein.
MARION Du kannst nicht bleiben?
HEIDI   Ich bleibe ja. Ich bleibe morgen, ich bleibe Montag früh.
MARION Ich glaube nicht, daß die Sache bis Montag früh erledigt ist.
HEIDI   Was meinst du denn, wann *die Sache* erledigt ist?
        Pause.
MARION Gute Frage. – – – schlaues Kind. Sehr schlaues Kind.
        Sehr – sehr schlau.
        Pause.
        Was is das Weiße?
HEIDI   Zwiebeln – was ist d a s, frag ich mich?
MARION Fisch, Thunfisch oder?
HEIDI   Versteh kein Wort, is ja unmöglich,
        was macht der Hund?
OFF   und die Soße würde nach Fisch schmecken und das wolln wir ja nicht
HEIDI   Ach so.
        Ist das jetzt der Karpfen?
MARION Du meinst, das ist Karpfen?
HEIDI   Sie sprachen doch von Karpfen.
        Knödel, du Knödel, Marion!
        Ach, jetzt kommt der da ins Dampfbad
        Sehmehlstickerl

MARION Semmelstücke
  HEIDI angebraten in Knoblauch.
         Das ist der Knödel.
         Kommt vielleicht in Ofen.
   OFF dann Zwiebeln und angerösteter Speck
HEIDI UND MARION mmhm mmhm
   OFF und eingeweichte Rosinen
HEIDI UND MARION iihhh
  HEIDI Guck mal, jetzt guck mal, jetzt!
MARION Was n das?
  HEIDI Das sind die Knödel.
MARION Er soll sich doch dehnen.
  HEIDI In der Serviette kann er sich ja dehnen.
MARION Sieht aber eng aus.
  HEIDI Das geht viel zu schnell.
MARION Mußte übers Internet,
  HEIDI Videotext.
   OFF und als erstes zeign wir jetzt die fertign Knedl, ham wir natürlich ein biß-
         chen vorbereitet
  HEIDI Natürlich ihr habt ja alles vorbereitet.
   OFF und jetzt gebn wir mal richtig Gas mit a gescheitn Soß, eine Nacht vorher,
         damit das Salz ein bisserl einzieht. Wir haben das natürlich schon ein bisserl
         vorbereitet.
  HEIDI Natürlich.
   OFF Jetzt machn wir mal oan raffinertn Knedl, das is kein Semmel kein Grieß
         und kein Serviettenknedl
  HEIDI Was?
MARION Alles zusammen.
  HEIDI Sieht doch Scheiße aus die Ente.
MARION Sieht grau aus, muß doch knusprig sein.
   OFF haben wir uns natürlich die Knochen obfieselt
  HEIDI Obfieselt.
MARION Wie kann der das so einfach lösen?
  HEIDI Du siehst auch so gräulich aus, gehst du gar nicht mal n bißchen spazieren
         mehr?
MARION Doch.
  HEIDI Siehst schlecht aus
MARION Ich bin auch schlecht.
         – –
         Eigentlich ist er so, wie er nicht ist. Ich weiß es nicht. Oder ist er jetzt so, wie
         er eigentlich ist.

             Unterhalten will er sich gar nicht.

HEIDI   Ist er doch n bißchen, wie er ist.

MARION Man glaubt das ja alles nicht.

HEIDI   Haben die noch mal was gesagt?

MARION Die Hochdosis ist der Joker –
das also war der Joker.
Man sieht die Dinger unter der Haut, was solln sie da sagen.

           – – –

           Ich kann dir was sagen, ich muß raus hier.

HEIDI   Gut.

MARION Gut.
Pause.

HEIDI   Gut.

MARION Gut.
Pause, eine Schale mit sehr vielen Johannisbeeren.

HEIDI   Muß man die noch waschen?

MARION Sind die nicht gewaschen?

HEIDI   Einmal.

MARION Reicht doch wohl, einmal.

HEIDI   Wie fandste mich eigentlich in der Sendung?

MARION Gut. Sehr gut. Richtig toll. War sehr interessant. Die Sendung.

Black.

3.

*Morgens, Heidi frühstückt, Marion bereitet was für Todkranke, beispiels-
weise Brei.*

MARION Und ich dachte,
am schlimmsten kann man stinken, wenn man nichts andres mehr kann.
Wenn man ne Woche tot in seiner Wohnung liegt,
dann bleibt ja nichts, als langsam mal loszustinken.
Ich hab geträumt, du gibst mir n kleines Tierchen oder so was mit n bunten
Anzug, nicht größer als ne Saftflasche ohne Hals.
So. So vielleicht, wie dieses – CD Regal.

HEIDI   Aja. Ja.

MARION Ich finds so süß, freu mich, daß ich drauf gucken darf.
Wiege es auf meinem Arm und dann ist es weg.

	Ich muß einen Moment an was anderes gedacht haben,
	Es ist nicht mehr auf meinem Arm, ich habe es verlegt.
	Ich versuche, mich zu erinnern, ich bin ins Zimmer gekommen, leider ist
	mein Zimmer total voll, voller Sachen, alles bunte Stapel, CDs und alles
HEIDI	Hier gehts aber.
MARION	Ich versuche, mich zu erinnern, aber es ist nichts dazwischen:
	mit dem kleinen Dings auf dem Arm. Ohne.
	Wie Schlüssel. Einfach weg
HEIDI	Oh.
MARION	Ich wußte, ich muß es ganz schnell finden, es kann nicht lange ohne mich
	leben, und ich habe es nicht gefunden.
	Dann wollte ich es nicht mehr finden.
	Wollte ich nichts mehr hochnehmen von den bunten Stapeln
	wo es tot drunter sein könnte,
	ich wollte auch nicht, daß mir einfällt, ach ja, ich hab in der Zeitung
	geblättert und die aus Versehen darauf gelegt,
	daß mir einfällt, wo ich es liegengelassen habe
	und habs dir gesagt:
	Heidi, ich habe etwas Schlimmes getan, es ist so fürchterlich
	ich weiß, daß ich das nie wiedergutmachen kann.
	Du sagst, ach das macht doch nichts, kein Problem, ist mir ganz recht.
	Gottseidank, so wichtig war es doch nicht. Nur, daß es da irgendwo sein
	muß, das komische kleine tote Dingsda.
HEIDI	Und hat das gerochen?
MARION	Nein, glaube ich nicht, nein.
HEIDI	Siehste.
	Heidi auf dem Weg nach nebenan, mit Brei, den Marion ihr gegeben hat.
	Marion räumt das Frühstück weg.
	Heidi kommt zurück.
HEIDI	Er will Söckchen. Mein Vater will Söckchen.
MARION	Hast du das Fenster wieder zugemacht?
HEIDI	Ist das jetzt im Gehirn?
MARION	Hab ich schon vor zwei Jahren gedacht.
HEIDI	Ich kriege gar nichts mehr mit – ich mach mir solche Sorgen.
MARION	Bleib einfach.
HEIDI	Martin, die Arbeit.
	Meine Arbeit.
MARION	*sehr ruhig:* Deine Arbeit?
HEIDI	Ja. Meine Arbeit.
	Ich bin da nicht zu ersetzen. So einfach. Hast du ja gehört.
	Ich glaube, das kommt ganz gut raus.

MARION   *zu ruhig:* In der Sendung?

HEIDI   Ja. Glaube ich. Daß das ganz gut rauskommt, in der Sendung, glaube ich.

MARION   Daß du nicht so einfach zu ersetzen bist. Das kommt gut raus?

HEIDI   *ungeduldig, gereizt:* Ja. Genau. Das kommt gut raus. Ganz gut kommt das raus.

    Pause, Marion sagt nichts.

    Du hättest das merken müssen!

    Rund und glatt muß er sein. Wie eine Olive.

    Pause.

    Ein gesunder ist rund und glatt.

    Heidi sieht Marion an.

    Beim gesunden Mann ist er rund und glatt.

MARION   Naja, kann ja sein.

    Pause.

HEIDI   Naja, kann ja sein?

MARION   Ja. Kann ja sein – kann sein.

HEIDI   Es ist so. Ich weiß es, ich habe mit Martin drüber gesprochen.

    Er hat es mir gezeigt.

MARION   Was?

HEIDI   Du hättest das machen müssen. Untersuchen müssen. Ist so. Tut mir leid.

    Ist nun mal so. Wir haben drüber gesprochen.

MARION   *ironisch:* Gott sei Dank. – Gut, daß wir das jetzt wissen. Gut, daß wir ihn haben. Du ihn jetzt hast.

    Weißt du was, Heidi, ich guck mir jetzt <u>noch mal</u> die Sendung an.

    Ist ne tolle Runde: Du, der Chefarzt

HEIDI   Martin.

MARION   und Ray. Ray, immer ganz ruhig.

    Ich guck mir das nochmal an. Jetzt.

    Black.

4.

Abend. Marion kommt mit einem leeren Tablett aus dem anderen Zimmer.

HEIDI   Das läuft unter beige. Grau gibt es überhaupt nicht. Ich sag, ich laß mir die Hand abhacken, ich hab n grauen Teppich zu Hause.

    Dieser Ton, ist das nun grau oder?

    Beige!! Es läuft unter Beige, ist aber grau.

MARION Es läuft unter Beige, is aber grau. Ach.
HEIDI Er sieht im System unter Beige 10 Stück.
Aber, ob die dann in Grau da sind, das kann ich natürlich nicht sagen, das können natürlich zehn Beige sein.
MARION Ha
HEIDI Naja
Pause.
MARION In welcher Abteilung arbeitet Ray eigentlich?
HEIDI Küchen? Kann das sein?
Pause.
Heidi denkt.
Küchen. Glaube Küchen. Doch Küchen. Muß Küchen sein.
Oder beim Umbau.
Wieder direkt zu Marion, erfreut, Vorfreude.
Die bauen um. Erweitern, vergrößern. Soll größer werden. Viel größer, Riesenrestaurant und alles. Das Restaurant wird jetzt ganz offen.
– –
Sagt ers nicht?
MARION So genau sagt ers nicht.
HEIDI Nee?
MARION Hat der das gelernt, Möbel und so, Küchen. Umbau und so was?
HEIDI *erinnert sich:* Der hat ab dem zweiten Jahr. Ab dem dritten Jahr hat Ray gearbeitet. Schrauben sortiert. Er hat Schrauben sortiert. Ray hat Schrauben sortiert. Bewundernswert, was Ray aus sich macht.
Richtig gut.
MARION Deshalb war er mit in der Show.
HEIDI Dr. Martin Illig, Spitzenchef und weltbester Liebhaber, Superpatient Ray und eine ganz normale Krankenschwester – deine Tochter
Heidi sieht zu Marion. Marion reagiert nicht.
Daß ich nun so n besonders weiblicher Typ sein soll.
MARION Naja.
HEIDI Kann das sein, daß es daran liegt, daß Sie ein besonders weiblicher Typ sind?
MARION Naja, warum denn nicht. Lag.
HEIDI Lag?
MARION Daß es daran lag, daß Sie ein besonders weiblicher Typ sind.
HEIDI Stimmt, kann es sein, daß es daran lag, daß Sie ein besonders weiblicher Typ sind. Quatsch alles.
MARION Naja. –
Auf meiner Zunge siehts aus, glaubste nicht –
ganze Johannisbeeren.
HEIDI Man kann sich das gar nicht vorstellen, du mußt ja in diesem einen Moment das Richtige sagen.

Es geht dir ja ne Menge durch den Kopf, eben sahst du noch gut aus, aber jetzt in dem heißen Licht kann die Sache schon ganz anders, ganz anders! aussehen.

Es sagt dir ja keiner, du hast Lippenstift am Zahn, Sie haben Lippenstift am Zahn.

MARION   Ich kann jetzt nicht mehr genau den Titel sagen, aber ich habe eine Show gesehn, in der eine Frau Lippenstift am Zahn hatte. Irgend jemand, der ganz toll aussieht, ich weiß nicht mehr wer.

Geht einem noch etwas anderes durch den Kopf als Lippenstift am Zahn?

HEIDI   Ich hatte große Angst, daß ich weinen muß, ich bin nah am Wasser, weißt du ja.

MARION   Du strahlst doch.

HEIDI   Tapfer.

MARION   Du strahlst begeistert.

HEIDI   Nicht, als er mich direkt drauf anspricht, nein.

MARION   Genau da, kann es sein, daß es daran lag, daß Sie ein besonders ...

HEIDI   Das is ja was anderes, das is davor.

MARION   Es ist doch wohl danach.

»Man wollte mir die Hände abhacken«, die Kamera zeigt deine Hände, groß, abgehackt, Schnittbild.

Jetzt er: »Kann es sein, daß es daran lag, daß Sie ein besonders weiblicher ...«

Du strahlst die ganze Zeit, du genießt es, is ganz normal, daß man es genießt, wenn man drüber reden kann.

Ich genieße es auch jetzt hier.

HEIDI   Ich habe es nicht genossen, ich strahle nicht und genieße es nicht.

MARION   Das Strahlen sieht man ja nun.

HEIDI   Ich strahle nicht und genieße es nicht.

MARION   Sollen wirs noch mal gucken?

HEIDI   Ja, wir sollens noch mal gucken. – –

Ich hab mit Martin telefoniert. Die brauchen mich auf der Station.

Pause.

MARION   Ob der wohl ne Frau hatte, denk ich gerade.

HEIDI   Wer der?

MARION   Der Obdachlose. Den euer Ray getötet hat.

HEIDI   Ist nicht unser Ray, war unser Patient, aber nicht unser Ray.

MARION   Aufgemerkt, Mutter hat einen Fehler gemacht, also euer Expatient Ray.

HEIDI   Du gehst mir langsam auf die Nerven

MARION   Ich mir auch. Tut mir leid.

HEIDI   Wir können ihn schlecht alleine sterben lassen

MARION   Natürlich nicht.

Pause.
HEIDI Ich muß.
MARION Meinste, daß der ne Frau hatte?
HEIDI Keine Ahnung.
MARION Mein nur mal.
Man trinkt was, streitet sich, geht weg, mit nichts dabei,
schon schläft einer ein paar Tage in einem Schlafsaal.
Schon ist einer ein Obdachloser. Ob der ne Frau hatte.
Wird nicht drüber gesprochen in der Sendung, oder?
HEIDI Darum geht es auch nicht.
MARION Das wär dann: Fünf Jahre kriegt der für ihren Mann. Wenn der ne Frau
hatte. Naja.
Darum geht es gar nicht.
HEIDI Weil er keine Frau hatte, geht es darum gar nicht.
Heidi geht nach nebenan. Sie kommt sofort zurück.
Schläft. Sagst du »tschüß« von mir?
MARION Ich sag »tschüß«. Heidi, na klar, sag ich »tschüß«. Tschüß, Heidi.
Sie bereitet wieder Brei, Heidi geht.
Tschüß. Tschüß Heidi.
HEIDI Tschüß.
MARION *leise:* Essen ist fertig.
Sie läßt den Teller stehen, setzt sich hin und zündet sich ne Kippe an.
ESSEN – IST – FERTIG.

Black.

Marion nimmt die Rolle der Witwe von Rays Opfer ein.

5.

*Ikea, im neuen Haus, großer Raum, Industriefußboden, auf dem ein Strei-
fen markiert ist, der zukünftige Weg der Kunden.*
Entlang des Weges wird gearbeitet.
Marion und Christiane gehen langsam den Weg entlang.
*Marion sieht sehr verändert aus, in einem schicken Kostüm, businessmäßig
mit Journalistenrequisiten.*
Die Haare anders und geschminkt, eine attraktive Frau.

CHRISTIANE Er geht ja, wenn er geht, geht er langsam drauf zu. Also, er wird erst mal hier
stehen und sich einen Blick verschaffen: Was gibt es überhaupt für Formen,
Farben, und dann wird er probieren.

Wir bauen in die Mitte immer noch was auf, daß er gezwungen ist, schräg
reinzugehen, er ist gezwungen, links zu gehen oder rechts zu gehen, er kann
ja geradeaus, kann er ja nicht und dann ist er ja schon drinnen, entweder geht
er links rein oder rechts rein.

MARION Wir gehen jetzt quasi rückwärts.

CHRISTIANE Wir gehen jetzt rückwärts, den Weg rückwärts,

Wir sind nicht ganz fertig, aber es ist dann auch, sagen wir mal schon ein
Einkaufserlebnis, daß man auf einmal sagt, oh Gott, ja schon von der Farb-
gebung ist es ein anderes Gefühl, weiß, beige, dann sortiert man doch im
Kopf die Gedanken, wie sieht es bei mir zu Hause aus.

»Sieh und Nimm«, einfach dieses System, Mensch, wie fühlt sich das denn
an.

Und eben sehr viele Ecken, damit man überall was ausnützen kann. Wenn
man n geraden Weg machen würde, hätte man rechts und links und keine
Möglichkeit mehr, sich irgendwo zu präsentieren.

Wie könnte es sein, was ist deine Größe, so sieht dein Zimmer vielleicht aus
von der Quadratmeterzahl, wie richte ich mich ein?

Daß man irgendwo denkt, Mensch, ich habe zu Hause ein Bett, aber toll der
Spiegel, würde bei mir auch gut hinpassen, und die Farbe macht es doch
hochwertig, sage ich mal.

So. Was möchten Sie noch wissen?

MARION Ich gucke, ich gucke gerade mal.

CHRISTIANE Ja. Wenn Sie noch was wissen möchten, ich Ihnen noch helfen kann. Wenn
Sie Fragen, noch Fragen haben.

MARION Ich gucke gerade mal. Mit wem ich sprechen könnte, wer den Umbau. Wer
ihn ausführt, sozusagen. Wer macht den Umbau eigentlich, das neue Haus,
so was. Was Allgemeines, was Allgemeines über das neue Haus, den Weg
und ja.

Marion sieht sich um, Christiane ist irritiert, spricht einfach mal weiter, einer
muß. Es wird gearbeitet, Musterzimmer werden gebaut.

CHRISTIANE Wir haben uns gesagt, wir möchten gar nicht so demonstrativ absperren. Ja,
es soll eigentlich mehr, immer rein und durch und anfassen.

Man muß nicht immer ne neue Küche kaufen, man kann ja durch die Farb-
gebung im Hintergrund, diese eine Wand, wo man sagt, Mensch, ist doch
mal was Neues.

Wer hat schon das Geld, sag ich mal, sich alle drei Jahre ne Küche zu kaufen:
Man verändert die Küche durch Griffe.

Die Fronten werden ja geboten ohne Griff, und dann kann man wählen.

Und die können sie auch für Kleiderschränke verwenden, die haben Griffe vielleicht dabei, aber wo man sagt, um Gottes willen, die gefallen mir ja überhaupt nicht, man gibt die Möglichkeit, wenn man jetzt vom Preis her schon eingeschränkt ist, dann sag ich mir, dann laß ichs doch bei den Griffen nicht fehlen, und jetzt kann ich die Küche nicht mehr sehen.

Ray geht mit Farbeimer, Silikonspritze zu einer Wand.

MARION   Mit ihm.

CHRISTIANE   Dann kauft man sich eben die Fronten neu.

MARION   Mit ihm möchte ich sprechen. Ist er Maler? Mit ihm möchte ich ein Gespräch führen. Mit dem Maler.

Den Maler interviewen.

Sie gehen zu Ray.

CHRISTIANE   Kannst du ein bißchen was erklären, Ray, deine Tätigkeit hier.

Marion streckt ihm die Hand entgegen, er gibt ihr seine, schon dabei.

RAY   Weil hier der Durchgang so breit ist, könnte der Kunde den restlichen Teil der Abteilung nicht mitnehmen, weil er gleich ins Restaurant gehen würde. Er könnte gleich durch ins Restaurant.

Also überlege ich, wie wir diese Breite hier wegmachen können.

CHRISTIANE   Das macht man irgendwo ganz oft, daß man mal n anderes Modul stellt, daß man sieht, was es alles gibt, aber daß der Kunde trotzdem in die Abteilung reingezogen wird.

RAY   Der Kunde ist nicht gezwungen, daß er auf den Weg bleibt, er kann die Wege nehmen, wo er durchkönnte.

Ray wendet sich wieder seiner Arbeit zu. Marion sucht weiter seinen Blickkontakt, tritt von der Seite an ihn ran.

MARION   Er könnte durch, aber er soll nicht durch?

RAY   Er könnte durch, aber er soll nicht durch.

MARION   Ich habe die Sendung gesehen.

RAY   Ja. – Die Fläche wird eingeteilt, und jetzt werden die Fugen des Klebebandes, weil es ja eine rauhe Wand ist, mit Silikon abgedichtet, damit wir auch einen exakten Übergang haben.

Christiane verabschiedet sich.

CHRISTIANE   Rufen Sie, schreien Sie!

RAY   Pflaume oder Schlamm – das kann viele verschiedene Variationen haben oder

Pfirsich, was ist Pfirsich, Mint, gehen die Meinungen auseinander.

Hier gehen die Meinungen nicht auseinander. Das sind feststehende Mischverhältnisse von bunten Farben und Schwarz- und Weißanteilen.

MARION   Ich fand es …

RAY   Ich würds nicht noch mal machen.

MARION   beeindruckend.

RAY   Ich würds nicht noch mal machen.
      Wenn ich jetzt hier ne langweilige weiße Küche habe und ich habe diese ein-
      fachen Möbel, dann passiert ja erst mal gar nichts.
MARION   Ruhig, klar, ehrlich: »Was war die Tat?« – – »Ich habe jemanden getötet.«
      Ray hört auf zu arbeiten, dreht sich zu ihr, zum Raum, zu den angedeuteten
      Räumen am Wegrand, den Musterzimmern im Aufbau.
RAY   Ja. – – Habe ich … aber ein bißchen Geometrie drin mit den Farben, die sich
      auch auf die Möbel beziehen, dann besteht n Bezug zu der Wand, und es
      entsteht so etwas wie Design im Raum.
MARION   Ja?
RAY   Dann erst haben wir ein Ganzes.
MARION   Aja.
RAY   Das nehmen wir unbewußt wahr, und wenn wir unbewußt ein Ganzes
      wahrnehmen, etwas, was in sich stimmig ist, dann wirkt das harmonisch auf
      den einen oder anderen. Natürlich unterschiedlich.
      Dieser Raum wirkt auf bestimmte Leute NICHT harmonisch oder nicht
      angenehm.
MARION   Wie gefällt er Ihnen denn?
RAY   Sie müssen mich duzen.
      Ich bevorzuge eins. Interieur eins.
      Ich hab nur kleine Räume, und da sind helle Sachen nicht erdrückend,
      ich hab ne ganze Zeit mit dunklen Möbeln gelebt.
MARION   Waren das nicht ganz weiße Räume, Ray?
      Mit ganz hellen Möbeln, Ray?
      Ist das dein richtiger Name oder ist das so ein Knastname?
RAY   Das ist so ein Kindergartenname, so aus der Vorschulzeit so einer.
      Sehen sich um.
      Das ist nicht Interieur eins, das ist noch ganz nackt.
      In allen großen Flächen: Wohnen, Schlafen, Küche haben wir Homes.
      Um zu sagen: O.k., ihr habt jetzt den Stil mit diesem Sofa, und wenn ihr
      euch ne Küche kauft, das würde eventuell dazu passen, das würde harmo-
      nisch dazu wirken, das wäre kein Stilbruch in der Wohnung.
MARION   Dieses Grün ergänzt sich sehr schön mit diesem hellen Kiefernton, das sieht
      nicht schlecht aus.
RAY   Dieses Graue ist dort n Kontrast oder ist ne Neutralfarbe,
      da hat man grau, aber ist doch irgendwie gemütlich durch diese große rote
      Fläche.
      Dieses Möbel soll verkauft werden, weils hier ne Auflaufwand ist.
      Es gibt immer eine Auflaufwand.
      Er zeigt. Die Kunden kommen hier lang, und die wichtigste Wand ist die,
      Marion zeigt auch.
MARION   die wichtigste Wand ist die,

> *Ray dreht sich und zeigt jeweils auf die Auflaufwände.*

RAY die wichtigste Wand ist die, und die und die.

> *Sie sind in Bewegung.*
>
> Fenster wärn dann hier im Schlafzimmer.
>
> Es werden nicht mehr Wände vollgestellt, als man zu Hause auch wirklich hat.

MARION Ein ungewöhnlich großes Bad.

RAY Aber sehr schön.

MARION Ja, sehr.

RAY Interieur eins ist das!

MARION Das ist es!

RAY Ist auch was mit hell im Namen drin White oder modern white so was

MARION Modern white number one interieur

RAY ne Familie mit Kindern, die wahrscheinlich auch gerne kochen und sich in der Küche aufhalten, deswegen haben die hier n großen Tisch!

MARION Ja!

RAY Also die richtig ihr Essen dann auch feiern.

MARION Absolut.

RAY Hier spielt sich das Leben ab.

MARION So ist es.

RAY Deswegen der große Tisch.

> Der Kontrast ist eigentlich schöner, als mit ner weißen Wand
>
> vor allen Dingen diese Birkefarben, die kommen sehr, sagen wir, sehr appetitlich rüber.

MARION Sind bestimmt nicht sehr alte Leute, die hier drin wohnen.

> Auch keine Kranken. – Keine kranken Leute.

RAY Und keiner allein.

> Wir haben eine Farbwelle …

MARION Ray?

RAY Ja?

> Daß wir nicht drei blaue hintereinander haben, damits vom Auge her nicht langweilig wird.

MARION Ray?

RAY Ja?

> Immer » Sieh und Nimm«, was ist …?

MARION Marion. – –

> Ich finde fünf Jahre nicht viel für meinen Mann.
>
> *Marion setzt sich hin.*

RAY Für deinen Mann? Für den Totschlag an deinen Mann?

> – –
>
> Der hatte keine Frau. Der, für den ich fünf Jahre gekriegt habe, der hatte keine Frau, der Obdachlose.

Sie zieht ihre Kostümjacke aus.

MARION Nein? Hatte er nicht?

RAY Nein, hatte er nicht.

Pause.

MARION Man streitet sich, geht mit nichts weg, und schon ist einer ein paar Tage in einem Schlafsaal.

RAY Der hatte keine Frau.

MARION Ach ja. Mein Mann lebt ja noch. Richtig. Gut möglich. Lebt und lebt. Mein Mann.

Schnell nach Hause. Vielleicht kommt er noch mal. Vielleicht wächst noch was, keimt noch was in seinem Trockenknochenknotenkörper.

Vielleicht wird er noch mal.

Kann ja sein, daß er noch mal wird. Genau. Jetzt wird er wieder. Jahre später wird er wieder. Genau.

Marion lehnt sich zurück, sehr ruhig.

Du hast recht, ich sollte dich nicht damit belästigen. Ich geh einfach mal gucken, ob noch was lebt. Ob er noch mal kommt.

Sie steht auf, nimmt ihre Jacke über den Arm.

Er stellt sich ihr in den Weg, sehr männlich.

RAY Sie konnten es mir noch nicht sagen. Ist es so?

– –

Ich war nicht so weit. Sie konnten es mir noch nicht sagen.

Jetzt ist der Moment, jetzt schicken sie dich.

Haben sie dich geschickt, Marion? Hat Dr. Illig dich geschickt?

Sie will an ihm vorbei.

MARION Ray, das klingt irgendwie paranoid. Niemand hat mich geschickt.

RAY Du hast recht. Niemand wird geschickt. Auf keinen Fall wird jemand geschickt.

Das ist jetzt einfach der richtige Moment. Ich bin stabil. Ich habe meine Arbeit. Ich bin so weit.

lächelt. Gut, dich zu treffen. Gerade dich, sag ich mal.

Ich muß alles wissen. Familiengeschichten und alles, muß ich wissen. Ich muß das alles hören.

Sie stehen voreinander.

MARION Dann kann ich nicht gucken, ob noch was lebt. Im Gehirn oder so. Dann kann ich nicht gucken. Kann ich nicht gucken, ob er noch mal wird, noch mal kommt.

RAY Natürlich nicht.

MARION Dann kommt er nicht mehr.

RAY Beruhige dich.

MARION Dann lassen wir ihn jetzt hier sterben?

Gemeinsam.

RAY Gemeinsam.
Sie setzt sich.
Ich habe über alles gesprochen. Mein Delikt bewältigt.
MARION Hat das lang gedauert, Ray?
RAY Das hat lang gedauert. Langsam, langsam. Schritt für Schritt.
Ganz langsam.
Bist du der nächste? Du bist der nächste. Du bist der letzte Schritt.
Er macht was an der Einrichtung, arbeitet weiter, gibt ihr etwas in die Hand.
Etwas zum Halten.

Black.

6.

Im Musterzimmer, Interieur eins.
Ray arbeitet. Marion assistiert, hält, was er ihr reicht, reicht ihm dann selbst
wieder die Silikonspritze an.

MARION Daß sich jemand traut, so viele Pausen zu machen
Pause Pause Pause
ganz konzentriert
Pause Pause Pause
Pause.
Ich hab die Sendung immer wieder gesehen, wollte dich kennenlernen.
Du, Schwester Heidi und Dr. Illig. Hab ich immer wieder gesehen, immer
wieder:
Du sagst Pausepausepausepause, ein Studium könnte ich nicht fertig ma-
chen Pausepausepause, das wäre zu anstrengend.
Weil du ihn ermordet hast.
RAY Totschlag.
MARION Aber nicht totgeschlagen, nicht? Erwürgt doch, nicht, Ray, oder?
RAY Ja. – – –
Ich muß das hören, Marion. Ich muß das alles hören.
MARION Ich habe meinem Mann gesagt. – – Mit seinem einen Hoden kann er sich
zum Teufel scheren.
Ray, stell dir vor, ich hätte nur einen Eierstock und er hätte so etwas zu mir
gesagt.
Mit deinem einen Eierstock, spazier mal um die Ecke, schaukel deinen ein-
samen Hoden mal noch um Block, ich brauch meine Ruhe.

Wenn er das gesagt hätte, mit meinem Eierstock. Ich hätte mich so gern bei
ihm, ich wollte ihm etwas vorbereiten, entschuldigt, Ray, weißt du?
Aufgeregt bereite ich etwas vor.
Greek salad, Fisch, Fleisch, er war ja die ganze Nacht weg, Ray,
und dann hast du ihn ja auch noch ermordet, wußtest du, daß er schon acht
Monate nicht geraucht hatte, Ray, und an diesem Abend wegen des Streits ja
wohl.
Hast du ihm einen d r e c k i g e n Aschenbecher auf den Kopf geschlagen,
sind irgendwie so die Dreckkippen über seine Ohren gerollt,
hatte er Asche in der Schädelwunde,
lagen die Kippen noch auf seinem Kopf?
Ach, er ist ja gar nicht verblutet, Ray, du hast ja recht,
du hast ihn ja erwürgt, ich schätze,
dabei hast du ihn ein bißchen geschüttelt,
und da werden ihm ja die Kippen vom Kopf gepurzelt sein, ja?

RAY Ja.
          – –

Weiter Marion.
Pause. Sie sieht ihn an.
MARION Hast du Zuschriften gekriegt?
Ich glaube, du hast Zuschriften gekriegt nach der Sendung.
Sie schüttelt ungläubig, anerkennend den Kopf.
Wie sie dich gefunden haben? Wie sie dich gesucht haben?
Einen Hübschen, mit einer feinen Selbstreflexion?
RAY *selbstbewußt:* Ja.
MARION *überrascht:* Ja?
Sie spricht schnell.
Ich hätte ihn auch gern erwürgt, Ray,
hätte ihm gern gesagt,
wenn keiner stört, ist es nicht schlecht, wenn einer stört
in Schilf und Erle, wir beide,
hochaktuelle Winkel, die Elemente,
ich beneide dich so n bißchen, Ray,
ich habe so n bißchen ein doofes Gefühl,
weil man jetzt so im Streit auseinandergegangen ist, weißte
war n bißchen gemein, wenn ich mal nur einen Eierstock hab,
und er sagt, stell den woanders ab,
dann denkt man, wärste doch mal um den Block gegangen,
dreht man mal ne Runde,
nimmt den alten Hund der Tochter,
wirft den alten Hund der Tochter,

ob sie ihn fängt oder durchläßt so was.
Das is so n bißchen n blödes Gefühl so.

– – –

Wär er so gut eingestellt gewesen,
so feierlich medikamentiert,
der hätte den Fernseher leise gemacht,
der hätte still geschlafen.
Mit dieser Deliktbewältigung,
stellen sie einen doch gleich ordentlich ein,
sind doch überall ein bißchen schlierig die Transmittermäuschen,
Ray, wir beide wissen, wie sich mein Mann anfaßt, Ray,
du hast da so ein bißchen in meine Ehe gepfuscht,
in meine Suppe gespuckt,
meine Hausaufgaben gemacht, Ray,
hat das Spaß gemacht,
war da was, kurz davor, war da was?
Bist du vielleicht eine kleine Rivalin, Ray?
Hast du ihn ausgezogen, Ray, und danach schnell Heidschwester Heidi ein
bißchen auseinander?
So Ray?

RAY Ich habe deinen Mann nicht ausgezogen.
Ich habe deinen Mann erwürgt.

– –

Ich habe mich – ausgelöst durch die emotionale Belastung nach einer Tren-
nung in einem Ausnahmezustand,
in einem Schlafraum befunden.
Ich habe Hygiene und Finanzen, Hygiene und Finanzen vernachlässigt,
in einem Obdachlosenheim übernachtet.
Neben einem Mann. Neben deinem Mann.
Pause.
Ihr hattet eine intakte Ehe?
*Marion arbeitet nicht mehr. Marion hat sich auf das Bett gesetzt, lehnt sich
zurück, stützt sich auf die Ellbogen, liegt fast.*

MARION Alles intakt. Alles mitgemacht.
Seine Schwester wird 40, 50, auch mal alt.
Bei mir eingehakt.
In Rücklage mit gesunkenen Absätzen,
erzählt von der neuen Küche, den Faktumbeinen.
Es gehen ja nur die Faktumbeine mit der Sockelleiste.
Sie wollte sie nicht, andere gehen aber nicht, oder man hat die Küche ohne
Sockelleiste.

Mit ihrem geplatzten Gesicht.
Hübsches Adernetz, auf einen Knall geplatzt – –
Fällt sie zurück,
ich habe ihr von hinten unter die Achseln gegriffen;
und sie hat die Beine aus dem Beet gehoben –
ein bißchen zum Saubermachen, denke ich.
Alles mitgemacht.
Das war schon gut.

RAY Familiengeschichten, Marion. Ich muß das hören.

Marion überlegt ein bißchen, sieht sich um, läßt den Kopf in den Nacken fallen.

MARION Wir gehen acht Schritte hinter ihr, hinter ihrem Modemantel, mein Mann und ich, der Hund fällt zurück, ihr Hund zu mir. Sie dreht sich nicht um, ich greif den Hund, na feeein, geb den Hund meinem Mann.
Der streckt den Arm hoch, streckt ihn gerade hoch,
vorne hängt der Hund runter, hinten hängt der Hund runter,
das weiche Brustzeug hängt an seinem Arm.
Er dreht sich langsam, der Hund strahlt, strahlt mich an.
Wir zeigen Zahnfleisch, sie drehen schneller,
mein Mann mit dem Hund. Der Hund hängt nicht mehr, der Hund fliegt, der Hund dreht knapp über die Schwester. Ein kleiner Handgriff, sie hätt ihn gefangen, aber die Schwester zieht den Kopf ein und läßt den Hund durch, läßt den geliebten Hund durch und kommt uns nicht besuchen.

– – –

Ihn auch nicht, besucht ihn keinmal. Meinen Mann, als er viel zu Hause ist.
Als er sehr viel zu Hause ist.

– – –

Familiengeschichten, Ray.
Das war schon gut.

RAY Es war intakt.

MARION Ja. War wohl irgendwie intakt.

RAY Ganz gut, dich zu treffen, gerade dich, sag ich mal.
Sag ich jetzt noch mal.
Gemeinsam hängen sie ein Bild auf.
Ray fixiert das Bild erst an einer Seite.
Ein sehr großes Foto (2×3 Meter), Gotland. Eine Felsenküste, weiße, kleine Häuser mit roten Dächern.
Ray sieht immer wieder zu Marion.
Marion dirigiert, während sie sprechen: höher, mehr nach links, mehr nach rechts.

RAY Bißchen schön machen alles.

Das ist Gotland.

MARION Karge Küsten, steile Klippen. Das also ist Gotland.

RAY Ich bin ein recht guter Läufer,
könnt ich mir hier auch vorstellen, ne Laufschuhsammlung, das wär dann
jemand, der irgendwo gerne läuft, der wahrscheinlich wieder Schilf und Erle
sucht, der ein bißchen die Schilftöne aufnimmt, der hätte dann die alten
Schuhe stehen, das macht n Raum irgendwo groß, die Kilometer, man
würde dem Kunden die Kilometer irgendwo zeigen, das macht n Raum
groß.

MARION Mit den Schuhen, durch die Schuhe.
Sieh mal, mir haben sie im Schuhgeschäft die Tasche geklaut,
das geht ganz schnell, passiert ganz oft, weil man ja mal n paar Schritte
macht, muß man ja, man muß ja den Schuh mal laufen zu den Spiegeln und
so. Da nimmt man dann die Tasche auch nicht mit, gerade, wenn man denkt,
der is bequem, der sieht gut aus,
dreht man sich auch mal. Geht hin und zurück.
Guckt mal im Profil, der Schuh, nicht daß er groß wirkt, oder so,
breit wirkt. – – –

RAY Außer er soll breit wirken.

MARION Ray?

RAY Ja?

MARION Ich male mir manchmal Sachen mit dir aus, Ray.

RAY Ja?

MARION Ich will auch eigentlich gar nicht so drüber reden.
Dann kann ichs mir ja nicht mehr ausmalen.

RAY Ich male mir auch Sachen mit dir aus.

MARION Ja?

RAY Ja. Bestimmt ganz andere.

MARION Das macht ja nichts. Das ist ja egal.
Ganz offensichtlich sind wir in einer wohnlichen Umgebung, Ray.

RAY Du bist nicht zufällig hier.

MARION Du warst nicht zufällig in einem Schlafsaal.

RAY Ich war in einem Ausnahmezustand.

MARION Eins würd ich mir wünschen,
Ray –
Daß wir uns einmal nackt ausziehen.

RAY Ja. Und später, Marion.
Werden wir Besuch haben.

MARION Ja.

Black.

7.

Heidi und Martin Illig zu Hause.

HEIDI Ich finde meine Füße entig.
ILLIG Entig? Warte. Entig? Vielleicht.
  Is so gut?
HEIDI Warte.
  So is gut. Marty. So is gut.
ILLIG Ja.
HEIDI Geh da bloß nicht weg.
ILLIG Nein.
  Ich muß wieder Sport machen.
HEIDI Oh ja,
  wir machen Sport,
  wir werden Sportler,
ILLIG wir werden Spitzensportler.
HEIDI Würdest du mich erkennen, im Dunkeln?
ILLIG Deine Stirn würde mich stutzig machen,
  dein Hintern, an deinem schwitzenden Hintern
  würde ich dich erkennen.
HEIDI Dein Puls klingt so militärisch, Martin.
ILLIG Wir müssen langsam.
HEIDI Schnell müssen wir, ganz schnell.
  Wir können es mitnehmen, Hotelbetten sind so hart.
ILLIG Werden wir nicht bei deinen Eltern schlafen?
HEIDI Wer beengt ist, für den ist das nicht so einfach, meine Mutter hat so viel um die Ohren, ich möchte ihr ein bißchen was abnehmen,
  sie hat meinen Vater, der die Krankheit hat, die ganz klein angefangen hat wie ein Olivenkern, ja Martin, ich möchte ihr unter die Arme greifen, ich möchte, daß wir sie ein bißchen entlasten, daß wir das Aerobett mitnehmen. Daß sie sich gar keine Gedanken machen braucht und wir einfach gut schlafen. Sie keine Sorge hat mit dem Drehbettsofa, das unten Bett und oben Sofa ist und in der Mitte keine harte Kante hat und das sie gar nicht hat.
  Martin, probier mal.
  Martin legt sich auf eine Art Luftmatratze, eine mit Stecker und Elektroaufpumper.
  Euphorisch:
HEIDI Bequem?
ILLIG Das ist toll.

HEIDI Gefällt dir! Und du könntest nicht mal zuviel Luft da reinpumpen, weil das Aerobett ein automatisches Luftdrucksicherheitsventil hat.

ILLIG Moment mal, automatisches was? Mit diesem ganzen Firlefanz kostet das Ding ganz bestimmt ein Vermögen.

HEIDI Nein, nein, nein, kostet weniger, als du denkst, nur ein Bruchteil des Preises anderer teurer Gästebetten wie Sofabetten oder Futons und schau mal, Marty, guck auf die Uhr!

ILLIG Gut.
Neunundvierzig Sekunden.

HEIDI Was sagst du?

ILLIG Phantastisch, echt gut.

HEIDI Du, hör mal, es geht weiter:
»Per Knopfdruck reguliert man das Aerobett von weich bis Sektor hart, während man drauf liegt.«

ILLIG Bitte etwas weicher.

HEIDI Weicher?

ILLIG Etwas weicher.

HEIDI Etwa so?

ILLIG O.k., jetzt ein bißchen härter.

HEIDI Härter?

ILLIG Nicht zuviel

HEIDI Nur n bißchen.

ILLIG O.k., hey, probiers mal mit mir aus!
Heidi legt sich zu ihm.

HEIDI Weißt du, es läßt sich auch leichter stauen.
Sie zieht den Stöpsel raus.

ILLIG Wie mein Selbstvertrauen.

HEIDI *vertrauensvoll zu ihm, in sein Ohr, liegt halb auf ihm.*
Ich probierte Futons und zusammenklappbare Betten, aber nach ner Nacht auf dem Aero kommen all die anderen jetzt nicht mehr in Frage.

ILLIG Komm her, wozu hat man denn Betten.

Black.

8.

Interieur eins.

MARION   Wir sind jetzt im Wohnzimmer und bereiten uns auf Gäste vor.
RAY   Ihre Familie. *Mit Seitenblick zu imaginierten Dritten.*
MARION   Ja schon gut.
RAY   Ne Bratwurscht braten.
         Ne Bratwurscht braten,
         machen wir die Blechdinger dazu, dann haben wir …
MARION   Hier sind grüne Oliven.
RAY   Guck mal, das sind ja merkwürdige Tomaten, nicht?
         Bin ich mal gespannt, wie die schmecken.
         Marion, willste das mal probieren
MARION   Und jetzt?
RAY   Haste probiert, Marion?
MARION   Biste noch nich zufrieden?
RAY   Nee. Liegt aber auch daran, daß das Couscous so doof is.
MARION   Schmeckt doch gut.
RAY   Is einfach wie Brei.
MARION   Müßte doch körnig sein.
RAY   So war das früher auch.
         Das Couscous, das ich sonst hatte.
         Das war so.
MARION   Schmeckt ganz gut. Aber dieser Brei.
         Kann man nichts dran ändern.
         Was wolltste jetzt noch für n Salat machen?
RAY   Italienischen.
MARION   Den mein ich nich.
         Wir müssen jetzt mal mit dem grünen Salat anfangen.
         Mit dem grünen Salat, weißte Ray, mit dem grünen.
         Du, die Oliven sind ja mit Kernen.
RAY   Scheiße.
         Ich hab jetzt noch von der Mozzarella zurückbehalten.
         Sollen wir das jetzt noch machen?
MARION   Auf keinen Fall. Ich tu das jetzt einfach mal rein.
         Was können wir jetzt noch machen?
RAY   Jetzt is noch dieser doofe greek salad.
         Ham wir noch ne Schüssel?
MARION   Was is n hier oben noch für ne Schüssel?

        Könn wir hier so ne weiße nehmen?

        Ich mach jetzt einfach alles fertig.

        Dann müssen wir noch n Tisch aufstellen.

RAY   Brauchen wir nicht.

MARION N kleiner.

        Und wenn sich doch jemand raussetzen möchte.

        Im Ofen ham wa denn eigentlich nur die Brote zu backen.

RAY   Ja.

MARION Wir ham so merkwürdige Sachen hier.

RAY   Naja naja.

MARION Dieser griechische Salat. Den haben wa ja nur mit Zuchini.

        Man muß ihn ja nicht griechisch nennen.

        Is aber schon n bißchen ärgerlich und dann sind noch.

        Was macht man denn da noch alles ran?

        Tomaten, Oliven wieder, also wer hier keine Oliven mag, is verloren.

RAY   Hier sind noch die Soßen.

        Chili, Texas kann man sich dann raufmachen.

MARION Ich kann nicht mehr.

RAY   Den griechischen!

MARION Du, sag mal. Was macht man da für ne Soße ran,

        Einfach mit Knoblauch auch?

        Man glaubt das ja einfach nicht.

RAY   Und schmeckts?

MARION Schmeckt überhaupt nicht.

RAY   Schmeckt merkwürdig.

MARION Schmeckt ganz eklig.

RAY   Ihhh der Schafskäse.

MARION Kommt einfach nich auf n Tisch.

        Ham wir n ganz merkwürdiges Büffet. Alles schmeckt eklig.

RAY   Na eklig nich.

MARION Aber nich gut.

        Jetzt kommt der tolle Mozzarella – Teller.

RAY   Wir müssen noch den grünen Salat machen.

        Dann das Badezimmer.

        Und noch Fleisch und Fisch.

MARION Na wunderbar.

        Wolltest du das hier nicht noch verteilen.

        So vor allen Dingen jetzt den Salat.

        Schon halb sieben. Gott oh Gott.

        Ray, mach du den Salat.

        Ich mach noch die Mozzarella.

        Ich muß jetzt erst mal duschen

RAY So wenig!! Is so wenig.

MARION So hab ich jetzt hier alles?

RAY Übrigens Frau Mehles ist auch so eine.
Und Kaffee? Was is n mit Kaffee kochen?

MARION Kaffee machen wir einfach nicht.
Ich weiß jetzt nicht, wie man die schneiden soll,
daß man die schöne Form noch erkennt.

RAY Du kannst sie doch einfach so hinlegen.

MARION Ich meine, daß wir zuwenig Gläser ham.
Jetzt geh ich erst mal unter die Dusche.
Nee, is natürlich Scheiße.
Die Bluse muß zum Schluß.

RAY Ich mach da jetzt aber noch ne gelbe Tomate drauf.
Is leider schon zermatscht.
Das is natürlich blöd.
Ich brauch mal vernünftige Messer, also guck dir das mal an,
ich kann das überhaupt nicht schneiden,
die lassen sich nicht schneiden.

MARION Is eben n ganz anderer Tomatenteller.

RAY O.k.

MARION Sollten wir hier noch mal n bißchen überwischen.
Wir müssen ja auch noch im Bad.

RAY Hattest du denn überhaupt schon was mit Zitrone gemacht?

MARION Mm

RAY Was?

MARION Das Tiramisu.
Halb sieben.
Ich dusche, dann mach ich noch n bißchen das Bad sauber.
Am besten wärs jetzt, ich bin solange im Bademantel.
Mach ich mir noch die Bluse schmutzig. Bevor ich dann endgültig.
Wenn ich noch in der Küche bin und noch irgendwas mache, spritz ich mich
voll.
Ich bin so erledigt, ist doch anstrengend.
Ich muß ja noch diese blöden Fische machen.

RAY Du duschst jetzt mal, Marion.
Wir bereiten uns auf Gäste vor.
Ihre Familie. *Mit Seitenblick zu imaginierten Dritten.*

MARION Ja, schon gut.
Kling, o.k., da sind sie

Black.

9.

Interieur eins. Alles andere ist von der Bühne verschwunden. Interieur eins
ist bewohnt.
Eine Wohnung wie Interieur eins.
Eine große Wohnküche. Ein Buffet ist angerichtet.
Weiter vorne im Wohnbereich ein großer Eßtisch.
Musik.
An der Wand, die Fototapete »Gotland«.
Heidi und Martin Illig werden von Marion, Ray und Christiane hereinge-
führt.
Alle in Abendkleidung.
Illig trägt das zusammengerollte Aerobett.
Illig begrüßt Ray, sie schütteln sich kräftig die Hände, dann schlägt Illig ihm
anerkennend, ein bißchen väterlich auf die Schultern, wie: Gut gemacht, gut
gemacht, sehe, hast es zu was gebracht!
Marion nimmt Illig das Aerobett ab und legt es auf den Boden.

Alle schwungvoll, sehr begeistert.

MARION, RAY Willkommen in unserer Wohnung! 70 m².
ILLIG Ganz toll.
HEIDI Es ist großartig.
MARION Wir, hier. Ja und ihr ja auch. Und Christiane.
RAY Wir sind home an home. Home an home sind wir.
CHRISTIANE Man soll nicht in Schubladen denken. Wer das sagte, muß meine Wohnung
gekannt haben! 40 m².
Aber mit Ideen geht alles. Zum Beispiel mit der Idee, einfach Wandschränke
mit Kissen auszustatten und so superpraktische Sitzcontainer zu schaffen.
Verrückt? Vielleicht. Aber ich liebe diese Dinger!
MARION Ganz wunderbar.
RAY Es ist ganz wunderbar.
HEIDI Toll.
Die beiden Paare gegenüber, die Männer legen die Arme um die Schultern
der Frauen.
ILLIG Einfach toll. Wirklich toll.
RAY *laut als Gastgeber in die Runde:* Gut hergefunden, alles gut gefunden?
ILLIG, HEIDI Sehr gut. Sehr sehr gut.
Ray massiert Marion die Schultern.
MARION Es war doch viel Streß.

CHRISTIANE Wir suchen uns die Wohnung ja aus,
wie sie uns gefällt, und dann denkt man, mein Gott,
ich wohn gar nicht weit weg von meiner Familie, jetzt kommen die mich
vielleicht oft besuchen und wo schlafen die dann jetzt?
Ja, oder wo ess ich mit denen oder wo machen wir mal ne Feier?
Da signalisiert man, ach so, du hast noch kein Eßzimmer?
Wie wärs denn damit, damit, damit?
Ray zeigt schwungvoll zum Buffet auf der Arbeitsplatte
RAY Wie wärs denn damit!
Wollen wir das Essen ein bißchen feiern!
MARION Einfach jeder nimmt sich.
Alle am Buffet. Immer sieh und nimm.
Jeder tut sich auf, Mozzarella, Couscous, Oliven...
MARION Einfach Zucchini mit Oliven, Mozzarella, Couscous mit Oliven ist das ...
Alle sind recht durstig. Um die Getränke kümmert sich Ray.
Marion und Heidi vor dem Foto.
MARION Karge Küsten, steile Klippen. Das ist Gotland.
HEIDI Das also ist Gotland.
ILLIG *vertraulich zu Christiane:*
Ein außergewöhnlich geräumiges Bad.
CHRISTIANE *zu Illig:* Aber nicht mehr Wände zum Vollstellen, als man hat.
Illig und Christiane gehen ins Bad.
Heidi läßt sich anhand ihres Tellers von Marion noch mal das Büffet er-
klären, einfach Zucchini mit Oliven, gelbe Tomaten sind das, komische
Form.
Aus dem Bad.
ILLIG Habe ich was blitzen sehen?
Hat da was geblitzt? Lachen Sie noch mal!
CHRISTIANE Hahahaha.
wiederholt.»Lachen Sie noch mal.« Hahaha.
ILLIG Lach noch mal.
CHRISTIANE Hahahahaha.
ILLIG Haha.
CHRISTIANE Haha.
Wir ham n schwieriges Verhältnis meine Zahnärztin und ich.
Nicht jeder verträgt jedes Gold.
Ich hab sie gezwungen, mir Gold zu besorgen, damit ich das durchtesten
lassen kann.
ILLIG Wie denn durchtesten?
CHRISTIANE Keine Ahnung.
Bei einem Spezialzahnarzt.

Sie hatte Probleme, das Gold zu besorgen, weil ichs dann vielleicht nicht nehme.

Christiane und Illig kommen zurück aus dem Bad.

Dann kam das Ergebnis:

Es war das völlig falsche Gold.

Gift für mich.

Sogar das Porzellan, das ich schon drinnen hatte, war falsch.

Alles falsch. – –

Aber da war ich schon wieder runter von dem Trip und habs einbauen lassen.

ILLIG Wer weiß.

CHRISTIANE Ach naja.

Ray tritt ihnen entgegen mit Getränken.

RAY Angenehme Anreise gehabt?

ILLIG Mir ist jemand auf den Schuh getreten.

HEIDI Er hat so einen weichen Schuh.

Alle tasten. Stehen am Tisch.

Oben ist es weich auf dem Schuh.

Also gerät der ins Straucheln,

ILLIG der andere

HEIDI weils dick ist,

ILLIG uneben ist, entschuldigt sich und fällt weiter,

HEIDI wir stützen ihn natürlich. Gemeinsam.

ILLIG Und sehen freundlich aus, wie wir ihn stützen.– –

Wir sehen immer ein bißchen freundlich aus.

HEIDI Bis wirklich mal einer stürzt oder so – – –

MARION Schön, daß ihr hier seid. Bei uns seid.

Setzen sich um den Eßtisch. Ray neben Marion, Christiane, Illig, Heidi.

CHRISTIANE *zu Heidi:* Wie kam denn das raus, daß man Ihnen die Hände abhacken wollte?

Marion beginnt sofort, leere Teller abzuräumen.

HEIDI Der Patient erzählt es seinem Arzt.

Der erzählt es mir. So. – – –

Dann heißt es doch nicht.

ILLIG Ganz klären wird man das nie können.

HEIDI Dieses Hin und Her das war vielleicht das schlimmste

CHRISTIANE Ist man dann irgendwo jemand, der seinen Arbeitsplatz wechseln möchte?

HEIDI Es gibt sicherlich Tage, an denen ich sehr gerne arbeite, aber wenn solche Dinge passieren,

CHRISTIANE *verständnisvoll.*

Das ist klar.

HEIDI   eben eine geplante Geiselnahme, wo ich eben als Geisel genommen werden sollte.

Von diesem Patienten, der es ja erzählt hat.

Vergewaltigt werden sollte und auch zerstückelt, was mich schon sehr getroffen hat.

CHRISTIANE   Hat das etwas damit zu tun, daß Sie ein sehr weiblicher Typ sind?

Heidi lächelt sehr geschmeichelt, Marion räumt die Spülmaschine ein.

Daß es vielleicht auch etwas ist, daß sie sich in Sie verlieben und sie wissen, sie kommen nicht an Sie ran, und dann entstehen solche Phantasien.

HEIDI   Ich denke schon, daß das ein Stück weit mit einfließt,

sicher man sucht schon die Ursache, warum ist das so.

Warum sind diese Gedanken da.

Warum soll so was mit dir gemacht werden.

Was hast du gemacht, daß solche Gedanken kommen.

ILLIG   Ganz klären wird man es nie können.

HEIDI   Dieses Hin und Her war eigentlich das schlimmste.

Pause.

Und für mich war eben das schlimmste, daß die Hände eben abgehackt werden sollten.

Das fand ich ganz schlimm, es ist so n Verlust irgendwie.

Es soli was wegkommen. – Was, Ray?

Ray schenkt nach.

CHRISTIANE   Was denn, Ray?

Aber Ray ist nicht derjenige, der dir die Hände abhacken wollte?

HEIDI   Natürlich nicht, Ray doch nicht.

RAY   *sehr freundlich, klar und deutlich:* Ich bin jemand, der ferngesehn hat und der jemanden getötet hat,

CHRISTIANE   Situation ...?

RAY   jemanden, der geschnarcht hat,

CHRISTIANE   Situation Schlaf.

RAY   mich gestört hat,

den ich angeschrien habe, auf den ich dann eingeschlagen habe, der mit einem Aschenbecher nach mir geworfen hat und den ich erwürgt habe.

CHRISTIANE   Auf den du eingeschlagen hast, der dann einen Aschenbecher geworfen hat. – – –

Bist du erst wieder weggesprungen, oder was?

HEIDI   Ich dachte auch immer, daß du ihm den Ascher direkt auf den Schädel geschlagen hast.

Martin?

ILLIG   Ray sollte schon selbst antworten. Nun Ray, die Frauen verstehen dich nicht.

RAY   Es ist ca. null Uhr passiert, ich bin die Nacht in dem Zimmer geblieben, habe Kaffee getrunken, was gegessen.
Morgens hab ich dem Hausmeister gesagt, ich hätte n Problem.
Das waren meine Worte.

CHRISTIANE   Sie haben Abitur gemacht, Ray.
Jetzt, wo es ein bißchen privat ist, ein bißchen zwanglos ist:
Haben Sie auch studiert?

RAY   Ja.

CHRISTIANE   Was denn, was haben Sie studiert?

RAY   Sport habe ich studiert.

CHRISTIANE   Fertig gemacht?

RAY   Abgebrochen, weil ich dem Streß nicht mehr standhalten konnte.

CHRISTIANE   Und was vermissen Sie am meisten?

RAY   Ich glaube, ein bißchen Geborgenheit fehlt mir.

CHRISTIANE   Zärtlichkeit auch?

RAY   Zärtlichkeit auch.

CHRISTIANE   *beugt sich zu ihm. Von Marion nicht unbemerkt:* Erzähl mir ein bißchen von dir, wie kommst du hierher, wie kommt man hier weg?

RAY   Ich komme mit der Bahn, mit der Bahn fahre ich.

CHRISTIANE   Erzähl ein bißchen!

ILLIG   *lächelt Christiane an, wie: Ich mach das schon, auf mich hört er:* Erzähl von dir, Ray.

RAY   Ganz angenehm, wie der Kopf so an der Scheibe lehnt.
Das ist sicherlich ganz angenehm.
Plötzlich fahren sie einen vor die Leute. Wenn die da schon stehen, wo man selbst die Augen erst aufmacht und der Mund schon offen ist, wenn die da schon stehen, sieht die Sache schon ganz anders aus.
Da steigt man aus. —

CHRISTIANE   *rutscht rüber auf Marions leeren Platz neben Ray. Schwärmerisch:* Ist alles so leise geworden, was Ray?
Man merkt das ja gar nicht mehr, wenn die sich bewegen,
manchmal denke ich, vielleicht haben sie einen längst wohin gefahren?
Das frage ich mich manchmal.
Marion dazwischen, versucht sich ins Gespräch zu bringen.

MARION   Situation Bahn?
Was ich mich da so frage:
die Kinder frage.
Hallo, Kinder, hallo mit euren bunten Kadavertüten,
habt ihr ne Ahnung, warum wir <u>so</u> rum sitzen,
mein Arsch bleibt gleich breit,
und Beine hab ich auch noch.

Also?
Die Kinder stecken die Schnauzen in die Tüten
und fahren mich rückwärts nach Hause.
So was, hab ich mich schon gefragt, manchmal.

CHRISTIANE *schwärmerisch:* Ich stelle mir vor manchmal, daß ich nur den Mantel, im neuen Haus, nur einen Mantel trage.
Erle, Schilf, Vanille, Grani – bleu, Sand, Brasil.
Camouflage, Ray, Camouflage.
Die Farben des Feldes!

—

Daß du jemanden ermordet hast.

RAY Totschlag.

Marion steht am Tisch, setzt sich nicht wieder hin.

MARION Aber nicht totgeschlagen in dem Sinne.
Totgewürgt, nicht Ray? Von vorne oder von hinten, Ray?
Wollte eine mit dem Rollstuhl rein, das ging die ganze Zeit …
ihre Betreuung rief zum Fahrer:
Was ist besser vorne rein oder hinten rein?
Hinten rein, hinten rein is leichter!
Wie findest du das Ray?

RAY Wie soll ich das finden?

Ray schenkt nach.

CHRISTIANE Ich beispielsweise bin ein Mensch, ich habe gar kein Lieblingsessen, ich nehm am liebsten, was meine Begleitung nimmt.
Ich nehm, was die Wärter essen, würde ich dann sagen, Situation Lieblingsessen.
Ich würde für dich kämpfen, in der ganzen Welt Geld für deinen Anwalt sammeln, der die Geschworenen von deiner Unschuld überzeugt,
aber du bist ja schuldig, na macht ja nichts.

RAY Schuldunfähig.

HEIDI Du warst gut.

RAY Wir warn alle gut.

HEIDI Du warst super.

RAY Alle warn super.

ILLIG Wir alle waren – nicht schlecht.

HEIDI Wer das alles gesehn hat, darf man gar nicht dran denken.

RAY Wer denn?

HEIDI Niemand Bestimmtes, nur alle möglichen.

RAY/ILLIG War aber gut.

Marion steckt den Stecker vom Aerobett in die Steckdose. Das Aerobett pumpt sich auf.

MARION <u>Das</u> ist gut! Nur 45 Sekunden!!

ILLIG *euphorisch:* Nur 45 Sekunden. Nicht übel. Verdammt. Gar nicht übel.

Ray legt sich auf das Aerobett. Alle euphorisch. Alle zum Aerobett.

ILLIG Wie ist es?

RAY Einfach gut. Wow.

ILLIG Nun schlaf hier nicht ein.

Alle lachen.

RAY Ich dachte, es sei so ne Luftmatratze, und sieh mal, ich bin nicht gerade klein, naja, ich wiege so 100 Kilo, das ist die einzige Luftmatratze, die ich je hatte, die mein Körpergewicht ebenmäßig hält.

Nacheinander aufs Aerobett, Illig, Heidi, Marion, Christiane.

ILLIG Hotelbetten sind so hart, und ich kann euch sagen, ab sofort habe ich das unterwegs mit dabei.

Es ist echt leicht aufzustellen, außerdem finde ich gut, wie man es ganz leicht zusammenpacken kann.

HEIDI So kann ich es einfach in den Schrank stellen – kein Problem.

RAY Es ist sechsmal leichter als ein ortsansässiges Gästebett.

ILLIG Wenn ich noch Student wäre, würde ich damit herumziehen.

MARION *glücklich:*

Ich war vor knapp drei Wochen Ski fahren. Wir waren zu sechst und sonst nehmen wir drei Hotelzimmer, das ist ziemlich teuer.

Da sagte ich, nehmen wir doch das Aerobett, und wir haben alle drauf geschlafen.

Habens abends verlost, wer probierts heute nacht.

HEIDI *scharf:* Du warst nicht vor drei Wochen Ski fahren.

MARION Vor drei Jahren Ski fahren. Dreißig Jahren.

ILLIG Ich glaube, das war gerade ein neuer Weltrekord.

RAY Ganz bestimmt, ja.

MARION Wir sind seit einigen Minuten auf dem Bett.

Alle zusammen auf dem Bett.

RAY Ich habe deinen Vater getötet, Heidi.

Marion verläßt das Bett.

HEIDI *lacht:* Haha hahha.

Mein Vater mit seinem, was ein paar von Hundert immer mal haben,

was früh erkannt zu gar nichts führt, wie ein Olivenkern anfängt,

hier den Herd hat, hier immer weitergeht,

Zwischen die Beine, Brust, Gehirn.

bei ihm durch die Haut guckt, weil er nicht einer ist, der sich da rumfaßt?

Zwischen die Beine.

Heidi verläßt ebenfalls das Bett, ihrer Mutter hinterher.

Marion betrachtet sich im Herdfenster. Der Herd ist kindersicher in Augen-höhe installiert.
Sie beachtet Heidi nicht. Macht sich die Haare, zieht die Lippen nach. Zahn-kontrolle.

HEIDI   Das muß die Frau machen, die eine lange Zeit mit ihm alleine ist, zu Hause bleibt mit ihm, wenn sie da nicht zur rechten Zeit mit beiden Händen dran war.

CHRISTIANE   Dann ist sicherlich die ganze Familie herum, um das Krankenzimmer herum, sag ich mal, das ist dann sicher der Lebensmittelpunkt, Situation Bett.
Wir haben den Herd, das zentrale Bett und dann eben für die Angehörigen in allen Zimmern Gästebetten, dann verteilen sich die Angehörigen langsam auf die Gästebetten in den Zimmern, langsam greifen dann die Angehörigen über auf die anderen Zimmer, und so entstehen dann irgendwo eine Vielzahl Gästezimmer. Mehr und mehr Gästezimmer entstehen.
So daß die Familie herum ist, denk ich mal, um ihn herum ist die Familie.

HEIDI   Ja, alle sind um ihn herum. Um ihn herum ist die Familie.

– – –

Marion zündet sich ne Zigarette an.
zu Christiane. Die Familie ist um ihn herum. Herum und Herum.
Heidi zurück aufs Aerobett.

HEIDI   Also Ray. Gut, Ray.
Gut, Ray, weil, das sag ich dir mal, Hände und Zehen taub wärn, weil s im Gehirn wäre und der Mann, der sich da nicht hinfaßt, Söckchen anziehen möchte, das ist ja sehr gut, Ray, ach das ja gut, Ray, dass du ihn.

CHRISTIANE   Und das beste?

HEIDI   Hey hey Ray Ray – hat für Ordnung gesorgt.
Ray verläßt das Aerobett,
Christiane nimmt Illig an der Hand.

CHRISTIANE   Meine Wohnung reflektiert meine Persönlichkeit, meinen Lebensstil. Ich kann lesen, schlafen, arbeiten, Musik hören, wann und wo ich will.
Willkommen in meiner Wohnung. 40 m².
Sie verschwinden nach nebenan.
Das ist Gotland.
Ray gönnt sich auch mal einen Drink ... nicht nur einen. Heidi ist alleine auf dem Aerobett.

HEIDI   *ruft:* Marty!
Marty!
Ray kennt meinen Vater!!!
Illig kommt zurück, zu Heidi. Aufs Aerobett.

ILLIG Liebling.
Wer nicht wird, der wird nicht mehr.

– –

Wer nicht kommt zur rechten Zeit, ...
Christiane kommt auch zurück, sauer.
Illig und Heidi alleine auf dem Aerobett.

CHRISTIANE Das Aerobett muß weg! Raus mit dem Aeroeindringling!
Sie reißt sich zusammen.
Ich bin irgendwo jemand ohne Pump-, ohne Gästebett.
Zur Zeit wohnt n Ikeafreund aus New York bei mir.
Er hat mich gestern gefragt, ob er in meinem Zimmer schlafen kann,
und ich habe, ich habe, ich kann das jetzt kaum wiederholen,
obwohl ich eigentlich nicht so bin, ich habe gesagt:
Can you fuck me, und da hat er gelacht und gesagt yes,
und das war sehr heftig,
und dann am nächsten Morgen, fast ohne Bewegung, ganz langsam,
ja.

ILLIG *runter vom Bett, auch noch einen Drink:* Ja.

CHRISTIANE Sagt er:
Dieses ewige Lächeln, diese Grimasse soll weg.
Muß ich lachen, Sex ist was Schönes für mich.

ILLIG Ihn rausziehen und bei dir reintreten?

CHRISTIANE *aufgeräumt:* Fick ich ihn mit einem Hammer in der Hand,
daß ich ihm den Schädel eintrümmern kann.
Gegebenenfalls.
Heidi auch runter vom Bett.

HEIDI Fick ihn mit einem Messer in der Hand.

MARION Auf dem Aerobett,
Marion zurück zum Aerobett. Mit Abstand. Alle jetzt mit etwas Abstand
zum Aerobett.
ein Stich in das Aerobett –
Druckabfall in Sekunden – diese ganz alten Urlaubssorgen.
Diese alten Strandsorgen.

ILLIG Da muß man mal ran, da muß mal einer ran, die alten Aero–Sorgen.
Einstechen, zustechen, Druckabfall.

HEIDI Hände abhacken.

RAY Das mit Verlaub gesagt, Heidschwester Heidi, geht sowieso.
Ums Abhacken gehts hier nicht,
da passiert nämlich gar nichts, weil ein Hackebeilchen nämlich nicht spitz
genug ist, du Muschimaus du.

HEIDI Ich glaube, ich habe erst jetzt das Aerobett irgendwo verstanden.

Ich könnte mir vorstellen, einfach mal jemandem eine Injektion zu geben.

– –

Situation Kanüle.

Zu Marion. Jemandem, der nicht mehr wird. Nicht kam zur rechten Zeit.

RAY Komm mal her.

Ray setzt sich. Heidi setzt sich auf Rays Schoß. Sie rutschen sehr konzentriert beide hin und her.

Is so gut?

HEIDI Warte.

– –

So is gut. Ray. So is gut.

RAY Ja.

HEIDI Geh da bloß nicht weg.

RAY Nein.

Ich muß wieder Sport machen.

HEIDI Oh ja

wir machen Sport

wir werden Sportler

RAY wir werden Spitzensportler.

Ganz gut, dich zu treffen, gerade dich sag ich mal.

Heidi sitzt bei Ray auf dem Schoß.

Heidi sehr intim mit Ray, faßt ihn ins Gesicht, während sie spricht, hält sich an seinem Kinn fest. Sieht Marion an.

HEIDI Kann es sein, daß es daran liegt, daß ich ein besonders?

– –

Kam er gar nicht drüber weg.

MARION Jaha, Sie Idiot, Jaha

watch my mouth

so fick ich

so schnell so mach ich das, was Ray, oder?

Oder was?

RAY Naja.

Heidi schlingt ihre Arme um Ray. Marion raucht, lehnt am Küchenschrank.

ILLIG *zu Heidi leise, betont vertraut. Über Ray hinweg, den er ignoriert:* Das sind die Faktumbeine!

HEIDI Ich will die andern.

ILLIG Wir wollen doch …

CHRISTIANE Ne Sockelleiste?

Da gehen nur die Faktumbeine.

ILLIG Wenn wir den Schrank freistehen lassen, frei … unten frei, ohne Sockelleiste – aber die Beine für die Sockelleiste, das sind die Faktumbeine.

HEIDI Ich versteh schon, ich versteh das alles, es geht bloß um die Gesamthöhe weil die krieg ich ja nur auf zwölf Komma fünf runter, die Faktumbeine.

ILLIG Wenn wir da noch rumsägen, n bißchen schrauben, wir sagten, daß wir basteln, kriegen wir die auch auf elf Zentimeter.

HEIDI Die krieg ich runter auf elf, dann ist in Ordnung, dann is prima, dann is prima.

CHRISTIANE *scharf:* Natürlich kriegt sie die runter auf elf.

HEIDI *zu Ray intim:* Macht so tolle Geräusche.

RAY Mmhm

Illig wendet sich ab. Er stellt sich gerade hin.

ILLIG *wichtig:* Man könnnte also sagen, wenn Schwester Heidi und oder Mutter Marion jemandem …

CHRISTIANE Jemandem, der stinkt. – – – Der Söckchen will.

HEIDI *aufgebracht:* Der den Hund über die Schwester dreht, daß er knischt hinten. Der nicht besucht wird, weil er den Hund zerknirscht.

ILLIG *ruhig, kalt:* Familie, Heidi. – – – Famil - i - e. Etwas zu trinken geben würde,

CHRISTIANE etwas zu trinken gegeben hätte …

RAY *hält Heidi schon gewalttätig fest, zu Marion:* Man könnte also sagen, daß Marion, seine Frau Marion. Könnte man also sagen …

ILLIG *scharf, weist ihn zurecht:* Man streitet sich, trinkt was, will nicht zu Freunden, und schon ist einer in einem Schlafsaal, das könnte man sagen.

RAY *macht sich von Heidi los:* Wenn ich das Aerobett beharrlich bewerbe, diese ganz alten Urlaubssorgen umwerbe, jemanden auf dem Aerobett zersteche, jemanden und nicht das Aerobett, sag ich mal,

Wirft Heidi aufs Bett.

gerade ich, sag ich mal, dann wäre das wie?

Sie geben Ausgang, und die Kleine einer Anwohnerin wird zerschnitten.

Einer kleinen Anwohner-Famil - i - e wird zerschnitten.

Das wäre dann Situation Illigs Marty? Doktor Martin Illig?

Doktor Illig, Martin?

Pause.

CHRISTIANE Situation Herd – – – Situation Krankenzimmer.

Da hat man dann nicht das feine Geschirr, nicht das dünne, läßt mal einer den Kopf hängen, schlägt in seine Kaffeetasse, splitterts weiß runter

HEIDI wie am Schießstand, daß man ein Alien für den Schlüssel kriegt,

CHRISTIANE wenn der Boden freiliegt, alles weggeschossen ist,

HEIDI das ganze Teil, Scheißplastikteil runtersplittert.

CHRISTIANE Bei den Büromantikbechern, die man da dann vielleicht irgendwo hätte, die dann dickwandig sind, schafft das eben keiner, Pott Pott Kaffee, da müssen sie jemanden schon von der Decke in einen Bürobecher stürzen lassen, dann vielleicht – aber wer macht denn so was?

RAY   Wer macht denn so was?

Ray kümmert sich zärtlich um Heidi. Marion guckt, raucht, lehnt. Perfekt frisiert.

ILLIG   Dir gehören die Hände abgehackt.

RAY   Sie haben das anders entschieden.

ILLIG   Ich habe schon so einiges entschieden.

Ray mit Heidi.

MARION   Haben wir aber noch gut hingekriegt, Ray.

Ray mit Heidi. Marion noch mal ein paar Schritte näher ans Aerobett.

MARION   Ich werde dann mal gucken.

CHRISTIANE   Was denn?

MARION   Weiß ich nicht.

Marion wendet sich zum Gehen.

RAY   Geh doch gleich durch zum Restaurant.

CHRISTIANE   Ihr bleibt aber noch.

Ende

Peter Turrini
Ich liebe dieses Land

Theaterstück in drei Akten

Klagenfurter Fassung

Ich liebe dieses Land

Personen der Handlung: Ein Flüchtling aus Nigeria, Benjamin (Beni) Jaja, *25 Jahre · Eine Putzfrau aus Polen*, Janina Wisniewska, *50 Jahre · Ein Wachebeamter*, Uwe Völker, *35 Jahre · Ein Arzt*, Dr. Armin Schlette, *55 Jahre · Ein Polizeipsychologe*, Hans-Ulrich Waldner, *36 Jahre · Ein Journalist*, Klaus Hamm, *53 Jahre · Ein Polizeipräsident*, Dr. Eugen Flimmer, *48 Jahre · Seine Frau*, Rita Flimmer, *37 Jahre · Ein kleiner Mann*, Luigi Lattermann, *unbestimmten Alters · Ein Mann mit Goldrandbrille*, Edmund Stauber, *45 Jahre ·* Ein mobiles Einsatzkommando der Polizei (MEK)

Ort der Handlung: 1. Akt: Der Raum vor einer großen Zelle in einem Strafvollzugsgefängnis · 2. Akt: Die Wohnung der polnischen Putzfrau Janina Wisniewska in Neu-Spandau · 3. Akt: Die große Zelle im Strafvollzugsgefängnis

1. Akt

Eine Art Vorraum vor einer Zelle. Ein Schwarzer befindet sich im Vorraum: Ein junger Mann, groß und schlank. Er hat eine Narbe auf dem glattrasierten Kopf und dadurch ein etwas gewalttätiges Aussehen. Seine Hände sind mit Handschellen gefesselt. Die Handschellen sind mit einer dünnen Kette an die Heizungsrohre gekettet. Im Vorraum befindet sich auch eine ältere Putzfrau. Sie hat ihre Putzutensilien am Boden ausgebreitet und putzt vor sich hin. Die Putzfrau trägt übergroße Gummihandschuhe über ihren Händen und ihren Unterarmen. Sie beobachtet den Schwarzen. Er weicht ihrem Blick aus. Schweigen.
Ein Wachebeamter in Uniform kommt mit zwei Häftlingen in den Raum. Beide sind in Zivil und tragen Handschellen. Der eine ist ein sehr kleiner Mann, unbestimmten Alters, der andere ein Mann über vierzig mit Goldrandbrille. Der Wachebeamte führt die beiden durch den Vorraum, sperrt eine hintere Türe auf, die offensichtlich in eine größere Zelle führt, geht mit den beiden Häftlingen in diese und schließt die Türe ab. Der Schwarze und die Putzfrau sind wieder alleine. Die Putzfrau kommt dem Schwarzen mit ihren Putzutensilien näher. Sie bleibt vor ihm stehen und schaut ihn an. Sie nimmt ein Putzmittel in die Hand und hält es dem Schwarzen hin. Schweigen.

DIE PUTZFRAU *mit polnischem Akzent:* Meister Proper ist jetzt bei Aldi dreißig Pfennig weniger.

DER SCHWARZE *vorsichtig:* Ich liebe dieses Land.

DIE PUTZFRAU Deutschland sehr gut. Meister Proper Zitrusfrische. *Sie zeigt ihm einige Putzmittel.* Pirol Allzweckreiniger von Schlecker. General Antibakteriell bei Rossmann. Eine Liter Flasche Demark 1,59. Casa-Blanca von Drospa. Domestus. Atagel. Frosch . . . *Sie lächelt ihn an.*

DER SCHWARZE *ruhiger:* Ich liebe dieses Land.

DIE PUTZFRAU Deutschland Mehrzahl, alles gut, Polen Einzahl, nix gut. Schauen Sie, es hat gegeben in Polen nur ein Putzmittel, es hat geheißen Jawox, es hat gestunken wie WC in Abschiebegewahrsam. Strasznie! Fürchterlich! *Sie lacht. Schweigen.*

DIE PUTZFRAU Wenn ich Ihnen erzähle Geschichte von Ketchup, dann Sie verstehen mich. In Deutschland zehn, zwanzig Ketchup in Geschäft, so viel wollen. In Polen ein Ketchup, aber nicht in Geschäft, selber gemacht. Tomaten mit Gewirze kochen und in die Flaschen versenkt. Warten. Probieren. Bei Anfang alles war gut, aber mit vergehende Zeit ist Schimmel gekommen, erst eine Schimmel, dann viele mehr Schimmel, und auf dem Ende Ketchup war verloren. Polnischer Ketchup war verloren. Jesusmaria, und hat so gut geschmeckt bei Anfang. Frische Tomaten, Essig, Zwiebel, Ingwer, feines Gewirz, alles war hineingetan und bei Ende, alles war für nix. Man sagt, Jeszcze Polska nie zgineła, noch ist Polen nicht verloren, aber mit verschimmelte Ketchup, Polen war verloren. Traurig, aber wahr, wie wir sagen in Deutschland. *Sie seufzt.*

DER SCHWARZE Ich liebe dieses Land.
Sie schaut ihn an und wartet, daß er weiterspricht. Schweigen.

DIE PUTZFRAU No, weitersprechen, wird's bald. Tempo. Beeilung.
Der Schwarze schweigt.

DIE PUTZFRAU Bitteschön, man muß deutsche Sprache sprechen in Deutschland, sonst geht einem Menschen wie polnischer Ketchup, man ist verloren . . . *Sie hebt den Zeigefinger und schaut ihn sehr ernst an.*

DER SCHWARZE *etwas verlegen:* Ich liebe dieses Land.
Sie hält sich die gummibehandschuhte Hand ans Herz.

DIE PUTZFRAU Ist auch meinige Liebe. Deutschland, große Liebe. Bin ich geboren in Miłosna, was ist Niederschlesien. Eltern sind gekommen von Kołomyja, was ist Ukraina. Nach Ende von Krieg Deutsche aus Miłosna weg, wird's bald, Tempo, Beeilung, russische Polen von Kołomyja nach Miłosna. Vater Tomasz, Mutter Wiesława. Vater Tischler. Mutter Lehrer. Alle in Kolchose, PGR, Panstwowe Gospodarstwo Rolne, Wohnung neben Schloß ... Hunger ... so viel Hunger ... *Sie hält inne.* ... hab ich verloren rote Faden ... *Schweigen. Sie denkt nach.*

DER SCHWARZE *will ihr helfen:* Ich liebe dieses Land.

DIE PUTZFRAU *greift sich an den Kopf:* Jesusmaria, die Liebe. Wie hab ich vergessen können Liebe zu Deutschland. Bin ich gewesen ein Kind, wird gewesen sein in Neunzehnhundertfünfundfünfzig, werd ich gewesen sein fünf Jahre, ist gekommen Miliz, hat aufgebrochen vermauerte Zimmer in Schloß, was ist gewesen Versteck von die Deutschen, Loch ist größer und größer geworden, ist herausgequollen Teppich, Porzellan, Bilder in echte Öl, Gold, Silber, hab ich gedacht, Deutschland muß sein Paradies. Jesusmaria, so viele Prächtigkeit ... *Sie schüttelt den Kopf und macht Laute des Entzückens.*

DER SCHWARZE *lächelt ein wenig:* Ich liebe dieses Land.

DIE PUTZFRAU Bin ich nach Deutschland gegangen in Neunzehnhunderteinundachtzig, was ist andere Geschichte, bin ich angekommen in Düsseldorf Bahnhof, hab ich gefunden Paradies? Hab ich gefunden Paradies? *Sie schaut ihn fragend an, wartet auf seine Antwort.*

DIE PUTZFRAU No? Hab ich gefunden Paradies?

DER SCHWARZE Ich liebe dieses Land.

DIE PUTZFRAU *ausrufend:* Ich hab gefunden Paradies! Ich hab gefunden Paradies! Schauen Sie, wenn Sie haben Fixanstellung bei Polizeidirektion Berlin, wenn Sie haben Urlaubsgeld, Weihnachtsgeld, wenn Sie sind in Krankenversicherung, AOK, was ist Allgemeine Ortskrankenkasse, niemand kann Sie vertreiben aus Paradies. Niemand kann mehr sagen, weg, wird's bald, Tempo, Beeilung. Deutschland ist Paradies. Niemcy to raj. Muß man gut deutsch sprechen in Deutschland, gut deutsch sprechen. Muß man. Soll ich Ihnen eine Übung geben in Deutsch? *Sie hält Meister Proper hoch und zeigt es ihm. Sie spricht jedes Wort ganz langsam aus.*

DIE PUTZFRAU Meister! Proper! Putzmittel! *Sie wartet auf seine Antwort.*
Der Schwarze schweigt.

DIE PUTZFRAU Bitte sehr. Putzmittel!
Der Schwarze schweigt.

DIE PUTZFRAU *verliert ein wenig die Geduld, wird laut:* Putzmittel! Putzmittel! Srodek do czyszczenia! Srodek do czyszczenia!

Der Wachebeamte kommt in den Vorraum.

DER WACHEBEAMTE *zur Putzfrau, lachend:* Weg. Wird's bald? Tempo! Beeilung!

Die Putzfrau sammelt ihre Putzutensilien zusammen und schimpft vor sich hin.

DIE PUTZFRAU Czy ty jesteŭ człowiekiem? Co z ciebie za człowiek? Zły z ciebie człowiek . . .

DER WACHEBEAMTE Tschüß, Putze!

Der Wachebeamte schaut zum Schwarzen, grinst und macht ein Zeichen, daß die Putzfrau verrückt sei. Die Putzfrau verschwindet. Ein Arzt im weißen Mantel kommt in den Vorraum. Er ist aufgeräumter Stimmung und stülpt sich mit besonderer Akribie einen Gummihandschuh über die rechte Hand.

DER WACHEBEAMTE *zeigt auf den Schwarzen:* Das ist er. Kein Name. Keine Papiere. Keine Angaben. Hat bei seiner Verhaftung auf zwei Kollegen eingeschlagen, gilt als extrem gewalttätig.

Der Wachebeamte stellt den Stuhl in die Mitte des Vorraumes. Er geht zum Schwarzen und sperrt das Schloß der Kette, mit welcher der Schwarze an die Heizungsrohre gekettet ist, auf. Die Handschellen schließt er nicht auf. Der Schwarze wird unruhig, er beginnt zu zittern. Der Beamte führt ihn zum Stuhl. Der Arzt schmiert einen Finger seiner gummibehandschuhten Hand mit Vaseline ein.

DER ARZT *lachend:* Ich würde lieber drei Handschuhe für ein Arschloch nehmen als einen Handschuh für drei Arschlöcher. *Zum Wachebeamten:* Sie wissen, was einem Kollegen von mir passiert ist? Er wurde zu einer Analvisitation geholt und hatte in der Eile nur einen Handschuh mit, aber drei Arschlöcher zu untersuchen. Es waren Beamte anwesend, die fremdenfeindliche Witze über die Schwarzen machten. Wissen Sie, wer zur Verantwortung gezogen wurde? Nicht etwa Ihre rassistischen Kollegen. Nein. Nein. Den Arzt hat es erwischt. Er bekam ein Disziplinarverfahren, wegen Übertretung der Hygienevorschriften.

Der Beamte zieht dem Schwarzen die Hose und die Unterhose hinunter und drückt dessen Oberkörper über die Stuhllehne. Der Schwarze schaut mit dem Gesicht zum Publikum. Der Wachebeamte schlägt das Hemd des Schwarzen hoch. Der Schwarze zittert am ganzen Körper und versucht sich zu wehren. Der Wachebeamte hält ihn fest.

DER WACHEBEAMTE Ruhig, Kumpel, ruhig.

DER SCHWARZE *voller Angst:* Ich liebe dieses Land.

DER ARZT Was sagt er?

DER WACHEBEAMTE Er liebt dieses Land.

DER ARZT *lacht:* Ich nicht. *Er fährt dem Schwarzen mit dem gummibe-handschuhten Finger in den After. Der Schwarze schreit auf.*

DER ARZT Wenn mir im Urlaub eine Gruppe Deutscher entgegenkommt, gehe ich auf die andere Straßenseite. Ich wollte nie zu den Deut-schen gehören, deutscher Faschismus und so. Als junger Mann habe ich mich mit Bräunungscreme eingeschmiert, sie hieß Tam-loo, ich wollte wie ein Italiener oder wie ein Spanier aussehen. Ich wurde tatsächlich braun, an diversen Stellen, sah aus wie ein Fleckenteppich. *Er lacht. Sein Finger ist noch immer im After des Schwarzen. Der Schwarze zittert am ganzen Körper.*

DER ARZT Später kamen Dragees auf den Markt, sogenannte Selbstbräuner. Man sollte davon aussehen wie Harry Belafonte. Meine Haut färbte sich orange, ich sah aus wie eine Karotte. *Er lacht.* Keine Pute im Rohr, kein Koks im Arsch, alles clean. *Der Arzt zieht seinen Finger aus dem After des Schwarzen und schaut den her-ausgezogenen Finger an.*

DER ARZT Es lebe die Hygiene. *Er greift mit der behandschuhten Hand in eine Tasche seines Arztmantels und holt einen Flachmann heraus. Er macht einen tiefen Schluck und lacht.*

DER ARZT Ich kenne Afrika nur von hinten. Ein dunkler Kontinent. *Er eilt aus dem Vorraum. Der Schwarze versucht, seine Blöße zu bedecken, mit den gefesselten Händen. Der Wachebeamte führt ihn zurück zum Heizungsrohr und kettet ihn wieder an diesem fest. Der Wachebeamte geht aus dem Raum. Stille. Der Schwarze versucht, sich die Unterhose hochzuziehen, es gelingt ihm nicht. Die Putzfrau kommt vorsichtig in den Vorraum. Sie sieht, wie sich der Schwarze abmüht. Sie dreht sich mit dem Rücken zu ihm und wartet. Stille. Der Schwarze versucht immer wieder, die Hose hochzuziehen, es gelingt ihm einfach nicht.*

DIE PUTZFRAU *steht mit dem Rücken zu ihm im Raum:* Bin ich sehr diskret und tue warten. Sag ich nicht, wird's bald, Tempo, Beeilung. *Der Schwarze gibt seinen Versuch, wenigstens die Unterhose hochzuziehen, auf. Er bedeckt seine Blöße mit den gefesselten Händen. Schweigen. Die Putzfrau dreht sich nicht um.*

DIE PUTZFRAU Obwohl ist Sehnsucht in diese Richtung manchmal vorhanden, bin ich sehr schüchtern, wegen religiöse Erziehung. *Schweigen.*

DER SCHWARZE *flehentlich:* Ich liebe dieses Land. *Er zeigt mit den gefesselten Händen immer wieder auf seine Hose. Die Putzfrau dreht sich ein klein wenig um und sieht seine Geste.*

DIE PUTZFRAU Wenn einverstanden, ich mache blinde Methode. *Sie geht – mit den Händen vor den Augen – auf ihn zu und bleibt knapp vor ihm stehen. Schweigen.*

DIE PUTZFRAU   Mit diese Methode ist nicht möglich. *Sie nimmt ihre Hände langsam von ihrem Gesicht. Sie versucht nicht „hinzuschauen«. Sie zieht ihm die Unterhose und die Überhose hoch.*

DIE PUTZFRAU   Bitteschön.
                Der Schwarze verbeugt sich ein wenig.

DER SCHWARZE   Ich liebe dieses Land.

DIE PUTZFRAU   *verbeugt sich vor ihm:* Bitteschön. Dankeschön. Jetzt, wo wir gemacht haben nahe Bekanntschaft, gebe ich Ihnen Billet. *Sie zieht ein Kärtchen aus ihrem Arbeitsmantel und hält es ihm hin. Er schaut sie an.*

DIE PUTZFRAU   Das ist meine Name und Adresse und Telefon. Handynummer ich gebe Ihnen bei noch nähere Bekanntschaft. *Sie hält ihm die Karte hin. Er schaut auf die Karte.*

DIE PUTZFRAU   Ist üblich in Deutschland, bilet wizytowy, Visitenkarte, hat jeder. *Sie zeigt auf die Visitenkarte und liest vor.*

DIE PUTZFRAU   Janina Wisniewska. Wilhelmstadt. Neu-Spandau. Schmidt-Knobelsdorfstraße 66. *Sie schaut ihn an. Er schaut sie an. Schweigen. Sie legt die Karte auf die Bank.*

JANINA   Werden sein müssen viele Übungen in Deutsch mit Ihnen, werden wir anfangen müssen bei Anfang. Nikt sie mistrzem nie rodzi. *Sie schaut ihn an und deutet auf sich.*

JANINA   *eindringlich:* Ich. Janina Wisniewska. Sie? Name? *Sie zeigt auf ihn. Schweigen.*

DER SCHWARZE   *macht eine kleine, verneinende Geste mit dem Kopf:* Ich liebe dieses Land.

JANINA   Werd ich machen moderne Lernmethode, Pädagogik. *Sie streckt ihre Arme von sich, bewegt sich auf und ab und läuft im Raum herum. Sie hat noch immer ihre großen Gummihandschuhe an.*

JANINA   Meine Vater, meine Mutter, Tomasz, Wiesława, mich haben nix genannt Janina, immer gesagt Motylek, Motylek, kleiner Schmetterling, von Motyl, was ist normale Schmetterling. Motylek! Motylek! Sie müssen sagen, Motylek, Motylek, Sie müssen sprechen deutsch, Motylek, Motylek, sonst Sie werden nie hineinkommen in AOK. Motylek, Motylek, gut passend, immer im Leben ich war hinaufgeflogen und wieder gesunken, hinaufgeflogen und wieder gesunken. Wie ich war verhört, in neunzehnhunderteinundachtzig von Miliz, wegen Ausreise nach Deutschland, war ich Tag und Nacht verhört, war ich sehr gesunken, hab ich immer vorgewiesen deutsche Einladung für Putzfrau, Dok-

tor Wilfried Schmittenrein, Düsseldorf, Heidestraße 12, will
Motylek für Putzfrau, Einladung hat mir überbracht Professor
Tadeusz Perkowski, Professor für Germanistyka in Wrocław,
Ulica Szewska 12, war ich hinaufgeflogen bei Übergebung, hat
gekostet 50 Dollar, war ich ein bißchen hinuntergesunken, bei
Ankunft in Düsseldorf Bahnhof war ich hinaufgeflogen bis in
Himmel, bei Wohnungstüre von Doktor Wilfried Schmittenrein
war ich hinuntergesunken auf Erde und unter Erde, Doktor Wil-
fried Schmittenrein hat Motylek nicht gekannt, hat gesagt, ist
Irrtum und hat geschlossen Türe ... Motylek ... Motylek ... so
müde ... deutsche Polizei hat Motylek gebracht in Nürnberg,
Zindorf, in Flüchtlingslager ... keine Visum ... keine Paß ...
nur Duldung, was war keine Romantik ... Motylek ist geflogen
nur wenig über Erde ... über Zindorferde geflogen ... über
Ulmerde ... über Halleerde ... über Bremerhavenerde ... über
Aschenbacherde ... über Frankfurterde ... über Dinkelsbühl-
erde ... immer putzen, putzen, putzen ... ist gelandet in Berlin
... in Polizeidirektion ... in AOK ... hat deutsche Staatsbürger-
schaft ... ist glücklich ... *Sie bleibt stehen, sie ist völlig außer
Atem und atmet schwer. Schweigen.*

DER SCHWARZE *leise:* Beni ... *Sie starrt ihn an. Schweigen. Sie geht zu ihm hin.*
JANINA *voller Aufregung zum Schwarzen:* Beni ... ich Janina. Sie Beni?
Der Schwarze nickt.
JANINA Ich Janina Wisniewska. Sie?
BENI Beni Jaja.
*Ein ungefähr fünfunddreißigjähriger Mann kommt langsam in
den Vorraum, bleibt stehen und beobachtet die beiden. Die bei-
den sind so miteinander beschäftigt, daß sie ihn nicht bemerken.*
JANINA Wie möcht ich jetzt vor Aufregung weiterfragen? Ich Polen. Sie?
BENI Nigeria.
JANINA *der so schnell keine andere Frage einfällt:* Putzmittel?
BENI Meister Proper.
JANINA Schmetterling?
BENI Motylek.
JANINA Jesusmaria, ist ja eine Konversation wie fließend. Ich geboren in
Miłosna. Sie?
BENI *versteht sie nicht:* E we na iwe, a hotam ihe i na ekwu. *Fragend:*
English?
JANINA *lacht:* Szkoła Podstawowa, Russisch. Szkoła Zawodowa, Rus-
sisch. In Polen nix Inglisch, nur Russisch.
BENI High School, Okirika. *Kurzes Schweigen.*

DER MANN *zu Beni:* Schön. Reden Sie nur weiter. *Der Mann geht zu den beiden hin. Janina und Beni starren ihn an.*

BENI *unruhig:* Ich liebe dieses Land.

DER MANN Davon hat man mir erzählt, daß Sie nichts sagen, außer diesem einen Satz. Aber den immer wieder. Ich würde gerne ein Gespräch mit Ihnen führen. Mein Name ist Waldner, ich bin Psychologe.

Der Wachebeamte kommt in den Vorraum.

DER PSYCHOLOGE *zum Wachebeamten:* Schließen Sie den Mann doch von diesem fürchterlichen Rohr los.

Der Wachebeamte geht zu Beni und sperrt das Schloß der Kette auf. Er nimmt Beni die Handschellen nicht ab. Plötzlich stellt sich der Wachebeamte hinter Janina, streckt seine Hände von sich und imitiert eine flügelschlagende Henne.

DER WACHEBEAMTE Putze? Put! Put! Put! Put! *Janina läuft davon, er läuft hinter ihr her.*

JANINA *schreit:* Zeby cie Bóg pokarał!

DER WACHEBEAMTE Put! Put! Put!

Der Wachebeamte scheucht Janina aus dem Vorraum und verschwindet mit ihr. Schweigen.

DER PSYCHOLOGE *zu Beni:* Wollen Sie sich nicht ein wenig die Beine vertreten?

BENI *vorsichtig:* Ich liebe dieses Land.

DER PSYCHOLOGE Lassen Sie uns doch miteinander auf und ab gehen. Sie müssen ja ein schreckliches Bewegungsmanko haben. *Der Psychologe stellt sich neben Beni und macht ihm ein Zeichen, daß er neben ihm auf und abgehen soll. Beni macht es, hat aber eine andere Art zu gehen, als der Psychologe.*

DER PSYCHOLOGE Sie lieben dieses Land, sagen Sie, aber liebt dieses Land Sie? Manchmal denke ich, ich hasse dieses Land. Als ich in Tübingen studierte und zur Untermiete wohnte, kam die Vermieterin jeden Freitag in die Bude und blickte in den Abort. Sie blickte tief in den Abort, wenn sie nur den geringsten Schatten sah, drehte sie durch. Die Deutschen brauchen zwei Dinge, die Sauberkeit und den kritischen Journalismus. Neunzehnhundertfünfundvierzig sagte ihnen die Welt, daß sie Schweine seien. Sie pochten sich schuldbewußt an die Brust und gründeten den kritischen Journalismus. Die Putzfrauen kommen am Freitag, damit am Wochenende alles sauber ist, und die kritischen Magazine kommen zumeist am Montag, damit die Deutschen eine saubere Woche vor sich haben. Sollen wir unser Gespräch lieber auf Englisch führen?

BENI *zwischen Gleichgültigkeit und Abweisung:* Ich liebe dieses Land.

DER PSYCHOLOGE Verzeihen Sie, ich möchte Sie zu nichts nötigen, aber es macht mich ein wenig nervös, wenn Sie ganz anders gehen als ich, ich meine, wenn wir nicht im Gleichschritt gehen. Ich weiß schon, das ist ein schreckliches Wort „Gleichschritt«, extrem vorbelastet, hierzulande. Ich will sagen, es geht sich einfach leichter miteinander, wenn man im Einklang geht. Schauen Sie mir zu, ich mache es Ihnen vor. Sie setzen Ihr rechtes Bein vor und ziehen Ihr linkes Bein nach und gehen ganz normal, im gleichen Rhythmus wie ich. Das kann doch nicht so schwer sein.

Beni reagiert nicht.

DER PSYCHOLOGE Sie stammen aus Nigeria und haben dort die High School besucht, wie ich vernommen habe?

Beni reagiert nicht.

DER PSYCHOLOGE Sie sind aus politischen Gründen aus Nigeria geflüchtet? *Seine Armbanduhr piepst. Er stellt sie ab und bleibt stehen.*

DER PSYCHOLOGE Die Berliner Polizeidirektion veranschlagt für ein Häftlingsgespräch acht Minuten, mehr nicht. Tut mir leid.

BENI Ich liebe dieses Land.

DER PSYCHOLOGE Diesen Satz kennen wir schon, aber Sie werden damit nicht durchkommen. Ich mache Ihnen einen Vorschlag. Sie machen Angaben zu Ihrer Person, und ich setze mich im Rahmen meiner Möglichkeiten dafür ein, daß Sie in Deutschland bleiben können, zumindest vorderhand.

BENI Ich liebe dieses Land.

Langes Schweigen. Der Psychologe geht in Richtung Ausgang, dabei stolpert er über seine eigenen Füße. Er bleibt stehen, übt kurz das »richtige« Gehen und wendet sich vor dem Hinausgehen noch einmal an Beni.

DER PSYCHOLOGE Ist Ihnen klar, daß Sie mir das Gefühl der Erfolglosigkeit beschert haben? *Schweigen. Der Psychologe geht hinaus. Kaum ist er draußen, kommt Janina zurück in den Vorraum. Sie schaut in die Richtung, in welche der Psychologe soeben abgegangen ist.*

JANINA Riecht nach Nivea, gute Nivea. In Polen schlechte Nivea. In Deutschland blaue Dose, in Polen weiße Dose, hab ich immer geträumt von blaue Dose. Bei Ankunft in Düsseldorf Bahnhof hab ich sofort gekauft blaue Dose, bei Schlecker. Bin ich gegangen in WC und hab ich mir geschmiert halbe Dose in Gesicht. Jesusmaria, das war eine Romantik. Dreißig Jahre man hat geträumt von diese Odeur und auf einmal war da. Bin ich romantische Seele mit viel Traum. *Sie geht auf ihn zu.*

JANINA   Kann ich Bekanntschaft näher machen, kann ich haben Aus-
         kunft über Ihre Seele, ein wenig? *Beni schweigt, sie zeigt auf ihn.*
JANINA   Seele?
BENI   Seele?
JANINA   Seele! Dusza!
BENI   Dusza.
JANINA   Deutsch wird immer besser. In Neunzehnhundertsiebenund-
         fünfzig, Szkoła Podstawowa, hat romantische Seele Anfang ge-
         nommen. Bin ich gesessen in Schulbank, Schule war in Schloß,
         hab ich gegeben meine Blicke in Park, hab ich gesehen alter
         Mann in Frack ... ganze zerrissen ... hat gespielt Geige ... ein
         Deutscher ... Leute im Dorf haben gesagt, verrückt ... nix
         wird's bald, Beeilung, weg ... in Miłosna geblieben ... immer
         Geige gespielt ... hab ich geträumt, Deutschland ist Paradies mit
         Musik von Geige ... bin ich Musikseele geworden ... *Sie hält
         Beni eine Okarina hin.*
JANINA   Hab ich genommen von Schrank, wo sind die Gegenstände von
         verschobene Flüchtlinge. Möcht ich fragen, ob Sie sind auch
         Musikseele, wegen Übereinstimmung.
         *Beni nimmt die Okarina. Er betrachtet sie und führt sie an seine
         Lippen, was ihm mit den Handschellen einigermaßen schwer
         fällt. Er bläst zart in die Okarina, es gelingt ihm erstaunlich
         schnell, auf ihr eine Melodie zu spielen. Er scheint es im Üben zu
         lernen und spielt immer besser, obwohl ihn die Handschellen be-
         hindern. Janina hört ihm zu.*
JANINA   Jesusmaria. Beni Jaja hat Musikseele, Janina Wiŭniewska hat
         Musikseele, Bekanntschaft geht in Tiefe.
         *Beni spielt. Janina hört ihm zu. Er setzt die Okarina ab. Sie
         schaut ihn an.*
JANINA   Mutter Wiesława hat gesagt, Motylek darf nicht in Musik, muß
         in Gastronomie ... viele Hunger in Miłosna ... muß Nachhause
         bringen Essen ... *Sie macht das Zeichen des Stehlens* ... muß ar-
         beiten ... bin ich gekommen in Werkküche, zu Zwiebel ... das
         war fast Ende von Musikseele Motylek ...
         Beni lächelt und spielt noch ein paar Töne.
JANINA   Herr Beni Jaja, Sie sind Auferstehung von Musikseele Motylek.
         Dankeschön. Werd ich Ihnen soviele deutsche Übung geben, bis
         Sie sind hier zu Hause.
         *Der Wachebeamte kommt mit einer Kiste Bier in den Raum. Er
         stellt sie ab und dreht das Licht etwas schwächer.*
DER WACHEBEAMTE *zeigt auf seine Armbanduhr, zu Janina:* Feierabend. Ab ins Wo-

chenende. *Zu Beni:* Hier ist das Deutsche Fernsehen mit seinem Hauptabendprogramm. »Wetten, daß . . .?«

Beni wird unruhig und legt die Okarina auf die Bank. Janina bleibt. Sie dreht sich um und hält dem Wachebeamten ihren Hintern hin. Er schaut kurz auf ihren Hintern und tritt dagegen. Janina schreit auf. Er jagt sie mit Fußtritten aus dem Vorraum. Beni drückt seinen Rücken an die Wand und starrt den Wachebeamten an. Der Wachebeamte trägt die Kiste Bier zu ihm hin, stellt sie ab und nimmt Bierflaschen aus der Kiste, eine nach der anderen, insgesamt neun Flaschen. Er stellt die Flaschen vor Beni auf, keine hat einen Verschluß. Jedes Bier ist von einer anderen Sorte. Beni starrt ihn ängstlich an.

DER WACHEBEAMTE Radeberger. Berliner Kindl. Schultheiss. Köstritzer. Beck's. Holsten. Budweiser. Jever. Flensburger. Alles Pils. Und jetzt Kumpel, jetzt spielen wir »Wetten, daß . . .?«

BENI *voller Abwehr:* Ich liebe dieses Land.

DER WACHEBEAMTE Klar. Hör zu, Kumpel. Ich bin Kandidat bei »Wetten, daß . . .?« Ja? Ich sage, ich trinke mit verbundenen Augen aus einer Flasche und kann sagen, welche Marke es ist, und was sagst du?

BENI Ich liebe dieses Land.

DER WACHEBEAMTE Du sagst, was du machst, wenn ich gewinne und du verlierst.

BENI Ich liebe dieses Land.

DER WACHEBEAMTE Wenn ich gewinne, zeigst du Verständnis für mich, das ist dein Einsatz, alles klar? *Der Wachebeamte bindet sich ein Taschentuch über die Augen. Er fährt mit seiner Hand vor dem Taschentuch auf und ab.*

DER WACHEBEAMTE Top. Die Wette gilt. *Der Wachebeamte nimmt eine der Flaschen und macht einen langen Zug aus ihr. Kurze Stille.*

DER WACHEBEAMTE *mit verbundenen Augen:* Das war ein Flensburger Pils. Stimmt's? *Er hebt das Taschentuch ein wenig hoch.*

DER WACHEBEAMTE Stimmt. *Er zieht das Taschentuch wieder über die Augen, nimmt eine weitere Flasche aus der Reihe und trinkt daraus. Beni versucht ihm den Revolver aus dem Halfter zu ziehen. Es gelingt ihm nicht.*

DER WACHEBEAMTE Das ist ein Schultheiss. Stimmt hundertprozentig. Brauch ich gar nicht nachsehen. *Er nimmt die nächste Flasche und trinkt sie halb leer.*

DER WACHEBEAMTE Laß raten. *Er macht noch einen Schluck aus derselben Flasche und setzt sie ab.*

DER WACHEBEAMTE *nach einer Pause:* Es ist . . . es ist ein Köstritzer. *Er hebt das Taschentuch ein wenig hoch. Beni nimmt blitzartig seine Hand vom Halfter.*

DER WACHEBEAMTE	Klasse. Stimmt. *Er zieht das Taschentuch wieder über die Augen und trinkt aus der nächsten Flasche.*
DER WACHEBEAMTE	Radeberger. Junge, ich glaube, du verlierst die Wette. Denk schon mal über deinen Einsatz nach. *Er nimmt die nächste Bierflasche und trinkt die ganze Flasche aus.*
DER WACHEBEAMTE	Zum Wohle. Es war ein Jever, korrekt? *Er schaut kurz nach.*
DER WACHEBEAMTE	Korrekt. *Er wird langsam betrunken. Er nimmt die nächste Flasche und trinkt.*
DER WACHEBEAMTE	Holsten. Was habe ich dir gesagt, was du tun mußt, wenn du verlierst?
BENI	Ich liebe dieses Land.
DER WACHEBEAMTE	Verständnis mußt du zeigen. Mit mir, daß ich solche Kaffern wie dich aushalte, die immer denselben Scheiß reden. *Er nimmt die nächste Flasche und trinkt.*
DER WACHEBEAMTE	Ihr redet Scheiß, ihr kommt nach Deutschland, dealt mit Drogen und wollt unsere Frauen ficken. Das war ein Berliner Kindl. Aber wenn ich sage, was ich mit euch Affen erlebe, dann krieg ich eins in die Fresse, dann bin ich der Arsch bei meinem Vorgesetzten, dann rauscht der Blätterwald, dann bist du in der Talkshow und ich in der Scheiße. Verstehst du mich, Kumpel?
BENI	*vorsichtig:* Ich liebe dieses Land.
DER WACHEBEAMTE	Die Linken reißen das Maul auf und haben keine Ahnung, wie das ist, wenn hier einer von euch in den Gewahrsam kackt. Schröder ist in Ordnung, Fischer ist in Ordnung, Schily ist in Ordnung, die haben den ganzen linken Scheiß hinter sich. *Er nimmt eine Flasche und trinkt sie aus. Er nimmt das Taschentuch von seinen Augen.*
DER WACHEBEAMTE	Meine Frau ist auch okay, aber sie hat einen Tick, verstehst du? Sie kann die Wichse nicht ausstehen, sie sagt immer, daß sei klebriges, ekliges Zeugs. Kapier ich ja, daß ich nicht reinspritze wie die Dahlemer Feuerwehr, geht die Wichse eben aufs Laken. Der Fleck wird so schnell kalt und unangenehm, sagt sie, also laß ich die Wichse ins Taschentuch. Das Taschentuch ist frisch gebügelt, sagt sie, ich soll die Wichse ins Klo transportieren. Hast du schon mal abgespritzt und die Wichse ins Klo gebracht? Du schaffst es nicht, Junge, glaub mir. Du spritzt ab, springst aus dem Bett, läufst ins Klo und läßt es rein. Aber unterwegs ist dir die halbe Wichse auf den Teppich getropft, auf den teuren Teppich, jault sie. Also, was machst du, Junge? Du gehst mit deiner Wichse in die Tschechische Republik, das tust du. Fährst rüber nach Cheb, legst fünfzig Mark auf den Tisch des Hauses und kannst sprit-

zen, wohin du willst, rein oder daneben. Kannst auch auf Kinder spritzen. Das kümmert die Tschechen nicht. Verstehst du?

BENI *mit großer Anspannung:* Ich liebe dieses Land.

DER WACHEBEAMTE Ob du mich verstehst, hab ich dich gefragt! *Schreit:* Verstehst du mich?

BENI *schreit:* Ich liebe dieses Land.

Der Wachebeamte schlägt ihm, mit einer blitzschnellen Drehung, den Fuß ins Gesicht. Beni fällt zu Boden, Blut rinnt über sein Gesicht. Der Wachebeamte steht da, wankt, starrt auf Beni, sammelt mühsam die Bierflaschen ein und geht aus dem Raum. Beni liegt am Boden und blutet. Stille. Von weitem hört man einen kaum wahrnehmbaren Rumor, den Zug der Loveparade. Janina kommt in den Vorraum und sieht den am Boden liegenden Beni.

JANINA *voller Schrecken:* Matko Boska! *Sie geht zu ihm hin und kniet neben ihm nieder. Sie wischt ihm mit einem Tuch das Blut aus dem Gesicht. Sie zieht ein kleines Fläschchen aus einer Tasche ihres Arbeitskleides und stellt es neben sich. Sie zieht behutsam sein Hemd hoch. Sie nimmt das Fläschchen, ein Hausmittel, und schmiert ihm den Rücken ein. Sie singt dazu ein Lied, ein polnisches Schlaflied.*

JANINA Spij Beni słodko, spij słodko.

Niech omijaja twój próg.

Złe smutki lalek stłuczonych.

Pajacy bez rak i nóg.

Noc ciemna stoi na strazy.

U twoich okien i drzwi.

Spij Beni słodko, spij słodko.

Stille. Sie summt die Melodie des Liedes. Von weitem hört man den näherkommenden Rumor der Loveparade. Der Wachebeamte kommt in den Vorraum. Er wankt. Janina steckt das Fläschchen ein, zieht Beni sanft das Hemd über den Rücken, steht auf und geht hinaus, am Wachebeamten vorbei. Er geht ihr nach. Von draußen hört man das Geräusch eines sich öffnenden und schließenden Ganggitters. Beni liegt regungslos am Boden. Der Rumor der Loveparade kommt näher. Vom Gang hört man eine Stimme.

EINE MÄNNLICHE STIMME *von draußen:* Hier ist mein Presseausweis, und wo ist dieser Schwarze, der nur einen einzigen Satz spricht, ich liebe dieses Land?

Ein Journalist erscheint im Vorraum. Beni liegt am Boden und stöhnt. Der Journalist betrachtet ihn.

DER JOURNALIST Ganz schön zugerichtet. Die übliche Scheiße. *Der Journalist*

*zieht einen Photoapparat aus der Tasche und photographiert
Beni. Beni versucht es zu verhindern und schlägt nach ihm. Der
Journalist nimmt den Stuhl, setzt sich in einiger Entfernung von
Beni nieder und photographiert weiter. Beni kriecht auf ihn zu
und stöhnt.*

DER JOURNALIST Wollen Sie etwas sagen?

Beni kriecht langsam auf ihn zu und stöhnt.

DER JOURNALIST Ihr Stöhnen sagt alles, Sie brauchen nichts zu sagen. In diesem
Lande wird ohnehin nur geredet. Sätze! Sätze! Ganz Deutsch-
land besteht ja nur aus Sätzen. Aus intelligenten und grammati-
kalisch richtig gesprochenen Sätzen. Die Deutschen sind perfekt
vernagelt, man sieht sie nicht mehr, sie sind hinter ihren Sätzen
verschwunden. Sie flennen vor Hilflosigkeit in der Nacht, aber
kein Wehklagen ist zu hören, nur Sätze, Formulierungen, Talk-
shows. Alles wird gesagt, alles wird gedruckt, die Zeitungsberge
wachsen in den Himmel, nichts geschieht.

*Beni kriecht auf den Journalisten zu. Der Journalist schiebt sei-
nen Stuhl – ohne aufzustehen – von Beni weg und photographiert
weiter.*

DER JOURNALIST Es geht Ihnen dreckig, nicht wahr? Mir auch. Ich könnte Ihre
Story aufblasen, Ihr Schicksal mit dramatischen Worten beschreiben, seitenlang, aber es hilft nichts. Es entstehen immer
nur neue Sätze. Sätze, Sätze, Sätze, ich bin hilflos. Nur wenn wir
zum Tier werden, zum stummen Vieh, erreichen wir einen gewissen Grad an Menschlichkeit. Erst wenn die Deutschen erfro-
ren im russischen Schnee liegen, wenn ihnen die Wasserwerfer
die Sätze aus dem Mund gespült haben, wenn sie zu Tausenden
stumm auf den südlichen Stränden liegen und schweigen, weil
ihnen die Hitze die Sprache verbrannt hat, haben sie etwas
Menschliches. Die Nichterfrorenen flüchten wieder in die Sätze,
die Demonstrierenden verfassen Essays und die vom Urlaub
Heimgekehrten halten Lichtbildervorträge.

*Beni ist ganz nahe am Journalisten. Er versucht sich aufzurichten
und auf den Journalisten einzuschlagen. Der Journalist steht auf.*

DER JOURNALIST Gehen Sie weg aus diesem Lande, so schnell Sie können.

*Der Journalist geht schnell ab. Man hört das auf- und zugehende
Ganggitter, dann ist es wieder still. Man hört den Rumor der näherkommenden Loveparade. Beni versucht aufzustehen, es gelingt ihm nicht. Der Wachebeamte kommt wankend in den Vorraum und hilft ihm dabei. Er setzt ihn auf den Stuhl. Der Rumor
der Loveparade wird lauter.*

DER WACHEBEAMTE	Gute Nacht.

Es klingt wie eine Entschuldigung. Er geht. Der Rumor der Love-parade wird lauter. Das Ganggitter geht auf und zu, man kann es kaum hören. Beni sitzt auf dem Stuhl und rührt sich nicht. Zwei Gestalten, ein Mann und eine Frau in bürgerlicher Kleidung, be-hangen mit einigen Accessoires der Loveparadenteilnehmer, kommen leise in den Vorraum. Beni bemerkt sie nicht. Der Mann schleicht sich an Beni, der mit dem Gesicht zum Publikum sitzt, heran und hält ihm mit beiden Händen von hinten die Augen zu.

DER MANN Wer isses?

Beni versucht um sich zu schlagen, die Handschellen hindern ihn daran. Der Mann nimmt seine Hände von Benis Gesicht und lacht.

DER MANN Ich bin der Polizeipräsident von Berlin, Eugen Flimmer. Und das ist meine Frau, Rita Flimmer. Wir haben von Ihnen gehört, von diesem einen Satz, den Sie immer sagen. Das macht ja richtig die Runde. Würden Sie mir und meiner Frau den Gefallen ma-chen und den Satz wiederholen?

Beni schweigt.

DER POLIZEIPRÄSIDENT Bitte. Ich liebe dieses Land.

BENI *unsicher:* Ich liebe dieses Land.

DER POLIZEIPRÄSIDENT Hast du gehört, Rita, er sagt immer nur diesen einen Satz. Ver-rückt. *Der Polizeipräsident lacht.*

DIE FRAU Was ist daran eigentlich so komisch?

DER POLIZEIPRÄSIDENT Du hast doch auch gelacht.

DIE FRAU Habe ich nicht.

DER POLIZEIPRÄSIDENT Entschuldige mal, Rita. Wir haben doch beide gelacht, gemein-sam gelacht. *Zu Beni:* Wundern Sie sich nicht über unseren Auf-zug. Eine Maskerade. Wir machen mit bei der Loveparade. Der Polizeipräsident von Berlin und seine Frau machen mit bei der Loveparade, in Kostüm und Maske!

Die Frau lacht.

DIE FRAU Jetzt habe ich gelacht. Ich hoffe, du hast es bemerkt.

DER POLIZEIPRÄSIDENT Danke, daß du mich darauf aufmerksam gemacht hast. *Zu Beni:* Früher hat man bei solchen Veranstaltungen Hundertschaften von Polizisten hingeschickt, Wasserwerfer, Hundestaffeln, Greifkommandos. *Er lacht:* Das ganze Arsenal des Schreckens. Das ist over. Wir mischen uns unter die Leute, die halbe Love-parade besteht aus meinen Leuten. *Schweigen. Sie beobachten Beni.*

DER POLIZEIPRÄSIDENT Sie lieben Deutschland, sagen Sie? Offen gesagt, ich habe ein

Faible für Österreich. Die Österreicher haben etwas zutiefst Menschliches an sich, auch in der Polizeiarbeit. Kennen Sie die Geschichte vom Wiener Polizeipräsidenten, der einem Schwerverbrecher, welcher von der Polizei umstellt ist, zuruft: I bins, dein Präsident. Daraufhin gibt der Schwerverbrecher auf, der Polizeipräsident geht zu ihm hin, umarmt ihn und der Verbrecher schluchzt an der Schulter des Präsidenten. *Er lacht.*

DER POLIZEIPRÄSIDENT Du könntest ruhig lachen, Rita. Die Geschichte ist nicht ohne Humor. *Zu Beni:* Das muß doch nicht sein, daß man Sie hier mit angelegten Handschellen sitzen läßt. Warten Sie einen Augenblick.

Der Polizeipräsident geht aus dem Vorraum. Die Frau des Polizeipräsidenten geht auf Beni zu und schaut ihn von oben bis unten an. Sie kommt ihm nahe. Beni wird unruhig. Er steht auf, es fällt ihm schwer. Die Frau des Polizeipräsidenten lächelt ihn an, kommt ihm noch näher und beginnt, sein Hemd aufzuknöpfen.

DIE FRAU Was für ein schöner, junger Mann.

Der Polizeipräsident kommt in den Vorraum und hält einen Schlüssel hoch.

DER POLIZEIPRÄSIDENT *lachend:* Alles schläft, niemand wacht. *Er sperrt Benis Handschellen auf. Beni reibt sich die Handgelenke.*

DER POLIZEIPRÄSIDENT So kann man sich doch viel vernünftiger unterhalten.

DIE FRAU *lächelnd:* Sag mal, Eugen, was machen deine Leute, wenn sie einen Dealer nach Drogen absuchen? Ich habe gehört, sie stecken ihren Finger in seinen After. Stimmt das? *Sie hält ihre Hand hoch und streckt den Mittelfinger aus. Der Polizeipräsident lacht. Beni wird wieder unruhig. Die Frau fährt mit ihrer Hand in Benis Hose, Beni beginnt zu zittern. Die Frau schaut ihren Mann an.*

DIE FRAU *zu ihrem Mann:* Lachst du gerade?

DER POLIZEIPRÄSIDENT Bitte, Rita, ich glaube nicht, daß unsere Beziehungsproblematik den jungen Mann interessiert.

Die Frau schaut ihren Mann an, lächelt und stößt ihren Finger in Benis Hintern. Beni schreit auf und dreht durch. Er schlägt mit aller Gewalt auf die Frau ein, bis sie zu Boden fällt und sich nicht mehr rührt. Der Polizeipräsident will aus dem Vorraum laufen, Beni sperrt ihm den Weg ab. Er geht drohend auf ihn zu. Der Polizeipräsident flüchtet sich in eine Ecke des Raumes. Die Frau erwacht kurz aus ihrer Ohnmacht.

DIE FRAU Eugen.

Schweigen. Sie ist wieder still und regungslos. Der Polizeipräsident streckt Beni eine Chipkarte entgegen. Der Rumor der Loveparade wird immer lauter.

DER POLIZEIPRÄSIDENT	*voller Angst:* Hören Sie! Nehmen Sie diese Chipkarte. Gehen Sie! Sie können damit das Ganggitter aufsperren und das Haupttor. Alle sind bei der Loveparade oder schlafen. Take it! Take it! *Beni starrt den Polizeipräsidenten an. Der Polizeipräsident starrt ihn an und hält ihm den Chip entgegen.*
DER POLIZEIPRÄSIDENT	Ganz Deutschland steht Ihnen offen. Nehmen Sie. Nehmen Sie. Sie lieben doch dieses Land! *Er hält Beni die Chipkarte hin und schaut ihn flehentlich und ängstlich an. Beni nimmt ihm die Karte aus der Hand. Der Polizeipräsident schluchzt und sinkt in sich zusammen. Der Lärm der Loveparade wird immer stärker. Die Bühne dreht sich. Musik. Ende des ersten Aktes.*

2. Akt

Die Wohnung von Janina Wisniewska in Neu-Spandau, ein Raum voll mit religiösen Utensilien: Bilder von der Muttergottes, ein großer Teller mit dem Bildnis des polnischen Papstes, eine verkorkte Flasche in der Gestalt der Heiligen Jungfrau von Fatima, gefüllt mit Weihwasser, ein Bildnis des Heiligen Antonius von Padua, daneben ein Bildnis des Heiligen Antonius von Ägypten. Dazwischen ein Bildnis von Janinas Eltern, über dem ein Rosenkranz hängt, und drei Kuckucksuhren in verschiedenen Größen. Auf der linken Seite des Raumes befindet sich eine kleine Einbauküche, davor ein Tisch mit drei Stühlen. Auf der gegenüberliegenden Seite steht ein breites Bett. Eine große Puppe mit blonder Perücke sitzt auf dem Bett. Neben dem Bett steht eine batteriebetriebene Lampe in Form eines Plüschaffens. Janina steht neben dem Küchentisch und gießt Kaffee ein. Sie trägt noch immer übergroße Handschuhe, diesmal selbstgestrickte. Beni Jaja sitzt am schön gedeckten Küchentisch, ißt Kuchen und trinkt Kaffee. Janina beobachtet ihn dabei und lächelt.

JANINA	Kaffee und Kuchen, das ist deutsche Paradies. Echte deutsche Bohnenkaffee, was hat die beste Odeur von der Welt. *Sie zeigt auf die diversen Süßigkeiten und zählt sie auf:* Schwarzwälder Kirsch, Kameruner, Buttercremetorte, Negerküsse, Bienenstich. Hab ich gekauft bei Widmann, alles für Beni Jaja. *Sie beobachtet ihn beim Essen und lächelt. Er scheint sehr hungrig zu sein. Plötzlich faßt sie sich mit der Hand an den Kopf.*

JANINA Bin ich veralzheimert, hab ich vergessen Sahne. Kuchen ohne Sahne ist Todsünde in Deutschland. Wo ist Sahne? Wo ist Sahne? *Sie durchstöbert den Küchenschrank, sie findet keine Sahne. Sie geht zum Bildnis des Heiligen Antonius von Padua und bekreuzigt sich.*

JANINA Heiliger Antonius von Padua, hilf mir finden deutsche Sahne. *Zu Beni:* Heiliger Antonius von Padua ist zuständig für verlorene Sachen. Daneben, Heiliger Antonius von Ägypten ist zuständig für Abwehr von sündige Gelüste. *Zu Antonius:* Antonius von Padua, wo ist Sahne? *Zu Beni:* Wenn er mir soll helfen, muß ich geben Versprechung, kleine Gelübde. *Sie lacht.* No, werd ich ihm versprechen bei Auffindung von Sahne, daß ich nicht haben werd sündige Gelüste auf Herrn Beni Jaja. *Sie geht zurück zum Küchenkasten und kramt darin. Sie findet keine Sahne. Sie lacht ihn an.*

JANINA Sahne ist verschwunden, leider. *Beni schaut auf, mit vollem Mund.*

JANINA Herr Beni Jaja möcht bleiben in deutsche Paradies? *Beni schaut sie an.*

JANINA Mit Trauschein, Abschiebung ist nicht möglich. *Sie streckt ihre behandschuhten Zeigefinger aus und fügt sie zusammen, auseinander und wieder zusammen. Sie lächelt ihn an.*

JANINA Beni Jaja und Janina Wisniewska, wie ist? *Beni ißt weiter. Sie geht zur Wand, nimmt das Bild ihrer Eltern herunter und zeigt es Beni.*

JANINA Mutter Wiesława. Vater Tomasz. Zusammengefügt auf ewig.

BENI *schaut das Bild an:* Father?

JANINA Vater. *Sie schaut das Bild an und macht ein trauriges Gesicht.*

JANINA Vater Tomasz... *Sie schaut still auf das Bild.* ... Panie, zmiłuj sie nad jego dusza ... In neunzehnhunderteinundsechzig, auf eine Mal Musik war weg, deutsche Geiger war verschwunden ... hab ich gedacht, Geiger ist gegangen in Deutschland, muß ich auch gehen in Deutschland ... bin ich gegangen in Richtung ... Vater Tomasz hat mich gefangen, hat mich gehauen ... hab ich erzählt ganze Geschichte ... hat gelacht ... hat gesagt, Jesusmaria, Motylek ist Musikseele ... hat alte russische Harmonika geholt, hat gespielt für Motylek ... hat Schwein gestohlen Vater Tomasz, aus PGR ... soviele Hunger ... ist eingesperrt Gefängnis Wrocław ... ist zurückgekommen nach halbe Jahr ... hat sich ertrunken in Fluß Biała-Ladecka ... bin ich gegangen zu Fluß Biała-Ladecka ... einen Tag, viele Tage ... bis ich gehört habe

Harmonika von Vater Tomasz ... das war Überlebung von Musikseele Motylek ... *Sie schaut lange auf das Bild. Dann schaut sie Beni an und lacht wieder.*

JANINA Sie müssen essen noch eine Stück Schwarzwälder Kirsch, Sie müssen sein stark für Trauungszeremonie in Kirche. *Sie schiebt ihm einen Berliner hin.*

BENI Thank you.
Janina zeigt auf die verbliebenen Süßigkeiten.

JANINA Schwarzwälder Kirsch, bitteschön? Negerküsse vielleicht?

BENI Thank you very much.

JANINA *lacht:* Bevor wir machen Trauungszeremonie, müssen wir regeln Frage von Mitgift. *Sie schaut sich im Raum um, holt den Plüschaffen und stellt ihn vor Beni. Beni schaut den Affen an, schaltet den Lichtschalter ein und aus und lacht.*

JANINA Demark 299 bei Kaufhof. Gehört jetzt Ihnen. *Sie macht eine dementsprechende Geste. Beni lacht und klatscht in die Hände.*

BENI Thank you so much. *Sie lacht, kommt ihm nahe, er steht auf. Sie hakt sich bei ihm ein. Beni wird unruhig.*

JANINA Bei Ehe man muß schreiten zu Traualtar, würdevoll. *Sie lacht, zieht ihn ein wenig und geht mit ihm in Richtung Bett. Beni macht sich von ihr los und geht zurück zur Kochnische.*

JANINA Wenn Herr Beni Jaja wünschen, ist Traualtar neben Elektroherd. Gott ist überall, Bóg jest wszedzie.

BENI God?

JANINA Gott. *Sie zeigt nach oben, senkt ihren Blick und bekreuzigt sich. Beni zeigt ebenfalls nach oben und lacht.*

BENI God. *Er beginnt eine Melodie zu summen und bewegt sich im Rhythmus der Melodie. Er wird immer fröhlicher. Janina schaut ihm erstaunt zu.*

BENI Sometimes I'm up
Sometimes I'm down.
Oh yes, Lord!
Sometimes I'm almost
to the ground.
Oh, Lord!
Halleluja!

JANINA Wenn Sie sich so aufführen in polnische Kirche, Priester tät' Ihnen auferlegen schwere Buße.

BENI *singt:* Oh Lord! Oh Lord! *Er reißt seine Arme in die Höhe:* Halleluja! Halleluja!

JANINA *macht es zögerlich nach:* Halleluja. Halleluja.

BENI   *klatscht und singt:* Oh Lord! Oh Lord! *Beide reißen ihre Arme in die Höhe.*

BENI UND JANINA   *gleichzeitig und sehr laut:* Halleluja! Halleluja! *Sie singen, klat-schen und jubeln so lange miteinander, bis Janina völlig außer Atem ist.*

JANINA   *lachend und keuchend:* Jesusmaria, hoffentlich tut Gott mir ver-zeihen diese Verrücktheit, in seiner unendlichen Güte.
Beni lacht. Sie schauen einander an, sie atmet schwer. Stille.

JANINA   In neunzehnhundertachtundsechzig, in Dom Kultury, Kultur-haus, war auch verrückt. In Samstag war Dancing, man hat ge-spielt »Do zakochania jeden krok«. *Sie summt die Melodie des alten polnischen Schlagers. Plötzlich bekommt ihr Gesicht wieder diesen traurigen Ausdruck.*

JANINA   In Anfang alles war Handkuß, aber mit Wein von Ribisel und mit Wodka von Kartoffel ist so häßlich geworden in Ende. *Sie schüttelt den Kopf.* Motylek! Motylek! Männer sind geworden sehr unappetitlich, haben hineingegriffen in Motylek. *Sie schüt-telt den Kopf. Ein Kuckuck kommt aus einer der drei Kuckucks-uhren.*

DER KUCKUCK   Kuckuck! *Der Kuckuck verschwindet wieder.*

JANINA   Muß ich Entschuldigung vorbringen für Auftritt von Kuckuck in diese Moment. Geht nach Präzision, nicht nach Gefühl, wie alles in Deutschland. Jetzt hab ich verloren roten Faden . . . *Sie denkt nach.*

BENI   God?

JANINA   Dankeschön. Bin ich gegangen in Kirche, hab ich ganze Ge-schichte gebeichtet Priester, Pater Franciszek Dzikowski, hat er mir gegeben Tröstung, erst mit Beispiele von Bibel, dann mit Eierlikör, hat er mich gebracht zu körperliche Liebe, hat er mir geschenkt Nylonstrümpfe und deutsche Kalender von lang ge-wesene Jahr, hat er gesagt, Leute in Miłosna nix dürfen erfahren, hab ich gesagt, und was ist mit Gott? Gott weiß und sieht alles. Der wird hinwegschauen in seiner grenzenlosen Güte, hat er ge-sagt. No, bitteschön. Hab ich geschaut in Kalender, Oktoberfest, Schwarzwald, Rhein, Hamburger Hafen, hab ich mich geträumt in deutsche Paradies. *Sie schaut ihn an. Er schaut sie an. Schwei-gen.*

JANINA   Was fehlt in Paradies ist Liebe. *Sie hält ihm ihre behandschuhte Hand zum Handkuß hin. Beni schaut ihre Hand an und beginnt, den gestrickten Handschuh herunterzurollen. Sie wehrt sich.*

JANINA   Heilige Jungfrau, bitte nicht. Darunter Schrecklichkeit, so große Schrecklichkeit.

(Beni läßt sich nicht beirren und rollt ihren Handschuh weiter auf.)

JANINA *mit großer Angst:* In Wrocław, hab ich gestellt Ausreiseantrag, war ich gesteckt in Hanffabrik, in nasse Schicht. Hanf in Lauge. Hände in Lauge. Keine Handschuhe. Keine Handschuhe für Motylek. Gott im Himmel! Gott im Himmel!
Beni hat ihr beide Handschuhe abgenommen. Janinas Hände und Unterarme sind dunkelrot, mit Narben übersät. Sie hält ihre Unterarme hoch und wimmert. Beni streift seine Hemdsärmel hoch, er hebt die Unterarme und hält seine schwarzen Hände gegen ihre roten. Die beiden verbleiben in dieser Stellung und schauen einander an. Stille, lange Stille. Plötzlich fällt ihm Janina um den Hals, küßt ihm wild das Gesicht ab und drückt ihre Zunge in seinen Mund. Beni reißt sich von ihr los und wirft sie zu Boden. Sie kauert am Boden und schluchzt in sich hinein. Schweigen. Beni schaut sie an, geht zu ihr hin und will ihr hochhelfen. Janina wehrt ihn ab.

JANINA Keine Bemühung. Das war gerechte Strafe für unerlaubte Anwandlung. *Sie steht mühsam auf, geht zum Tisch, setzt sich auf einen Stuhl, zieht ein Taschentuch aus ihrem Kleid und schneuzt sich. Beni beobachtet sie. Sie schaut ihn nicht an. Beni nimmt die beiden Stühle, legt sie auf den Boden, mit den Stuhlbeinen zueinander. Er setzt sich zwischen die Stuhlbeine, es sieht aus, als wäre er in einem Käfig, einem Gefängnis. Er greift mit seinen Händen auf die Sitzflächen der Stühle und drückt sie an seinen Körper. Das »Gefängnis« wirkt noch enger. Janina dreht ihren Kopf in seine Richtung und sieht, wie er zwischen den Stuhlbeinen eingeklemmt ist. Sie steht auf.*

BENI *aufgeregt:* They took me to the prison of Port Harcourt. They put me into a little, narrow cell with six people. No window, no bed, no table, no chair, no toilet. We let our water into a bottle. *Ein Kuckuck fährt aus einer anderen Kuckucksuhr heraus und schreit.*

KUCKUCK Kuckuck!

JANINA *schreit zurück:* Stul pysk!
Der Kuckuck verschwindet. Beni drückt die Stühle mit Gewalt an seinen Körper und beginnt zu zittern.

BENI They took even more prisoners in the cell. We couldn't sleep at the ground any more, only squat, one next to the other. They shoved more and more prisoners in the cell. We couldn't sit any more, only stand, one leant against the other. They stuffed them in. We stood back to back, face to face. We let our water on the ground. We put our arms on the shoulders of the next, like lovers. But we did not love each other. The skin, the breath of the other filled us with disgust. We could have chewed each other, killed each other, crunched each other for a little more space. *Er schreit:* No one shall come too close to me any more! Where is my father? Where is my father? *Benis Kopf sinkt nach vorn. Stille.*

BENI   *leise:* Where is my father? *Langes Schweigen.*

JANINA   *tief bewegt:* Habe ich englische Geschichte nicht verstanden, wegen polnische Schulsystem, ist mir aber gegangen tief in Herz. *Sie befreit ihn von den Stühlen, hilft ihm auf und bringt ihn zum Bett. Er läßt sich ins Bett fallen und starrt vor sich hin. Sie legt sich vorsichtig neben ihn. Zwischen den beiden sitzt die große Puppe mit der blonden Perücke. Schweigen. Beni dreht seinen Kopf zu Janina und schaut sie an. Sie lächelt ihn an. Er nimmt die kleine Okarina aus seiner Hosentasche und spielt die Melodie, die er im Abschiebegewahrsam gespielt hat. Sie hört zu und lächelt. Er setzt die Okarina ab.*

JANINA   Nivea? *Beni lächelt. Janina zieht eine große Niveadose unter ihrem Kissen hervor, öffnet sie und schmiert Benis Gesicht mit Unmengen von Nivea ein. Beni läßt es geschehen. Schweigen. Es läutet an Janinas Wohnungstüre. Beni wird unruhig. Es läutet wieder, ein paar Mal.*

JANINA   Wird sein polnische Nachbarin, Frau Stasia Łominska, wegen ausgegangene Knoblauch. Jetzt Romantik, nix Knoblauch. *Stille. Es hat aufgehört zu läuten. Die beiden liegen nebeneinander, zwischen ihnen die Puppe mit der großen, blonden Perücke. Benis Gesicht ist voller Nivea.*

JANINA   *lächelnd:* Jetzt wir sind echte deutsche Familie. Niemand mehr kann sagen, weg, wird's bald, Tempo, Beeilung. *Die Türe wird eingedrückt. Die beiden starren zur Türe. Ein mobiles Einsatzkommando der Polizei, bestehend aus drei Männern in Uniform, kommt in den Raum. Es geschieht alles sehr ruhig. Die Polizisten richten ihre Waffen auf die beiden. Beni und Janina sitzen erstarrt im Bett. Der Polizeipräsident von Berlin, diesmal nur in Anzug und Krawatte, kommt in den Raum und bleibt vor dem Bett stehen.*

DER POLIZEIPRÄSIDENT   *zu Beni:* Ich verhafte Sie wegen versuchten Totschlags. *Er sieht Benis niveaverschmiertes Gesicht.*

DER POLIZEIPRÄSIDENT   *etwas unsicher:* Sie sind es doch?

BENI *erwacht aus seiner Erstarrung und schreit:* Ich liebe dieses Land!
DER POLIZEIPRÄSIDENT Er ist es.
Die Bühne beginnt sich zu drehen. Musik. Ende des zweiten Aktes.

3. Akt

Eine große Zelle im Strafvollzugsgefängnis; jene Zelle, die sich im ersten Akt hinter dem Vorraum befand. In der Mitte der Zelle ein WC, ein Abtritt. An beiden Seiten befinden sich Bänke. Die Rückwand besteht fast ausschließlich aus der Zellentüre. Die Luke der Zellentüre befindet sich am oberen Ende der Türe. Auf den Bänken sitzen Beni Jaja, der kleine Mann unbestimmten Alters und der ungefähr fünfundvierzigjährige Mann mit Goldrandbrille. Alle drei haben Anstaltskleidung an. Beni und der Mann mit der Goldrandbrille starren vor sich hin. Der kleine Mann schaut von einem zum anderen. Schweigen.

DER KLEINE MANN *mit leicht ungarischem Akzent:* Meine Herren, wenn wir uns nicht ein wenig unterhalten, werden die nächsten zwanzig Jahre noch länger werden.
Die beiden anderen reagieren nicht.
DER KLEINE MANN Ich weiß sehr wohl, welche Unterhaltung man mit kleingewachsenen Menschen wie mir in Verbindung bringt. Ich bin gerne bereit, Ihnen diese zu bieten. *Der kleine Mann springt von der Bank und macht artistische Nummern vor. Manchmal gelingt es ihm, manchmal mißlingt es ihm. Er wiederholt die mißlungenen Nummern. Er verbeugt sich, weder der Mann mit der Goldrandbrille noch Beni reagieren auf ihn.*
DER KLEINE MANN Nun sind Sie dran, meine Herren.
Die beiden reagieren nicht. Hinter der Zellentüre hört man eine weibliche Stimme, ein Rufen. Beni lauscht, springt auf, läuft zur Zellentüre und versucht, die Luke zu erreichen. Es gelingt ihm nicht.
DER KLEINE MANN Darf ich Ihnen meine Hilfe antragen? *Der kleine Mann will an Beni hochklettern, Beni stößt ihn von sich. Beni lauscht. Die Rufe verstummen wieder. Stille. Beni setzt sich wieder auf die Bank und starrt vor sich hin. Der Mann mit der Goldrandbrille hat nicht die geringste Notiz vom ganzen Vorgang genommen.*

Schweigen. Der kleine Mann schaut abwechselnd zu Beni und zum Mann mit der Goldrandbrille.

DER KLEINE MANN   Es dreht sich doch alles um die Liebe, nicht wahr? Die Liebe ist unser Glück und unser Unglück. Nehmen Sie mein Schicksal. Ich begann eine Korrespondenz mit einer Frau aus Linz an der Donau, aufgrund eines Inserates. Von Brief zu Brief wurden meine Worte eindringlicher, begehrlicher. Ich schrieb ihr die Wahrheit, daß ich ein kleiner Mann sei, nicht einmal einen Meter fünfzig groß. Sie schrieb mir mit einfühlsamen Worten zurück, daß dies für sie kein Problem sei, daß alles in Ordnung sei. Sie können sich meine Freude vorstellen, nicht wahr? Wir vereinbarten ein Treffen am Münchner Hauptbahnhof, Bahnsteig 29, sie sollte mit dem »Wiener Walzer« aus Linz kommen, ich aus Ulm. Ich sollte die übliche rote Rose in der Hand halten. Ich stand mit der Rose am Bahnsteig 29, der »Wiener Walzer« fuhr ein, mein Herz schlug zum Zerbersten, die Menschen stiegen aus, aus der Menge löste sich eine Frau, sie ging lächelnd auf mich zu, und mein eben noch wild klopfendes Herz schien in der Sekunde stillzustehen. Die Frau war sehr klein, maximal zwei oder drei Zentimeter größer als ich. Eine entsetzliche Enttäuschung, ein Betrug, eine Katastrophe. Ich hatte mir nichts sehnlicher gewünscht als eine Frau, zu der ich aufschauen kann, nicht wahr? *Er schaut Beni und den Mann mit der Goldrandbrille an. Beni schaut zum Zellenfenster. Der Mann mit der Goldrandbrille starrt vor sich hin.*

DER KLEINE MANN   Die Welt betrügt mich und ich betrüge die Welt. Ich kann mit einiger Berechtigung von mir sagen, daß es keinen Betrug gibt, den ich nicht versucht habe. Darf ich Sie beide auf ein Hütchenspiel einladen? *Er wendet sich an Beni, Beni reagiert nicht. Der kleine Mann geht zum Mann mit der Goldrandbrille.*

DER KLEINE MANN   Sie? *Der Mann mit der Goldrandbrille reagiert nicht, er starrt vor sich hin. Der kleine Mann betrachtet ihn aufmerksam.*

DER KLEINE MANN   Ist es möglich, mein Herr, daß ich Ihr Antlitz aus den Gazetten kenne? Diese aufsehenerregende Bankgeschichte? Ein Vorstandsmitglied betrügt seine eigene Bank. Wie hoch war die Summe? Hundert Millionen? Zweihundert Millionen? *Der Mann mit der Goldrandbrille reagiert nicht, er starrt nur vor sich hin.*

DER KLEINE MANN   Bankbetrügereien, muß ich aufrichtig gestehen, sind mir leider nicht gegeben. Ich versuchte, einen Geldautomaten zu knacken, hatte alle technischen Vorbereitungen dafür getroffen, aber die

Höhe des Automaten erlaubte es mir leider nicht, ihn ohne Zu-
hilfenahme eines Stuhles zu erreichen. Sie können sich denken,
daß ein Zwerg auf einem Stuhl, der einen Geldautomaten zu
knacken versucht, von vornherein zum Scheitern verurteilt ist,
nicht wahr? *Schweigen. Der kleine Mann geht wieder zurück zur
Bank, hüpft auf diese und rückt Beni etwas näher. Beni rückt ein
Stück von ihm weg.*

DER KLEINE MANN Und Sie, mein Herr, der Sie aus einem anderen Teil der Erde zu
uns gestoßen sind, was ist Ihr Schicksal? Haben Sie uns nichts zu
erzählen?
*Plötzlich springt der Mann mit der Goldrandbrille auf und
schreit.*

DER MANN MIT DER GOLDRANDBRILLE Ich halte das nicht mehr aus! Ich halte das nicht
mehr aus! *Der Mann mit der Goldrandbrille läuft zur Zellentüre
und trommelt mit seinen Fäusten gegen diese.*

DER MANN MIT DER GOLDRANDBRILLE *dreht durch:* Laßt mich hier raus! Ich habe schon
bezahlt! Ich habe schon alles bezahlt! Alles bezahlt! Alles bezahlt! Der Vorstand der Deutschen Bank hat alles genommen!
Ich habe die deutsche Regierung bezahlt! Hat bei mir gesoffen!
In meiner Chartermaschine! Alles zerronnen! Alles zerronnen!
Alles zerronnen! Der ganze Kopf zerronnen! Von oben nach
unten! Auf den Teppich! Die Bankaufsicht! Die Bankaufsicht
hat gekotzt! Den ganzen Dreck! Auf den Teppich! Ehrenwort!
Ehrenwort! Sag dem Minister, er soll sich meine Parteispende
unter die Vorhaut schieben! Die Vorhaut! Die Haut! Die Haut!
Lampenschirme! Vergasen! Alle vergasen! Mein lieber Fritz!
Nicht die Kinder! Nicht die Kinder... *Er läuft zurück zu seiner
Bank, setzt sich, nimmt seine Goldrandbrille ab und beginnt zu
schluchzen. Der kleine Mann geht zu ihm hin und versucht ihn
durch Tanzschritte von seiner Trauer abzulenken. Hinter der
Zellentüre hört man wieder die Rufe einer Frau: »Beni, Beni«.
Beni springt auf, läuft zur Zellentüre und versucht die Luke zu
erreichen. Trotz größter Anstrengung gelingt es ihm nicht. Der
kleine Mann klettert auf artistische Art und Weise an Beni hoch.
Die Rufe werden leiser und verstummen. Der kleine Mann steht
auf Benis Schultern und öffnet die Luke.*

BENI *voller Aufregung:* Janina? Janina?

DER KLEINE MANN Da ist niemand. Ich hätte Ihnen gerne eine Janina beschrieben,
aber ich sehe keine.
*Der kleine Mann klettert von Benis Schultern. Beni setzt sich
wieder auf die Bank und hält die Hände vors Gesicht. Der kleine*

*Mann setzt sich neben ihn und beobachtet ihn. Beni läßt die
Hände sinken und starrt vor sich hin. Langes Schweigen.*

DER KLEINE MANN Bitte sprechen Sie mit mir, ich kann das Schweigen nicht ertragen. *Schweigen.*

DER KLEINE MANN Bitte.

Beni dreht sich ein wenig zu ihm hin und schaut ihn an.

DER KLEINE MANN *beinahe flehentlich:* Nur einen Satz.

BENI *leer:* Ich liebe dieses Land.

DER KLEINE MANN *lacht kurz auf:* Diese Liebe müssen Sie mir erklären.

BENI English?

DER KLEINE MANN Englisch, Französisch, Italienisch, Spanisch, Ungarisch, selbst
mit Gypsies unterhalte ich mich fließend, nicht wahr? Speak on.

BENI *leise:* I spent two years in a prison, I didn't say a single word.

DER KLEINE MANN I spent six years in different prisons. I talk all time. Forgive the
interruption. Speak on.

BENI After my release I worked in Port Harcourt, as a cargo-porter. I
wanted to get away from Nigeria, far away. *Schweigen.*

DER KLEINE MANN Please, speak on.

BENI *nach einer Pause:* I got to know a German sailor, a kind man. He
advised me to go to Germany, Germany is a wonderful country.
I wouldn't understand the language of this country, I answered.
Oh, he answered laughing, if anyone wants something from you,
then simply say »I love this country. Ich liebe dieses Land« and
they will also love you. *Beni schweigt.*

DER KLEINE MANN Your love was not returned?

*Beni schweigt. Durch die offene Luke der Zellentür hört man
wieder das Rufen. Beni springt auf und läuft zur Zellentüre.*

DER KLEINE MANN Wir wiederholen die Nummer. *Er klettert mit großer Geschwin-
digkeit an Beni hoch, steigt auf dessen Schultern und schaut durch
die Luke.*

DER KLEINE MANN Da ist eine Frau vor der Zelle. Keine erfundene, eine wirkliche.

BENI *voller Aufregung:* Janina! Janina!

*Musik setzt ein, die Bühne beginnt sich zu drehen. Der kleine
Mann springt von Benis Schultern und macht dem Mann mit der
Goldrandbrille ein Zeichen. Die beiden heben Beni hoch. Die
Bühne bleibt stehen. Man sieht den Vorraum und die große Zelle.
Janina steht vor der Zellentüre. Beni schaut durch die Luke und
sieht sie.*

JANINA *hält ein Putzmittel hoch und lächelt Beni an:* Meister Proper ist
jetzt bei Aldi dreißig Pfennig weniger.

BENI *lächelnd:* Ich liebe dieses Land.

Materialien

Antonin Artaud

wurde am 4. September 1896 in Marseille geboren. 1920 ging er nach Paris und erregte als Schauspieler Aufsehen. Er schloß sich dem französischen surrealistischen Dichterkreis um André Breton an und schrieb Prosagedichte und Dramen. 1926 gründete er das »Théâtre Alfred Jarry«, an dem er aus Protest gegen das abendländische Theater sein vom orientalischen Theater beeinflußtes »Theater der Grausamkeit« entwickelte und zugleich als Dramatiker, Regisseur, Schauspieler und Bühnenbildner arbeitete. Artaud eröffnete das Theater mit dem Einakter »Le Ventre brûlé ou La Mère folle«. 1932 erschien sein berühmtes Manifest »Theater der Grausamkeit«, 1938 der Sammelband »Das Theater und sein Double«. Von Reisen nach Mexiko (»Voyage au Pays des Tarahumaras«) und Irland kehrte er 1937 mit Wahnsymptomen nach Paris zurück und verbrachte anschließend neun Jahre in Heilanstalten. Antonin Artaud starb am 4. 3. 1948 in Ivry-sur-Seine. In Deutschland begann die Rezeption des Dichters Artaud 1972 mit der Veröffentlichung seines Romans »Heliogabal oder Der Anarchist auf dem Thron«.

Stücke: »DIE CENCI« (Adaption nach Shelly und Stendhal 1819) wurde am 6. Mai 1935 am Folies-Wagram-Theater in Paris uraufgeführt; Regie führte Antonin Artaud.

APROPOS CENCI SAGT UNS ANTONIN ARTAUD, WARUM ER EIN »THEATER DER GRAUSAMKEIT« SCHREIBEN WILL
Das Gespräch mit Antonin Artaud führte Pierre Barlatier

Ab heute abend gewährt das Folies-Wagram-Theater einem Versuch völlig neuer Art Gastrecht, der hinsichtlich der verwendeten Inszenierungsmittel zum Unerwartetsten gehört.
Nach einer leichten Operette im Programm versuchen *Die Cenci* die Stimmung der antiken Tragödie wiederzufinden, und jenseits der Geschichte kehrt das Werk zum antiken Mythos zurück.
Übrigens sind diese *Cenci* von Antonin Artaud keine Adaption, wie man es angekündigt hat, sondern sehr wohl eine Originaltragödie.
Shelley wie Artaud haben ihr Thema der Geschichte entlehnt, und das Stück Artauds gleicht den *Cenci* Shelleys kaum mehr wie beispielsweise Racines *Andromaque* Euripides' *Hekabe* gleicht, obwohl beide spürbar aus ein und demselben Stoff hervorgegangen sind.
Mit *Die Cenci* bietet Artaud dem Publikum ein erstes Werk dar, das seinen Begriff des »Theates der Grausamkeit« illustriert, und diesem Werk werden

mehrere andere folgen, unter ihnen ein *Macbeth* und *Die Qual des Tanta-lus*.

»Meine Helden«, sagt uns Antonin Artaud, »sind im Bereich der Grausam-keit angesiedelt und müssen jenseits von gut und böse beurteilt werden. Sie sind Blutschänder, Ehebrecher, Rebellen, Aufrührer, Frevler, Gottesläste-rer. Und diese Grausamkeit, in die das Werk ganz und gar eingetaucht ist, resultiert nicht allein aus der blutrünstigen Geschichte der Familie Cenci, es ist nicht bloß eine rein körperliche Grausamkeit, sondern eine geistige, sie reicht bis zum äußersten des Triebs und zwingt den Schauspieler, bis auf den Grund seines Seins hinabzutauchen, so daß er die Bühne erschöpft ver-läßt. Eine Grausamkeit, die sich ebenfalls gegen den Zuschauer richtet und ihm nicht erlauben darf, das Theater unversehrt zu verlassen, sondern er-schöpft, beteiligt, vielleicht sogar verändert!

Außerdem war ich mit all meinen Kräften bestrebt, das Publikum mitten in die Handlung hineinzuversetzen.

Nicht nur wird das Glockenläuten einer Kathedrale während der Vorstel-lung eingespielt, ebenso wie das Getöse eines Sturmes; nicht nur, daß es Herrn Désormière geglückt ist, mit den Ondes Martenot erstaunliche, schrille und tiefe Töne wiederzugeben; sondern darüber hinaus wollte ich die Beleuchtung ins Spiel bringen, indem ich sie, sofern sie dazu geeignet ist, gewiß für dekorative Zwecke berücksichtige, aber auch für die direkte Einwirkung auf die Nerven der Zuschauer.

Schließlich wird man in diesem Stück einen ganzen Versuch in symboli-scher Gestik vorfinden, denn die Geste kann geradeso wie das Wort sym-bolisch sein und einen hieroglyphischen Sinn beinhalten.

Und der junge Maler Balthus, eine der stärksten Persönlichkeiten seiner Generation, dem auf bewundernswerte Weise die Symbolik der Formen ebenso bekannt ist wie die der Farben: Grün, Farbe des Todes, Gelb, Farbe des bösartigen Todes, hat sich dieser Symbolik für die Auswahl der Ko-stüme bedient und um wunderbare Dekorationen zu entwerfen, die von einem wahren Künstler unter den Handwerkern gebaut wurden: Herrn Guillaudin; sehr reale, sichtbar hergestellte Dekorationen, die aber, wie die Ruinen, den Eindruck eines außergewöhnlichen Traums vermitteln.«

Und Antonin Artaud fährt fort:

»Es bleibt mir nur noch von meinen Schauspielern zu sprechen. Da ist zu-erst Iya Abdy, denn wenn ich eine Tragödie geschrieben habe, dann vor al-lem deshalb weil ich einer Tragödie, einer wahren, begegnet bin: Iya Abdy wird die Beatrice Cenci sein. Russischer Herkunft, aus einer Schriftsteller-und Künstlerfamilie, besitzt Iya Abdy eine Art von wahrhaft heroischer Seele, eine außerordentliche Ausdruckskraft, schließlich Sinn für Größe und ein wunderbares Gesicht, das an die Gorgo von Korfu erinnert. Sie ist das vollkommenste aller Medien.

Neben ihr hat sich Julien Bertheau wunderbar in die hypnotische Atmo-sphäre eingefügt: er spielt mit intensiver Poesie. Auch er ist ein bemerkens-wertes Medium.

Außerdem sind da Frau Cécile Bressant, die die Lucrezia sein wird, Beatrices Stiefmutter; Pierre Asso, Yves Forget, Salina und ich selbst, der sich die Rolle des Vaters Cenci vorbehalten hat.

(*Aus:* Comœdia, 6. 5. 1935)

Jörg Graser

geboren am 20. Dezember 1951 in Heidelberg, Studium der Politologie und Absolvent der Münchner Filmhochschule, lebt als Regisseur und Autor in München und Rinchnach.

Jörg Graser hat zu zahlreichen Filmen das Drehbuch geschrieben und sie zum Teil selbst inszeniert. Ausgezeichnet wurden seine Filme unter anderem mit dem Grimmepreis (1992), dem Bundesfilmpreis und dem Publikumspreis bei den Filmfestspielen in Cannes.

Stücke: »Witwenverbrennung«, UA 6. 9. 1980 Düsseldorfer Schauspielhaus, Regie Volker Hesse und Theater Bonn, Regie Dietmar Pflegerl; »Die Bucklige Angelika«, UA 8. 10. 1983 Düsseldorfer Schauspielhaus, Regie Johannes Schaaf; »Die Wende«, UA 31. 10. 1987 Deutsches Schauspielhaus Hamburg, Regie Max Färberböck; »Zahngold«, UA 21. 10. 1989 Staatstheater Braunschweig, Regie Wolfgang Gropper; »Rabenthal«, UA 12. 11. 1992 Residenztheater München, Regie Rolf Stahl; »Die Blinden von Kilcrobally« (unter dem Pseudonym George O'Darkney), UA 5. 6. 1998 Wiener Burgtheater (Akademietheater), Regie Uwe-Eric Laufenberg. »Jailhouse blues« 2001; eine von Jörg Graser erarbeitete Fassung wurde am 26. Juni 2003 im Deutschland Radio Berlin urgesendet, Regie führte Klaus Mehrländer.

Jörg Graser. Der Dollar und die Ewigkeit

Worum geht es in »Jailhouse Blues«?
Wenn man einen Autor nach seinem Stück befragt, besteht immer die Gefahr, daß er verkündet, was er schreiben wollte. Was er wirklich geschrieben hat, weiß er mitunter gar nicht. Es ist ja in einer Art Korrespondenz mit dem Unbewußten entstanden, getragen von der Hoffnung, daß dadurch ein bißchen mehr sichtbar wird, als das, was er weiß. Aber ob er dann hinterher über seinen Schatten springen kann, ist gar nicht ausgemacht. Deshalb ist die eigene Interpretation durch den Autor stets mit Vorsicht zu genießen.
Dann fragen wir mal anders: was ist die Geschichte?
Die Situation ist klar: ein Mann in der Todeszelle, zwei Stunden vor der Hinrichtung. Und natürlich ist das eine Komödie. Alec Motil ist ein Heiratsschwindler mit Gewissensbissen, der nie auf einen grünen Zweig gekommen ist, weil er die Frauen wirklich liebt. Zuletzt hat er sein Herz an eine Honkytonksängerin verloren, die sich nach einem one-night-stand aus dem Staub gemacht hat. Sie kann es nämlich gar nicht leiden, wenn zweimal der gleiche Kerl am Frühstückstisch sitzt.

Um sie wiederzufinden, wollte der verliebte Motil die Polizei bemühen und
hat einfach eine Vermißtenanzeige aufgegeben. Die Cops haben ihn verhört, er hat sich in Widersprüche verwickelt und ist unter Mordverdacht
geraten. Der Prozeß war eine Farce. Die Pflichtverteidigerin hat zeitweise
im Gerichtssaal nur ihren Rausch ausgeschlafen.
Das Stück, in dem diese Vorgeschichte allmählich aufgerollt wird, beginnt
mit der Henkersmahlzeit. Motil beteuert seine Unschuld, aber das interessiert hier niemanden. Der Gefängniswärter hat es auf das Essen abgesehen,
der Pfarrer will den Todeskandidaten noch rasch eingemeinden, die Anwältin versucht, ihm die Fernsehrechte abzuluchsen und der Sheriff möchte auf
elegante Weise ein paar unerledigte Fälle vom Tisch bekommen. Er bietet
ihm einen Deal an: wenn Motil die Geständnisse für vierzehn weitere
Morde unterschreibt, erfüllt er ihm einen letzten Wunsch.
Motil willigt ein. Er möchte die Frau, die er liebt, noch mal sehen. Der Ordnungshüter zögert nicht, das FBI einzuschalten. Mit Satellitenpeilung ist alles weitere ein Kinderspiel, und bald darauf steht die Honkytonksängerin
vor dem Mann, der sie so schmerzlich vermißt hat. Wegen ihrer Ermordung
war Motil allerdings verurteilt worden, sie ist der lebendige Beweis seiner
Unschuld, aber das schert den Sheriff wenig. Daß es am Ende doch noch zu
einem glücklichen Ausgang kommt, liegt am Gerechtigkeitssinn des Ge-
fängniswärters und seinem Unwillen, auf ein Dessert zu verzichten.
Das klingt nach einer bösen Komödie über den ganz normalen Wahnsinn in
der Liebe und dem Justizwesen. Wie sind Sie denn auf Texas gekommen?
Mein Ausgangspunkt war die Sprache. Ich hatte früher mit der süddeut-
schen und dann mit der irischen Sprechweise operiert und dabei schätzen
gelernt, daß die Sprache die Tür zu der Welt aufschließt, in der sie gesprochen wird.
Die lakonische Sprechweise der Texaner hat mich schon lange fasziniert.
Ich kannte sie aus den Wildwestfilmen und konnte schließlich feststellen,
daß die Texaner ihre Abbilder inzwischen so gut nachmachen, daß sie wie
Lucky Luke schneller schießen als ihre Schatten. Sie haben nicht nur eine
lakonische Sprechweise, sie handeln auch gern kurz und bündig. Sie haben
ein ausgesprochenes Talent zum Kurzschluß. Insofern bringen sie eine all-
gemeinmenschliche Eigenschaft gewissermaßen auf den Punkt.
Im Zentrum der Geschichte steht ein Unschuldiger in einer Todeszelle. Es ist
aber doch kein Justizdrama?
Nein. Es geht eher um die Logik hinter dem alltäglichen Wahnsinn. Daß die
Falschen hingerichtet werden, kommt in Texas schon mal vor, das ist bekannt. Seit allerdings die Genanalysen eine differenzierte Ermittlungsarbeit
ermöglichen, ist ein erschreckendes Ausmaß an Fehlurteilen sichtbar geworden. Daß da gelegentlich Pflichtverteidiger im Gerichtssaal ihren
Rausch ausschlafen, ist Tatsache. Das habe ich einem Zeitungsbericht ent-
nommen. Die Richter werden gewählt und müssen eine gewisse Erfolgsbi-
lanz aufweisen. Wenn sie mit einem Angeklagten kurzen Prozeß machen
wollen, verpassen sie ihm einen möglichst lausigen Pflichtverteidiger. An-

wälte, die auf diesen Mechanismus setzen, haben also keinen Grund, ihre Alkoholprobleme zu verheimlichen. Im Gegenteil, je schlechter sie ihren Job machen, um so sicherer ist der nächste Auftrag.

Viele soziale Systeme erwecken den Anschein des Funktionierens, solange man nicht hinter die Kulissen blickt. Ob sie ihrer Aufgabe nachzukommen scheinen, hängt davon ab, wie gut die Vertuschungsstrategien funktionieren. Der Versuch des Sheriffs in dem Stück, sich von einem Todeskandidaten noch schnell falsche Geständnisse zu erschleichen, verfolgt das Muster der Bilanzfälschung. In anderen Bereichen nennt man das Kommunikationsmanagement oder public relations.

Der Gefängniswärter, die Anwältin, der Pfarrer und der Sheriff verfolgen sehr konsequent zuallererst ihre eigenen Interessen. Auch der Todeskandidat hat einen sehr starken Selbsterhaltungstrieb. Er hat sich zu seiner Henkersmahlzeit drei Steaks bestellt. Aber er ißt sie nicht...

Nein. Der Tod macht die Ich-AG ratlos. Drei Steaks sind für Motils Probleme nur eine sehr kurzfristige Lösung. Eine langfristige bietet ihm der Pfarrer an, der ihn zu einer Schnelltaufe überreden will: die Wiederauferstehung. Und trotz seiner texanischen Naivität pickt er doch ein paar Bibelworte heraus, die diesen Vorgang als ein Gleichnis ausweisen. Wie aus dem Samenkorn ein Baum erblüht, wenn es aufplatzt, so erwacht der Mensch, wenn er stirbt, zum Ewigen Leben. Der Tod als Tor zum Reich Gottes. Aber damit kann Motil nicht viel anfangen. Er nimmt das Gleichnis wörtlich und hat nur eine sehr vage Hoffnung, daß so was klappen kann. Er möchte die Frau, die er liebt, wiedersehen. Tatsächlich führt gerade dies zu seiner überraschenden Rettung. Das ist übrigens eine klassische Vorstellung, daß die Idee des Ewigen Lebens in der Liebe bereits verwirklicht ist. Diotima, die Priesterin der Liebe, hat in Sokrates erweckt, was als dämonische Kraft in ihm zum Göttlichen führen soll. Durch die Liebe wächst der Mensch über sich hinaus.

Der Pfarrer exemplifiziert die Wiederauferstehung und das Ewige Leben auch noch am Dollar. »Es ist ganz einfach«, sagt er, »stellen Sie sich vor, Gott ist der Dollar. Um ihn herum ein einziges Werden und Vergehen. Alles entsteht aus dem Dollar und wird wieder zum Dollar. McDonald's, Chrysler, Disney, Microsoft, sie sind alle aus dem Dollar hervorgegangen, sie machen Dollar und wenn sie kaputtgehen, werden sie wieder zu Dollar...«

Ja. Das klingt satirisch, aber in Los Angeles gibt es tatsächlich eine Kirche, in der der Pfarrer vor der Gemeinde betet: »Money, money, money, money, money...« Und die Gemeinde betet es ihm nach.

Für viele US-Amerikaner ist der Dollar die Inkarnation der göttlichen Liebe. Während im alteuropäischen Christentum die Vorstellung prägend ist, daß eher ein Kamel durch ein Nadelöhr geht, als daß ein Reicher in den Himmel kommt, gilt Reichtum in der baptistischen und methodistischen amerikanischen Kirche als Zeichen der Liebe Gottes. Irdische Güter bekommen damit eine religiöse Bedeutung. Religion ist nicht mehr das Opium des Volks, sondern es ist ein Speed, ein Aufputschmittel für die Jagd nach dem Dollar. Wenn ein leeres Konto auf Gottverlassenheit hindeutet und der Reiche sich als ein von Gott Gesegneter ausweist, kann der Erfolg beim Geldverdienen andere moralische Maßstäbe entkräften. Die religiöse Aufladung der Dollarhatz hat Kräfte entfesselt, die zum enormen wirtschaftlichen Aufstieg der USA beigetragen, den einzelnen aber auch zu einem Gotteskrieger in eigener Sache gemacht haben.

Aus alteuropäischer Sicht erscheinen viele Phänomene der US-amerikanischen Wirklichkeit, wie zum Beispiel der Moneymoney-Prediger, als seien das Elemente einer Dada-Ausstellung. Naturalismus, Realsatire und Dada fallen da in eins zusammen. Die Stars and Stripes-Christen verstehen sich allerdings ganz und gar nicht als Dadaisten. Ein amerikanischer Prediger hat unlängst verlauten lassen: »Wir sollten alle paar Jahre ein kleines, drekkiges Land an die Wand klatschen, damit alle sehen, daß wir es ernst meinen.«

In Ihrem Stück sperrt der Gefängniswärter am Ende den Sheriff ein.
Ja, die Hoffnung bleibt.

(Originalbeitrag)

Kai Hensel

geboren 1965 in Hamburg. Nach dem Abitur Werbetexter, Regisseur, Autor zahlreicher TV Serien und -Filme. Für »Klamms Krieg« erhielt Kai Hensel den Deutschen Jugendtheaterpreis 2002.

Stücke: »Party mit totem Neger«, UA 23. 6. 2000 Theater in der Fabrik / Staatsschauspiel Dresden, Regie Jan Jochymski; »Weg in den Dschungel«, UA 20. 11. 2002 Schloßtheater Dresden, Regie Olga Wildgruber; »Welche Drxoge passt zu mir«, UA 6. 11. 2003 Theatercafé/Theater Freiburg, Regie Christian von Treskow.

»Klamms Krieg« wurde am 17. November 2000 am Staatsschauspiel Dresden uraufgeführt; Regie führte Gilbert Mieroph, und die Hörspielfassung, unter der Regie von Peter Groeger und im Auftrag des MDR, wurde im August 2001 urgesendet.

Schule ist Zwang
Daniel Minetti im Gespräch mit Bistra Klunker

Mit dem Lehrermonolog *Klamms Krieg* gelang dem Autor Kai Hensel ein kleiner Geniestreich. Die große Nachfrage deutscher Theaterhäuser wird den Autor selbst überrascht haben. Entscheidend für den Erfolg des Stücks ist sicherlich das Thema: Leistungsdruck in der Schule und die Folgen. Der Siegeszug des Stücks begann in Dresden, als das unveröffentlichte Manuskript im »Uraufführungstheater« szenisch gelesen wurde und Interesse weckte. Im November 2000 brachte das Staatsschauspiel Dresden *Klamms Krieg* in der Regie von Gilbert Mieroph zur Uraufführung – als Schul- und als Bühnenvariante im Theater Oben. Im Romain-Rolland-Gymnasium ging nun die 150. Vorstellung über die Bühne bzw. durchs Klassenzimmer. *Bistra Klunker* sprach mit dem Schauspieler Daniel Minetti über die Inszenierung.

Bistra Klunker: Wie groß ist nach drei Jahren das Interesse der Schulen an einer Aufführung?
Daniel Minetti: Am Anfang haben wir für die Inszenierung geworben. Mittlerweile haben wir das sein gelassen, weil sich die Schulen, genauer gesagt einzelne Lehrer, von selbst melden. Momentan sind es mehr als 25 Nachfragen auf der Warteliste. Auch wenn wir auf Gastspielen sind, kommen mindestens drei Lehrer auf uns zu und fragen, wann wir in ihren Schulen spielen können. Das Schöne ist, egal wo wir hingehen, immer ist das

Klassenzimmer voll – eine bessere Auslastung kann man sich als Theatermensch nicht wünschen.

Die Bühnenvariante ist eher selten im Spielplan zu finden…

Manche Lehrer wollen mit ihrer Klasse raus aus der Schule. Das Bühnenbild ist da für den Fall, dass sich jemand anmeldet und diese Vorstellung im Theater Oben haben möchte. Die restlichen Plätze können wir dann mühelos im Freiverkauf füllen.

Was glauben Sie, worin liegt der Erfolg dieses Stücks, das inzwischen vielerorts als mobiles Theater angeboten wird?

Die Theaterform an sich ist nichts Neues. Kinder- und Jugendtheater bieten schon seit vielen Jahren Theater in der Schule an. Was das Stück betrifft, finde ich, dass es ein sehr guter Theatertext ist. Das merke ich daran, dass ich nach 150 Vorstellungen noch nicht müde bin, es zu spielen, es macht mir Spaß. Der Grundkonflikt, das Abhängigkeitsverhältnis zwischen Schülern und Lehrern, diese schwer messbare Kategorie »moralische Verantwortung« – das gab es früher schon und wird es in Zukunft auch geben. Verglichen mit meiner Schulzeit ist gegenwärtig der Existenzdruck auf Jugendliche sicherlich etwas größer. Doch was das Umfeld von Lehrern und Schülern betrifft, das ist fatalerweise gleich geblieben. Klamm sagt im Stück: »Schule ist Zwang«. Ich denke auch, Zwang ist die Grundbedingung für das Schüler-Lehrer-Verhältnis. Oder es muss eine ganz neue Art von Schule erfunden werden.

Aber in dem heute üblichen Schulsystem muss der Lehrer eine Autorität bleiben?

Ich glaube, ja. Bei den Diskussionen nach der Vorstellung habe ich oft das Gefühl, dass es die Schüler auch wollen. Autorität sollte aber nicht meinen, dass sich ein Lehrer für unfehlbar oder gottgleich halten soll, sondern von einer angemessenen Distanz aus Wissen vermittelt und Neugier aufs Selbstentdecken weckt.

Unterliegen Schüler in der Diskussionsrunde nicht der Versuchung, über ihre Lehrer herzuziehen?

Dadurch, dass die Schüler andere Gesprächspartner als sonst haben, die Theaterpädagogin Maike Döschner und mich, zeigen sie sich manchmal von einer Seite, die ihre anwesenden Lehrer (höchstens drei) nicht kennen. In der Regel nutzen die Schüler diese Gelegenheit nicht, um konkrete Lehrer bloßzustellen. Ab und zu fällt mal ein Name, doch meist als lustige Pointe.

Die Inszenierung wurde auch im Rahmen von Fachseminaren gezeigt. Wie reagieren Lehrer unter sich auf die Thematik?

Lehrer sehen in Klamm vor allem ein überspitztes Beispiel dafür, wie man nicht sein darf. Viele hoffen, nie in so eine Extremsituation zu geraten wie Klamm, weil sie nicht genau wissen, wie sie dann reagieren. Diese Angst verstehe ich. Niemand ist vor einer unberechenbaren Gefühlsaufwallung gefeit. Interessant ist auch, dass Lehrer einzelne Züge von sich in Klamm entdecken.

Wie viele Vorstellungen von »Klamms Krieg« wird es noch geben?
Tja, die 300. Vorstellung wäre sicherlich ein Grund zum Feiern. Im Ernst:
Eine Entscheidung über die Gesamtzahl an Vorstellungen gibt es nicht –
höchstwahrscheinlich wird die Inszenierung auch in der nächsten Spielzeit
im Angebot sein.

(*Aus: Dresdner Neueste Nachrichten, 27. 11. 2003*)

Fritz Kater

geboren 1966 in Bad Kleinen. Kurz vor seiner Einschulung zieht er nach Ost-Berlin und macht dort sein Abitur. Nach seinem Wehrdienst bei der NVA beginnt er seine Lehre als Fernsehmechaniker. Danach arbeitet er mit Theatergruppen aus dem kirchlichen Bereich zusammen. 1987 erhält er die Ausreisegenehmigung in die BRD. In Bayern nimmt er Gelegenheitsarbeiten als Kellner, Regieassistent, Taxifahrer an, erste Schreibversuche.

1990 kehrt er nach Berlin zurück und wird Mitarbeiter einer Firma für Design-Controlling in Berlin-Moabit. Fritz Kater schreibt seit 1990 Stücke, ist verheiratet und hat drei Kinder.

Für ZEIT ZU LIEBEN ZEIT ZU STERBEN erhielt Fritz Kater den Mülheimer Dramatikerpreis 2003.

Stücke: »KRIEG, BÖSE III« (Sarajevo), UA 28. 10. 1994 Kleist-Theater Frankfurt/Oder, Regie Armin Petras; »EJAKULAT AUS STRACHELDRAHT II«, UA 31. 10. 1994 Kleist-Theater Frankfurt/Oder, Regie Armin Petras; »BLOSS, WEIL DICH IRGENDEIN TYP MIT SPERMA BEDECKTE UND DICH DANN ZURÜCKWIES ODER MEINE KLEINE WOLOKOLAMSKER CHAUSSEE 6«, UA 7. 12. 1996 Theater Nordhausen, Regie Armin Petras; »KEINER WEISS MEHR 2 ODER MARTIN KIPPENBERGER IST NICHT TOT«, UA 16. 1. 1998 (Ring-Uraufführung) Volksbühne am Rosa-Luxemburg-Platz Berlin/Prater, Regie Armin Petras, 27. 1. 1998 Theater Nordhausen, Regie Sven Mundt; »VINETA (ODERWASSERSUCHT)«, UA 18. 5. 2001 Schauspiel Leipzig, Regie Markus Dietz, 18. 5. 2001 Freie Kammerspiele Magdeburg, Regie Wolf Bunge; »STERNE ÜBER MANSFELD«, UA 15. 2. 2003 Schauspiel Leipzig, Regie Armin Petras; »WE ARE CAMERA / JASONMATERIAL«, UA 6. 12. 2003 Thalia Theater Hamburg, Regie Armin Petras.

»ZEIT ZU LIEBEN ZEIT ZU STERBEN« wurde am 19. September 2002 am Thalia Theater Hamburg uraufgeführt; Regie führte Armin Petras.

KÖRPER LÜGEN WENIGER ALS WORTE
Armin Petras im Gespräch mit Katrin Bettina Müller

K. B. Müller: Drei Ihrer Inszenierungen der letzten Zeit, »Vineta. Fight City«, »Sterne über Mansfeld« und »zeit zu lieben zeit zu sterben« konzentrieren den Blick auf den Osten Deutschlands und wie in der Gegenwart das Vergangene noch wächst. Man spürt eine große Notwendigkeit, davon zu erzählen. Hatten Sie das Gefühl, dass sich allmählich Blindheit gegenüber dem Osten Deutschlands ausbreitete?

A. Petras: Ich mache solche Stücke gerne, weil ich das Empfinden habe, dass ein Drittel der deutschen Bevölkerung gar nicht wahrgenommen wird in der deutschen Theaterlandschaft. Da ich nun mal hier aufgewachsen bin und bestimmt die Hälfte meiner Schauspieler aus dem Osten kommt, lag das nahe, damit eine Beschäftigung zu finden. Ich finde es auch nicht ungewöhnlich, wenn man als Nordire nordirische Stoffe macht.

Autor aller drei Stücke war Fritz Kater – das ist das Pseudonym, das Sie als Autor benutzen. Wurde die Einführung von Fritz Kater notwendig, weil Sie diese Stoffe bei keinem anderen Autor finden konnten?

Das finde ich gar nicht falsch. Ich habe früher als Regisseur Stücke von Oliver Bukowski und Heiner Müller inszeniert – da gab es Autoren, die darüber geschrieben haben, und heute gibt es nur noch wenige. Deshalb wurde es wichtig, neue Stoffe zu finden. Aber mich interessiert überhaupt nicht mehr diese Ost-West-Geschichte als biografisches Element. Unsere Gesellschaft besteht zu 99 Prozent aus Migranten, und wenn es die Generation der Väter und Mütter war.

»Fight City« und »Sterne über Mansfeld« erzählen viel von den Verlierern der Wende, dem falschen Glanz neuer Versprechungen, den Altlasten. Man erfährt viel vom Scheitern, aber mehr noch von der Langeweile. Ist aber nicht der Lebenshunger, der durch diese Melancholie bricht, das Eindringlichste?

Absolut. Das ist auch das, was mich am meisten interessiert. Die Stücke sind alle relativ kitschig, relativ altmodisch, mit Helden und Contrahelden und Chor. Das ist ja fast der Versuch, Klassik zu schreiben – und ich versuche dann als Regisseur, da reinzuschlagen und etwas anderes rauszuholen.

In »zeit zu lieben, zeit zu sterben« fallen die unterschiedlichen Textformen sehr auf. Der erste Teil sieht auf dem Papier aus wie ein Textfluss ohne Punkt und Komma, wie ein Treiben von Erinnerung durch verschiedene Köpfe – eine erst mal undramatische Form. Was ist der Reiz, das auf die Bühne zu bringen?

Diese Form ist viel interessanter als die eher klassische Dramaturgie von »Vineta« oder »Sterne über Mansfeld«, das sind eher Volksstücke. »zeit zu lieben, zeit zu sterben« besteht aus zwei Prosastücken, am Anfang und am Ende, und in der Mitte ist ein Filmskript. Daraus Theater zu machen fordert als Regisseur.

In allen drei Stücken spielen Liebe und Familie eine große Rolle, der Verlust der Väter, die pubertäre Verliebtheit, der Wunsch nach Kindern. Verglichen mit den meisten Familien auf der Bühne fällt ein großer Unterschied auf: Das ist fast immer die Familie der Tragödie, der Ort des Ursprungs allen Übels, von Macht und Zerstörung. Sehen Sie dagegen die Familie als die letzte Schutzzone des Glücks?

Mir ist das so noch nicht aufgefallen, aber das ist strukturell richtig. Es ist auch ganz logisch, warum es so ist. Alle anderen gesellschaftlichen Strukturen sind für die Leute im Osten zum großen Teil zusammengebrochen, wo sie sich dran festgehalten haben. Es sind so etwas wie Rumpffamilien übrig geblieben, nie komplett. Immer fehlen Leute, sind abhanden gekommen. Vielleicht ist es der Versuch, zu schauen, worüber kann man dann überhaupt noch reden, wenn es keine großen gesellschaftlichen oder politischen Entwürfe mehr gibt.

Auf der Bühne arbeiten Sie viel mit Musik und mit Obst. In »Vineta« bedekken Äpfel den ganzen Boden, in »Sterne über Mansfeld« sind es Plastikpflaumen. Das kam mir vor wie ein doppeltes Bild der Verwurzelung: einmal tatsächlich Verwurzelung in der Landschaft, der Kulturgeschichte einer Gegend, die weit zurückreichen kann, und einmal in der Musik, die der Gegenwart angehört.

»Sterne über Mansfeld« ist so etwas wie der zweite Teil von »Vineta«. In beiden Stücken geht es um Heimat, Landschaft, die über eine Requisite hergestellt wird. Für mich ist Theater eine Mischkunst, und alle Dinge, die ich auf die Bühne bringe, müssen etwas stringent erzählen. Bei mir wird es nie eine Musik geben, die nur ein Gefühl verstärkt, sondern das muss immer eine eigene Qualität haben. Deshalb spreche ich gerne von der Autonomie der Künste. Der Mensch auf der Bühne, die Musik, das Licht, jedes Element kann die Führung übernehmen.

Musik ist natürlich ein zentraler Punkt. Mit dem Sprechen heute ist es nicht mehr so einfach. Der Sprachakt als solcher, der ist so vergiftet und zerstört, so verniedlicht und verkleinert; deshalb muss man immer wieder gucken, wo kann die Sprache Kraft herbekommen. Musik ist da ganz stark. Wenn Johnny Cash singt »Would you lay with me in a field of stone« und das Ganze auf einer Abraumhalde spielt, dann hat das einen ganz großen emotionalen Wert. Da beschreibt die Musik eine Sehnsucht, die das ganze Stück beschreiben will. An Punkten, wo ich mit dem Text nicht mehr weiterkomme, egal ob der Autor Friedrich Hebbel oder Fritz Kater heißt, muss von einer anderen Ebene etwas kommen.

Sie haben einmal den »Kontext des Körpers« als einen wichtigen Faktor des Verstehens benannt. Ist der Körper dem Wortverständnis voraus?

Ja, vor der Musik, vor dem Text kommt der Körper. Meine Freundin ist Choreographin und Tänzerin; wenn ich fünfzehn Jahre jünger wäre, würde ich gar nicht Theater machen, sondern gleich versuchen, Tanz zu studieren. Körper lügen weniger als Worte. Ich versuche das immer mit dem wenigen, was ich von Körpern verstehe, in die Inszenierungen mit reinzunehmen. Die Probenarbeit ist wichtig; Schauspieler werden erst dann entlassen, wenn ich den Körpern glaube – das ist für die auch oft schwer.

Erzählen Sie deshalb in »Vineta. Fight City« von zwei Boxern und einer ehemaligen Gymnastikerin, die sehr unter ihren Körpern leiden?

Die leiden nicht nur, sie haben darin auch eine Heimat gefunden. Wenn Steve in seine Heimatstadt Frankfurt/Oder zurückkommt, will er einen Kampf haben: Das sucht er, das hat er verloren. Das habe ich in keiner Kritik erwähnt gefunden. Da steht immer nur was über Arbeitslose, traurig, traurig; aber es fehlt, dass es ein Stück ist über einen Mann, der sich selber sucht, einen Punkt, wo er anfangen kann, neu zu leben. Das ist für ihn das

Boxen. Da können wir als Intellektuelle, die wir ja nun mal leider sind, sagen, das finden wir blöd. Aber es geht mir nicht um Ideologien, sondern um Strukturen. Und wenn ein Boxer nach Hause kommt, will er boxen – ein Körpergefühl wiederbekommen. Deswegen bin ich gerne am Theater. Weil man sich da hinfallen lassen kann oder rumrennen oder rumschreien, das würde ja als Angestellter in einer Bank nie funktionieren. Da hat man viele Zwänge. Ich habe auch viele Zwänge. Abonnenten, die rausgehen. Aber es ist doch besser.

»zeit zu lieben zeit zu sterben« ist auch eine ausführliche Pubertätsgeschichte. Wie wichtig ist Ihnen ein junges Publikum?

An vielen Theatern, an denen ich gearbeitet habe, in Frankfurt/Oder oder Nordhausen, gab es überhaupt nur junges Publikum. Dort habe ich viele Jugendstücke gemacht, das war gar keine Frage. Aber das ist nicht der Punkt. Inzwischen habe ich auch viele siebzigjährige Frauen kennen gelernt, die offener sind als viele dreißigjährige. Da hat sich etwas verdreht. Es gibt extrem konservative Jugendliche, die alte Stücke nur in alten Kostümen sehen wollen.

Diesmal lief das Jugendtheatertreffen parallel zu dem Theatertreffen. Iris Laufenberg, die Leiterin des Theatertreffens, hat betont, wie viele der Impulse für das Theater heute von dort kommen. Auf der anderen Seite gibt es die Krise der Stadttheater, denen ein nachwachsendes Publikum fehlt. Ließe sich das nicht ändern?

Mit geht es definitiv darum, andere Schichten sowohl in das Theater als auch auf die Bühne zu holen als die Abonnenten. Fast in jedem Stück gibt es Leute, die man nicht a priori im Theater vermutet. Wenn in »Sterne über Mansfeld« elf ältere Damen einen Chor spielen, hat das einen Sinn. Ich will solche Leute ins Theater holen, die bringen ihre Freunde mit. Fast immer gibt es Laien in den Inszenierungen, ganz abgesehen von den Hospitantenscharen, die immer mehr werden. Da ist das flämische Theater von Alain Platel ein Vorbild für mich, in der Hinsicht der sozialen Verankerung. Wenn ich nach Gent, Brüssel oder Antwerpen fahre, sehe ich, dass das Theater auch für die Region gemacht wird. Genau diese Verankerung, die Reflexion der wirklichen Probleme der Leute, die da leben, schafft ein ganz anderes Bewusstsein für das Theater dort.

In Deutschland kann man ja zwar von einer »einzigartigen Theaterlandschaft« reden, weil viele Städte noch ein Stadttheater haben, fast das letzte Erbe der Kleinstaaterei. Warum aber zeigen sich so wenig Ansätze, Theater aus einer Region entstehen zu lassen?

Das liegt wohl an dem komischen Drang nach Berlin, Wien oder Hamburg. Das fehlende Selbstbewusstsein in den kleinen Städten ist schlimm. Das ist schade, denn das wäre ein Pfund, mit dem man ganz anders umgehen kann.

Zwei der Stücke über den Osten kamen in Hamburg heraus. Vielleicht ist es auch für ein westdeutsches Publikum leichter, bestimmte Geschichten anzunehmen, wenn sie über den Osten erzählt werden, obwohl oder gerade weil sie einen doch auch betreffen.

Das ist eine gute Frage. Ich habe bei beiden Kater-Stücken zuerst gedacht, das will hier keiner sehen. Die Schauspieler haben das dann hinter meinem Rücken an den Intendanten des Thalia Theaters, Ulrich Khuon, weitergeleitet. Angesichts des Erfolges war das wohl richtig. Ich habe noch nicht drüber nachgedacht; für viele Hamburger ist Frankfurt/Oder weiter weg als Afrika. Trotzdem beschreibt das Stück Sehnsüchte, die wir auch haben. Es geht gar nicht um die Nähe des Alltags, es geht darum, Seinsprobleme auseinander zu nehmen, so kitschig und moralisch sich das anhört. Wie lebe ich und wie sterbe ich, das sind die entscheidenden Fragen.

(Aus: taz, 14. 5. 2003)

Simona Sabato

geboren am 16. September 1964 in Berlin, hat zehn Jahre als Kamerafrau gearbeitet, erhielt 2001 den Förderpreis für Theaterautoren der Jürgen Ponto
Stiftung, UAT Dresden, für ihr erstes Stück *nicht in den mund*, lebt in Berlin. 2004 erhält Simona Sabato das Alfred Döblin Stipendium.
»NICHT IN DEN MUND« wurde am 2. März 2002 am Thalia Theater Hamburg uraufgeführt; Regie führte Stephan Kimmig (SPECTACULUM 73).
»GOTLAND« ist 2002 entstanden.

WHAT WHAT WHAT
Manfred Ortmann fragt, Simona Sabato antwortet

M. Ortmann: Warum ist es ein Familiendrama?
Simona Sabato: Ist es ein Familiendrama? Ja, gut, Marion, Heidi, Illig als
Schwiegersohn, Ray als neuer Liebhaber, das sind familiäre Zusammenhänge. Marions Mann muß in den ersten Szenen von ihr versorgt werden,
ist offensichtlich hilflos. Während er allein zurückbleibt, gibt Marion sich
als Witwe von Rays Opfer aus und überläßt ihren Mann dem Endstadium
seiner Krankheit. Das Drama ist das ausgeblendete Familiendrama.

Warum ist es auch eine Liebesgeschichte?
Marion sieht Ray im Fernsehen und ist fasziniert von seiner Erscheinung.
Wenn sie vor ihrer häuslichen Situation flieht, gibt es ein Ziel für sie, der
wortkarge Held aus der Talkshow. (Sucht sie Ray oder einen Platz neben
ihm in der Talkshow, welche Rolle spielt die Konkurrenz zu ihrer Tochter?)
Für Ray ist Marion der letzte Schritt zur Genesung, die Konfrontation mit
der Witwe seines Opfers. Er begegnet ihr, als sei sie ein Prüfstein auf dem
Weg in ein normales Leben. Schicksalhaft fühlt er sich mit ihr verbunden.
Kein Wunder, daß beide sich ineinander verlieben.

Geht es um Schuld oder wer alles in dem Stück hat ein / kein Schuldproblem?
Ich glaube nicht, daß es um Schuld geht. Ich glaube aber, daß einige sich
sehr schuldig fühlen. Marion läßt ihren kranken Mann verdursten und verhungern. Ray hat jemanden erschlagen, wenn auch in einem geistig verwirrten Zustand. Dr. Martin Illig hat einem Patienten Ausgang gegeben,
der daraufhin die kleine Tochter einer Anwohnerin erstochen hat. Christiane fühlt sich schrecklich schuldig, überhaupt am Leben zu sein. Heidi
fühlt sich nicht schuldig. Heidi wird sich auch niemals schuldig fühlen.

Warum spielt es gerade bei Ikea, wofür steht Ikea?
Ikea ist der nette Multi von nebenan.

Was und wo ist Gotland?
Eine Insel in der Ostsee, ca. 190 Kilometer südlich von Stockholm. Karge Küsten, steile Klippen, das ist Gotland. Werbung von Ikea mit einer Welt, in der es Ikea nicht gibt.

Wo bleibt der kranke Vater?
Zu Hause, im Bett.

Vor dem Schlußbild, was ist da alles passiert?
Entweder sind Marion und Ray in Interieur eins eingezogen oder Interieur eins ist bei Marion und Ray eingezogen. Das läßt sich nicht mehr rekonstruieren.

Warum wurde die Autorin, als sie sich aus Recherchegründen bei Ikea beworben hat, nicht genommen?
Sie hat sich in der Abteilung *Kommein* – Kommunikation und Einrichtung – beworben und offenbar für beides keine Fähigkeiten nachweisen können.

Muß man sich das Schlußbild als Showdown vorstellen?
Ja.

Ist das Stück nicht eigentlich ein Who has done it/what?
Das Stück ist eigentlich ein *What what what.*

Wenn das Stück einige Fragen offenläßt, läßt es welche Fragen offen und was sind die Antworten?
- Lebt Heidis Vater, Marions Mann noch?
- Wird Ray bei Marion bleiben oder was mit Heidi anfangen?
- Was wird aus Heidi? Wird sie ihre Mutter hassen, macht sie sie für den Tod ihres Vaters verantwortlich?
- Werden eines Tages Ikea-Häuser dicht an dicht stehen und alle bei Ikea einziehen?
- Zu welchen Mitteln wird Christine greifen, um Illigs Liebe zu gewinnen. Und zu welchen, sollte es ihr nicht gelingen?
- Was wird Ray tun, wenn Marions falsches Spiel rauskommt? Wird es rauskommen?
- Wird Ray der gelassene Vorzeigepatient bleiben?
- Weiß Marion bereits, daß sie verloren hat, als sie am Ende ins Restaurant gehen will?

- Er ist tot.
- Ray wird weder bei Heidi noch bei Marion bleiben. Er merkt, wie erpreßbar er ist, weil er sich immer noch schuldig fühlt, und lebt in den nächsten Jahren allein.
- Sie wird jahrelang keinen Kontakt mit ihrer Mutter haben wollen, und diese auch nicht mit ihr, bis beide sich treffen, weil Heidi Mutter geworden ist, von Zwillingen, Drillingen oder Sechslingen.
- Die Frage ist, ob es jemand merkt.
- Christiane gelingt es hin und wieder, Illig zu verführen, aber ihrem Singleschicksal kann sie nicht entrinnen.
- Er wird einfach gehen, grußlos, der alte Cowboy.
- Ja, aber er läßt sich nicht mehr vorzeigen.
- Ja.

(*Originalbeitrag*)

Peter Turrini

geboren am 26. September 1944 in St. Margarethen in Kärnten, aufgewachsen in Maria Saal, von 1963 bis 1971 in verschiedenen Berufen tätig, lebt seit 1971 als Schriftsteller in Wien und Retz. Seine Werke wurden in viele Sprachen übersetzt und werden weltweit gespielt.

Stücke: »Rozznjogd«, UA 27. 1. 1971 Volkstheater Wien, Regie Bernd Fischerauer; »Zero, Zero«, UA 22. 5. 1971 Theater an der Wien (Wiener Festwochen), Regie Jan Biczycki; »Sauschlachten«, UA 15. 1. 1972 Münchener Kammerspiele/Werkraumtheater, Regie Alois Michael Heigl; »Der tollste Tag«, UA 26. 2. 1972 Staatstheater Darmstadt, Regie Gerd Heinz; »Kindsmord«, UA 10. 3. 1973 Klagenfurt, Regie Helmut Polixa; »Die Wirtin«, UA 24. 11. 1973 Schauspielhaus Nürnberg, Regie Günther Tabor; »Phonoptical.Terror.Heil Dir.«, UA 16. 6. 1974 Studiobühne Villach, Regie Alfred Meschnigg; »Josef und Maria«, UA 7. 11. 1980 Volkstheater Wien, Regie Gerd Heinz; »Die Bürger«, UA 27. 1. 1981 Volkstheater in Wien, Regie Gerd Heinz; »Campiello«, UA 26. 9. 1982 Volkstheater Wien, Regie Harry Reich-Ebner; »Faust III«, UA 3. 12. 1987 Theater Nero im Theater im KünstlerhausWien, Regie Vintila Ivanceanu; »Die Minderleister«, UA 1. 6. 1988 Akademietheater Wien, Regie Alfred Kirchner; »Tod und Teufel«, UA 10. 11. 1990 Burgtheater Wien, Regie Peter Palitzsch; »Alpenglühen«, UA 17. 2. 1993 Wiener Burgtheater, Regie Claus Peymann; »Grillpanzer im Pornoladen«, UA 20. 2. 1993 Berliner Ensemble, Regie Peter Palitzsch; »Die Schlacht um Wien«, UA 13. 5. 1995 Burgtheater Wien, Regie Claus Peymann; »Endlich Schluss«, UA 7. 6. 1997 Akademietheater Wien, Regie Claus Peymann; »Die Liebe in Madagaskar«, UA 3. 4. 1998 Akademietheater Wien, Regie Matthias Hartmann; »Tod und Teufel«, UA 17. 9. 1999 Grazer Oper, Regie Georg Schmiedleitner; »Josef und Maria« (Neufassung 1998), 7. 10. 1999 Theater in der Josefstadt, Regie Peter Turrini; »Kasino«, UA 22. 1. 2000 Kasino am Schwarzenbergplatz Wien, Regie Leonard Prinsloo; »Die Eröffnung«, UA 21. 10. 2000 Schauspielhaus Bochum, Regie Matthias Hartmann; »Der riese vom Steinfeld«, UA 15. 6. 2002 Wiener Staatsoper, Vertonung Friedrich Cerha; »Da Ponte in Santa Fe«, UA 29. 7. 2002 Salzburger Festspiele, Regie Claus Peymann.

»Ich liebe dieses Land« wurde am 7. Februar 2001 am Berliner Ensemble uraufgeführt; Regie führte Philip Tiedemann. Die Klagenfurter Fassung folgte am 19. September 2002 am Staatstheater Klagenfurt, ebenfalls in der Regie von Philip Tiedemann.

SILKE HASSLER · PETER TURRINI ODER DIE MENSCHLICHE TRAGÖDIE ALS
ÖSTERREICHISCHE KOMÖDIE

Sehr geehrte Damen und Herren!
Meine erste Begegnung mit Peter Turrini fand im Jahre 1985 statt, unter der
Schulbank. Ich war sechzehn und las während der Religionsstunde Turrinis
erstes Theaterstück *Rozznjogd*. Dem Autor ging damals – zumindest bei
meinen Kärntner Mittelschullehrern – der Ruf voraus, ein Pornograph zu
sein, ein maßloser Übertreiber, eine Art schweinischer Unterganghofer.
Dreizehn Jahre später habe ich das Stück wieder gesehen, in einer Aufführung der Gruppe 80 in Wien. Die Zuschauer lachten über jeden zweiten
Satz, und ich mit ihnen. Alles hörte sich noch immer so schrecklich an wie
damals, und doch war es gleichzeitig sehr lustig, man mußte einfach lachen,
ob man wollte oder nicht. Turrinis literarische Methode, die Schrecken des
Lebens als Theater, als Komödie vorzuführen, hatte uns endgültig erreicht.

Bei der Uraufführung der *Rozznjogd* im Jahre 1971 am Wiener Volkstheater gab es einen Theaterskandal. Der Vorhang öffnete sich, und ein Müll-
abladeplatz war zu sehen, auf den ein Auto mit ins Publikum gerichteten,
grellen Scheinwerfern fuhr. Zwei junge Menschen, ein Mechaniker und eine
Kellnerin, entledigten sich ihrer Kleider, ihrer Sprache – oder besser gesagt:
ihrer Sprachfloskeln –, ihrer Moral, ihrer Selbsttäuschungen. Sie unternah-
men den Versuch einer Befreiung von allen inneren und äußeren, fremden
und eigenen Masken. Sie schrien und tanzten auf dem Misthaufen einer Gesellschaft, von der sie sich eingesperrt und entstellt fühlten. Je radikaler die
Entblößung voranschritt, desto näher kamen sie einander, desto menschlicher fühlten sie sich. Auf dem Höhepunkt dieser Annäherung wurden sie
von herumstreunenden Gewalttätern wie Tiere, wie Ratten, abgeknallt.

Was sollte an einem solchen Theaterstück, einer solchen Tragödie, an deren
Ende der Tod zweier Menschen steht, komisch sein? Warum lacht das Publikum, wenn es in Wien, in Berlin, in Paris, in Lissabon, in Warschau und
neuerdings in Australien, in Lateinamerika und nun in Japan, diese
schrecklichen Turrinistücke sieht, auch wenn ihm das Lachen zuweilen im
Halse steckenbleibt?
Die Generation der am Ende des Zweiten Weltkrieges Geborenen wohnte
in der Tat einem lachhaften Akt bei; Österreich verkaufte sich nach 1945 als
Tourismusland, verdrängte seine Mitschuld an den Verbrechen des Hitler-
faschismus, höflich und unschuldig spielte es der Welt ein Volk von devoten
Kellnern und Gastwirten vor. Doch dieser Fremdenverkehrsprospekt war
brüchig, die Risse in den Biographien der Menschen waren nicht begradigt:
Wenn sich der österreichische Gastwirt und der deutsche Tourist besoffen
näherkamen, schwärmten sie hinter verschlossenen Vorhängen in der Gast-
stube von ihren gemeinsamen Eroberungsfeldzügen in Rußland. Als Kurt
Waldheim vor der Welt eingestehen mußte, daß er bei einer SA-Reiterbri-

gade war, verteidigte er sich damit, daß ihn seine Leidenschaft für das Reiten dorthin gebracht habe. Sein Pferd sei bei der SA gewesen, nicht er. Die Antwort von Turrini und seinen Künstlerfreunden war ein hölzernes Pferd, das sie vor die Hofburg stellten, das Pferd hatte eine SA-Mütze auf. Turrini hatte seine Methode gefunden: Auf die Lügen der Menschen antwortete er mit den Mitteln der Ironie, der Theatralik, des Auslachens.

In den frühen Stücken Turrinis ist das Maß der Ironie gering, die Wut über die immer wieder hervorquellende braune Jauche groß. Der Hauptfigur in Turrinis zweitem Stück *Sauschlachten* hat es die Sprache so gänzlich verschlagen, daß er nur noch ein Grunzen von sich gibt. Der Bauernsohn Volte paßt nicht in seine Umgebung, und die Umgebung paßt nicht zu ihm, er wird von seiner Familie ausgesondert, zur Sau gemacht und am Ende des Stückes hinter der Bühne geschlachtet. Diese Familie ist – wie sie sich in ihrer Selbstbeschreibung nennt: – »A liabe Familie in an liabn Land«, sie trägt diese Behauptung wie einen Banner vor sich her, bis die Mordlust hervorbricht, bis sie wieder jemanden, den sie nicht als den ihren empfinden, fertigmachen kann, und sei es der eigene Sohn. Am Ende essen sie ihn auf, zu heimatlichen Klängen.

Die Formen der Wahrheitssuche waren bei den jungen Künstlern in den fünfziger und sechziger Jahren ähnlich: Die Wiener Aktionisten besudelten den touristischen Hochglanzprospekt, diesen rot-weiß-roten Unschuldsvorhang, mit den Ingredienzen des Krieges, mit Blut und Dreck; andere, die jungen Dramatiker, wählten das Theater als Nachstellungsort der Katastrophe. Die Deutschen diskutierten über ihre Vergangenheit, die Österreicher verschwiegen sie. Die österreichischen Dramatiker schrieben, inspiriert von ihren aktionistischen Kollegen, anarchische, blasphemische und tödlich endende Stücke, Theaterrituale, um dieses Schweigen zu durchbrechen.

Traten in den ersten Stücken Turrinis junge Menschen auf, welche die Gesellschaft nicht mehr ertrugen, gegen sie aufbegehrten, von ihr vernichtet wurden oder sich selbst zerstörten, so waren es später ältere Menschen, die mit der Wirklichkeit nicht zurechtkamen. Die jungen Außenseiter, die Wohlstandsverweigerer, die Aufbegehrer, waren ja nicht die einzigen, die von der Nachkriegsgeschichte ausgespuckt wurden: Es sind auch die alten Kommunisten und Widerstandskämpfer, die nicht in das neue, weiß gebleichte Geschichtsbild paßten. Der alte Kommunist Josef in Turrinis Stück *Josef und Maria* wird zum Narren, weil er auf seiner Version der Geschichte, auf seinen Erlebnissen, beharrt. Er hat den Namen des Arztes, der in der Psychiatrie einen medizinischen Eingriff an ihm vorgenommen hat, nicht vergessen. Der alte und vereinsamte Josef sitzt nach dem Krieg auf der Parkbank gegenüber den hellerleuchteten Fenstern der Wohnung des erfolgreichen Arztes und stellt sich dessen Familie beim Abendessen vor. Niemand will seine Geschichte hören, die Kinder auf der Straße lachen ihn aus, weil er beim Radfahren Hosenklammern trägt, ohne die, wie er sagt, sich doch die Hose in den Speichen des Rades verfangen würde: Die menschliche Tragödie als österreichisches Lachtheater.

Zwei Jahrzehnte war die Dramatik der Stücke Turrinis davon bestimmt, die weggeschobenen Menschen, die Verlierer und Opfer des Krieges, die Narren und die Toten wieder auszugraben. Seine Methode, gegen die antwortlose und schweigende Welt der fünfziger und sechziger Jahre aufzutreten, war das Auffinden von Biographien, das Erfinden von Antworten, die theatralische Nachstellung des Verdrängten. Turrini wurde, wie andere auch, als Übertreiber der Wirklichkeit denunziert und ist doch von dieser Wirklichkeit eingeholt, ja überholt worden. Die sich in den achtziger und neunziger Jahren ausbreitende Mediengesellschaft, das Fernsehen, die Zeitungen, die kritischen Magazine und ihre Zerrbilder, die sensationslüsternen Berichte, haben alles Verschwiegene und Vergrabene ans Licht, ins Scheinwerferlicht gebracht. Nichts mußte mehr hervorgeholt werden, alles breitete sich in immer mehr Kanälen aus, die Leichen, die vergangenen und die gegenwärtigen, türmten sich zuhauf vor den Augen der Zuschauer und Schauer.

Zehn Jahre lang machte Turrini gemeinsam mit Wilhelm Pevny und Dieter Berner Fernsehfilme, welche weltweit ausgestrahlt wurden, am Ende aber war er ein Resignierender. Er, der den Menschen schreckliche, aufrüttelnde, traurige und komische Geschichten erzählen wollte, landete mit diesen zwischen Wetternachrichten, LKW-Staus und Werbung für Fischstäbchen. Die Fernbedienung, dieses Mordinstrument gegen alles Literarische, unterbrach seine Geschichten, zerstückelte sie. Keine Chronologie, keine Biographie, kein Anfang, kein Höhepunkt, kein Finale war mehr möglich. Was am Ende eines durchgezappten Abends blieb, war eine Collage aus allem und jedem in den Köpfen der Betrachter.
Turrini stand, wie er in sein Tagebuch schrieb, »reumütig vor seiner verlassenen Geliebten Theater und flehte um Gnade«. Im Theater sind ihm die Zuschauer für die Dauer von zwei Stunden ausgeliefert, hier kann er die ganze, unzerteilte Geschichte erzählen, mit einem genauen und geduldigen Blick die Menschen schildern, einem Blick, der in den Medien zur Momentaufnahme, zum Blitzlicht, verkommen ist.

Natürlich ist die Theaterwelt von der Fernsehwelt nicht zu trennen, die Theaterzuschauer tragen die Medienwelt in sich, in diesem Sinne veränderten sich auch die Figuren in Turrinis Stücken: die Medienwelt war in ihre Sprachwelt eingedrungen, das Eigentliche und das Fremde waren nicht mehr voneinander zu trennen, Maske und Gesicht wuchsen ineinander. In dem Stück *Die Bürger* reden die Protagonisten Kluges am Tage, Zusammengelesenes und Gehörtes, und flennen vor Hilflosigkeit in der Nacht. In *Schlacht um Wien* diskutieren und interpretieren sie ihre Existenz, ihren Beruf und ihre Ehen und sind doch auf dem Weg, ein Asylantenheim anzuzünden. Die Figuren in Turrinis neueren Stücken sind zusammengesetzte Wesen aus Sprache und Selbstbetrug. Turrini hat Horváth konsequent weitergedacht, seine Figuren geben nicht nur die Sprachhülsen, die sie von der Welt genommen haben, wieder, sie konstruieren aus diesen ihre ureigenste Überzeugung, ihre nachhaltige persönliche Meinung. Niemals hinterfragen sie diese Konstruktion, sie geben sie in immer neuen Varianten von sich. Erst wenn sie von den Worten und Sätzen nicht mehr gehalten werden, wenn Schweigen und Stille ausbrechen, zeigt sich der wahre Kern der Figuren und der lautet: Sehnsucht. Die Sehnsucht nach dem anderen Leben, die Sehnsucht nach einem anderen Menschen.

Turrini ist kein Alpen-Beckett, seine Dramen sind keine hermetischen Gebilde, keine Untergangsarien, keine Variationen ewiger Hoffnungslosigkeit. Für einen Moment, manchmal nur für einen Augenblick, sind seine Figuren der Erfüllung ihrer Sehnsucht nahe, und dies gilt für alle seine Stücke: Wenn die beiden jungen Menschen in *Rozznjogd* kein Wort mehr von sich geben, beginnt ihr eigentliches Kennenlernen. Wenn die Alkoholikerin Magda Schneider in *Tod und Teufel* endlich einen Menschen, einen Pfarrer, findet, der ihr Gebrabbel ernst nimmt, sieht sie einen Heiligen vor sich. Wenn in *Die Liebe in Madagaskar* ein alter Kinobesitzer die Lügen einer Versicherungsangestellten glaubt und ihr eine Hauptrolle in einem Film – den er gar nicht dreht – anbietet, bricht sie schluchzend zusammen. Wenn sich alles als gelogen herausstellt, ist der Augenblick der Wahrheit nahe.

Turrini hat lange mit dem Etikett des realistischen Stückeschreibers gelebt und ist wohl nie einer gewesen. Waren es in den ersten Jahren die Ausgrabungen, die Auffindungen, die seinen theatralischen Fieberkopf zum Glühen brachten, so waren es in den späteren Jahren die Erfindungen, die Lügen, die Selbsttäuschungen der Menschen, die ihn faszinierten. Er erfindet Unwirklichkeiten, um der Wirklichkeit des Menschen, seinem Kern, nahezukommen. Er lügt mit seinen Figuren, häuft Schminke auf sie, bis sie ungeschminkt voreinander stehen. »Das Theater ist ein Ort der Lüge«, sagt er, »jeder Mensch weiß, daß einem hier etwas vorgemacht wird, daß es verkleidete Menschen, Schauspieler, sind, die da oben stehen, daß ihre Geschichten erfunden sind; die Täuschung wird von vornherein eingestanden, und das macht die Sache so glaubhaft. Im sogenannten wirklichen Leben, in den Berichten über das wirkliche Leben, in den Medien, wird ständig darauf gepocht, daß alles echt sei, wahr sei, daß die bosnische Leiche eine wirkliche sei und kein vor die Kamera gelegter Statist, der von einem Journalisten für 50 Dollar mit Ketchup begossen wurde. Eine Tatsache reiht sich an die andere, und das meiste ist doch gelogen. Gottseidank glauben die Leute uns Lügnern immer mehr und den Tatsachenberichtern immer weniger. Erst wenn alles Täuschung, Theater ist, beginnt das wirkliche Leben.«

(Den für diesen Abdruck gekürzten Vortrag hat Silke Hassler im Setagaya Theater Tokio im Dezember 2000 gehalten.)

Copyright-Vermerke

Moderne Dramatik in »Spectaculum«